뮤직레슨

Music Lessons

Music Lessons

뮤직레슨

초판 1쇄 발행 2009년 4월 6일

지은이 ㅣ 스테파니 슈타인 크리스
옮긴이 ㅣ 정유진
펴낸곳 ㅣ 함께읽는책
펴낸이 ㅣ 양소연
편집 ㅣ 이주연
표지 및 본문 디자인 ㅣ 하주연
주소 ㅣ 152-777 서울시 구로구 구로3동 222-7번지
코오롱디지털타워빌란트 1차 703호
전화 ㅣ 02-2103-2480
팩스 ㅣ 02-2103-2488
www.cobook.co.kr

ISBN 978-89-90369-63-5 03370

뮤직레슨

Music Lessons

스테파니 슈타인 크리스 지음 | 정유진 옮김

함께읽는책

| 차례 |

마법에 걸린 듯 연주하는 아이들을 보면서

지난 해 봄, 나는 아들의 학예 발표회에 참석했다. 뉴욕에 있
는 이 학교는 매년 봄 학예회를 연다. 그 해 발표회의 거의 모든
순서는 아이들이 좋아하는 노래를 립싱크하는 방식으로 채워졌
다. 아니, 어떤 면에서 보면 부모들이 선호하는 곡을 선택한 듯싶
었다. 예를 들어, 아이들은 주로 비틀즈Beatles의 노래를 많이 불렀
는데, 무대가 열리고 유치원생 한 아이가 도어스Doors의 '나를 찾
아 떠나는 모험Break on Through'을 부르면서 공연을 시작하는 식이
었다.

그러나 정작 관중에게 박수갈채를 받은 것은 초등학교 2학년의 작은 꼬마였다. 그 아이는 무대에 놓인 아주 낡은 피아노 앞에 앉아 쇼팽의 '야상곡nocturne'을 완벽하게 연주해냈다. 관중석에 앉아 있던 아이들은 무언가 엄청난 일을 목격한 듯 일제히 환호하면서 무대로 쏟아져 나왔다. 아마도 립싱크했던 다른 친구들보다 이 작은 아이에게 훨씬 자부심을 느꼈던 모양이다.

그 날 저녁 단지 일곱 명의 아이들만이 클래식을 연주했다. 야상곡을 연주했던 애나도 그 중 하나이다. 일곱 명 모두 과외활동으로 음악수업을 받고 있다. 이 학교는 뉴욕에서도 명성 있는 공립학교인데도 불구하고 악기를 가르치는 수업도, 합창단도 없다. 그도 그럴 것이 이 학교 음악 선생님은 시간제로 근무하고 있으며 월급은 학부모회에서 지원하고 있다. 작년에는 그나마 가르칠 교실마저 배정 받지 못했다. 더욱이 음악수업 내용은, 우리 부부처럼 음악을 전공한 사람에게는 거의 체념해버릴 수준이었다. 아주 기초적인 악보 읽기만 겨우 가르쳤을 뿐 그 이상의 진전은 없었고 아이들은 모차르트나 베토벤의 곡 한 소절조차 들어본 적이 없었으며, 주로 각국의 민요를 배우는 걸로 만족해야 했다. 하물며 에론 코플란드Aaron Copland♪나 듀크 엘링턴Duke Ellington♪의 곡을 들어보았을까.

불행하게도 많은 학교에서 이처럼 목적을 잃은 듯한 음악수업을 하고 있다. 왜 그럴까? 여기에는 여러 가지 이유가 있다.

♪ 1900~1990. 미국적인 방식으로 클래식 음악을 작곡한 미국의 작곡가. 발레, 오케스트라, 합창, 영화음악 등 다양한 분야에서 작곡했다.
♪ 1899~1974. 미국의 재즈 음악가. 스윙 재즈의 시대를 열었다.

1970년대에 예산이 삭감되면서 미국 전역의 공교육 음악수업에 치명적인 영향을 미쳤다. 그 이후로 십여 년간 공립학교의 음악교육은 각 지역 재정 상태나 그 지역의 음악에 대한 관심 정도, 정책, 학교 이사회, 개개 학교 교장의 음악에 대한 관심이나 열심 정도에 따라서 불규칙적으로 제 모습을 찾아가고 있다. 그러나 2001년, 기초 읽기·쓰기 능력과 수학실력 향상에 중점을 둔 '낙제학생방지법No Child Left Behind Act'라는 연방법이 공표되면서(그러나 여전히 이 법의 성공여부는 소원한 것 같다) 다시 한 번 음악수업은 다른 과목과 함께 관심 밖으로 밀려났다. 실제로 수많은 학생들이 악기연주가 순수 학문을 공부하는 데 도움이 되었다고 지적하지만, 아쉽게도 음악교육에 관해서는 '낙제학생방지'와 같은 법령은 아직 없다.

　　몇몇 주, 특히 미 북부 지역의 주립정부에서 새로운 방식의 음악수업을 시도하고 있는데, 대부분은 지역조직의 도움을 받거나 문화단체와 연계하거나 학부모가 주도해서 진행되고 있다. 그러나 여전히 많은 지역에서 음악교육은 하향세이다. 하지만 1999년에서 2000년에 걸쳐 시행된 한 설문조사(1,200 명가량의 학생들: 초등학생 6백여 명과 중학생 6백여 명을 대상)는 우리에게 희망을 준다. 미국 교육통계청에서 실행한 이 조사는 미국 최초로 공립학교의 예능교육 현실에 대한 광범위한 내용을 담고 있다. 조사 결과, 조사 대상자(각 학교 교장과 음악 담당 교사의 설문을 포함해서)의 93% 이상의 초등학교에서 현재 어떤 형식으로든 음악수업을 진행하고 있었고, 90%의 중학교에서는 선택과목으로 음악수업을 시행하고 있었다. 그러나 '미국 음악교육 연합'의 대변인은 전체 조사대상 초등학교 학생 중 거의 절반가량이 제대로 된 음악수업을 받고 있지 못하거나, '미국 음악교육 기준'에서 제시하는 통합 교과과정, 즉 유치원에서 고등학교를 망라하는 음악교육 방식에도 미치지 못한다고 전한다.

실제로 밴드나 오케스트라, 관현악단에 참여하면서 악기를 연주하는 아이들이 몇 명인지 그 수를 정확하게 파악하기란 거의 불가능한 것 같이 보인다. 모든 초등학교에서 보편적인 음악수업을 하고 있지만 관현악이나 오케스트라, 밴드를 운영하는 학교는 불과 조사대상 학교 중 3분의 1에 지나지 않으며 그것도 대체로 4학년 이상의 학생들만 자신의 선택에 따라 참여할 뿐이다. 대도시에 위치한 공립학교는 그나마 학생 모두를 대상으로 음악수업을 하는 것조차 어려우며 오래되고 낡은 악기 때문에 고충을 겪고 있다. 그렇다면 그 결과는 신체 협응능력, 인지발달, 문화적 소양 등을 개발하고 다른 학습 영역도 풍성하게 만들어주는 음악교육의 부재, 그리고 그것에서 비롯된 심한 상실감이다.

이 책은 이러한 상실감을 채워줄 것이다. 이 책은 음악에 대해 아는 것이 전혀 없더라도, 자녀의 음악수업을 어떻게 시작할지, 그리고 아이가 악기를 배우는 과정을 즐기면서 — 심지어 그 과정이 고되더라도 — 자신만의 음악세계를 어떻게 키워나갈지 알려줄 것이다. 또 지금 우리에게는 생소한 클래식이나 20세기 음악에 우리 자신과 아이들이 푹 빠지는 경험도 하게 될 것이다. 이외에도 음악수업에 필요한 실제적인 지침들, 즉 악기, 음악교육 프로그램, 선생님 등 어떤 것이 과연 내 아이에게 가장 잘 맞는지에 관한 다양한 정보도 담고 있다. 또한 학교에서 아이들이 어떤 종류의 음악수업을 받고 있는지 또 어떤 지역단체에서 학교의 음악교육에 헌신적으로 관여하고 도움을 주는지 유익한 정보도 제공할 것이다.

일반적으로 부모가 가장 많이 관심을 갖고 있는 음악프로그램과 악기에 대해 먼저 다루려고 한다. 요즈음 세대는 대중가요, 랩, 힙합 등에 파묻혀 산다. 왜 이런 종류의 음악은 클래식을 배우는 데 방해가 되고 하물며 악보를 읽는 데 도움이 되지 않는 것일까? 그리고 이 논리를 모든 아이들에게 과연 적용할 수 있을까? 자녀가 음악에 소질이 있는지 없는지 이것이 여러분에게 가장 중요한 문제라면, 이건 또 어떻게 알 수 있을까? 어떤 악기를 선택하고 또 어떤 선생님이 내 아이에게 잘 맞을까? 악기는 몇 살에 시작해야 하나? 음악 수업료는 주로 얼마인가, 그리고 과연 그 비용을 부담할 수 있을까? 언제 처음으로 심포니 오케스트라 연주회나 재즈 콘서트에 아이를 데리고 갈까?

이 책은 음악 교육과 관련된 떠올리고 싶지 않은 기억들, 예를 들면 우리 대부분 기억 속에 남아 있는 너무 엄한 피아노 선생님, 지루한 곡을 오래도록 반복시키는 선생님 등 이런 경험들을 피할 수 있도록 도울 것이다. 가장 다루기 힘들고 까다로운 장애물, 즉 어떻게 하면 아이들을 매일(거의 매일) 연습하게 만들지 그 방법도 생각해본다. 레슨을 시작한 후 대부분 겪게 되는 또 다른 장애물, 아이들이 간절히 그만두고 싶다고 할 때 어떻게 해야 할지에 대한 조언도 담고 있다. 각 장 마지막 부분에는 그 장의 내용과 관련해서 더 많은 정보를 줄 수 있는 웹 사이트, 지역단체나 조직, 도움이 될 만한 책이나 곡의 목록을 첨부하였다.

이 책에서 제시하는 내용들은 어떻게 보면 일반적인 양육 상식과 별반 다를 것 없는 그저 그런 내용처럼 보일 수 있다. 그렇지만 어떤 분야에 상식이 있는 것과는 상관없이 누구나 때로는 이론적으로 타당하고 확실한 이유나 좋은 의도를 갖고도 쉽게 그길에서 벗어나 길을 잃을 수 있다. 예를 들어, 손가락으로 건반을 두드리는 것만으로도 어렵지 않게 소리를 낼 수 있고, 각 건반의 놓여진 위치로 음의 높낮이를 가늠하면서 악보를 익힐 수 있다는 점에서 피아노는 처음 음악을 접하는 아이들에게 최상의 악기라고 여겨졌다. 그러나 곧 아이들은 연습이 지루하고 어렵다는 이유로 그만두고 싶다고 호소한다. 처음에 가졌던 피아노에 대한 신선함은 곧 부식되고 만다. 그렇다면 가능한 해결방법은 포기하지 말고 잠깐 발상을 전환해보자. 다른 친구와 함께 배우는 것은 동기를 되찾는 좋은 방법일 수 있다. 잠시 다른 아이들과 함께 리코더를 배우게 하자. 이런 기회를 통해 아이들은 음악의 좋은 측면을 경험하고, 이와 동시에 나중에 더 다루기 어려운 악기를 배울 때 아이에게 요구되는 자질들을 익힐 수 있게 된다.

이 책의 목적은 부모가 일관성을 갖고 그러면서도 융통성 있게 아이를 지지할 수 있도록 균형감각을 잃지 않게 하는 데 있다. 그 결과는? 여러분 자녀는 정말로 음악을 즐기게 될 것이다. 제 몸에 딱 맞는 듯 편안하게 악기를 다룰 수 있게 되고 처음에는 어려워 힘들었던 곡들도 연주할 수 있게 된다. 자기 나름의 음악성과 기교를 습득하면서 아이들은 자기만족과 동기를 얻게 되고, 이때부터 마치 마법에 걸린 듯 연습하게 될 것이다.

클래식 음악과 악기에 대한 신비감 없애기

항상 다양한 음악을 즐기셨던 부모님 덕분에 난 모든 음악 장르에 대해 끊임없는 애정과 관심을 가질 수 있었다. 집에 들어설 때면 언제나 라디오나 스테레오에서 음악이 흘러 나왔는데, 베토벤Beethoven, 번스타인Leonard Bernstein, 빌리 홀리데이Billie Holiday ♪, 비틀즈Beatles의 곡들은 여전히 집에 대한 향수와 함께 늘 떠오른다. 이러한 성향을 나도 열 살 된 아들에게 그대로 물려주었는데, 그 아이도 나만큼이나 음악에 매료되어 있다. 서로 다른 작곡가와 연주에서 느낄 수 있는 각기 다른 독특한 자기만의 스타일, 오케스트라 연주에서 얻는 감흥, 강렬함과 웅장함, 극적인 요소와 복잡하게 한데 어우러진 아름다운 선율 등.

아들의 음악적 감성은 나날이 다르게 발전했는데, 사실 이것이 내가 아이들 음악교육에 더 깊은 관심을 갖게 된 중요한 동기이다. 아이는 내가 예상했던 것보다 훨씬 어린 나이에 정식으로 악기를 배우기 시작했는데 아이가 선택한 악기는 내가 여전히 부담스럽고 어렵게 생각하는 바이올린이다. 아이가 세 살 정도였을 때 어린이 바이올린 콘서트에 데리고 간 적이 있다. 그 후로 며칠

♪ 1915~1959. 미국의 재즈 가수

동안 아이는 "엄마, 나 바이올린 배우고 싶어!"라고 시도 때도 없이 매일 조르기 시작했다. 그리고 곧 유치원생을 위한 스즈키 바이올린프로그램에 등록했다. 그 전까지 난 아이가 배울 첫 번째 악기로 한 치의 의심도 없이 피아노를 상상해 왔다. 그것도 지금보다는 훨씬 더 큰 이후에 시작할 거라 생각했었다.

내가 왜 어린아이가 떼쓰는 것을 그냥 받아 주었을까? 난 아이가 얼마나 악기에 대해 열정을 갖고 있는지 그리고 어린 아이지만 연주가 과연 무엇인지 나름대로 이해한다고 믿었다. 어려움이 없었던 것은 아니지만 아들의 연주 솜씨는 날로 달라지고 있다. 배우고 있는 곡을 항상 흥얼거리며 돌아다니고, 연주하고 싶었던 곡을 너무 신이 나서 연습하고, 특히 친구들 앞에서 영화 '해리포터' 주제곡이나 서부시대 미국의 컨트리음악, 고난도의 기교가 필요한 변주곡을 연주하는 것을 스스로 무척이나 자랑스럽게 여긴다.

아이는 자연스럽게 점점 더 다양한 여러 형태의 곡을 연주하게 되었다. 빠른 곡을 연주하면서 누렸던 즐거움은 어느새 고난도의 기교를 완벽하게 연주하고픈 바람으로 옮겨졌고, 나와 선생님은 아이의 이러한 크로스오버적인 성향, 즉 여러 장르를 넘나드는 것을 격려해주었다. "좋은 음악은 카테고리에 갇혀있지 않다"라고 듀크 엘링턴이 한 말이 생각난다. 클래식 음악의 내용과 방법을 중심으로 훌륭한 기교를 탄탄하게 연마하면서 동시에 아이들이 다양한 장르의 음악, 즉 재즈, 팝, 컨트리음악도 즐길 수 있게 하는 것이 바로 이 책에서 다룰 가장 중요한 내용이다.

음악을 배우는 과정에서, 심지어 음악선생님조차도 간과하기 쉬운 부분이 있다. 첫째, 클래식 음악, 재즈 그리고 20세기 음악이 천대 받고 있다는 사실이다. 요즈음 아이들은 어디를 가나 텔레비전이나 라디오, 대형 할인매장, 극장 등에서 흘러나오는 팝, 랩, 힙합, 록, 그 밖의 다양한 장르를 혼합한 세계 각국의 음악을 듣는다. 라디오의 많은 클래식 음악프로그램은 개편될 위기에 처해 있고, 학교에서는 더 이상 클래식 음악이나 오케스트라에 대해 관심이 없다. 만약 당신 자녀가 베토벤이나 바흐, 혹은 비틀즈나 듀크 엘링턴의 음악을 연주하게 된다면, 이러한 음악들을 생활의 일부분처럼 항상 가정에서 들을 수 있도록 해야 한다. 일단 이런 곡들에 익숙해지면 자녀와 함께 즐길 수 있게 된다. '볼레로Bolero'나 '웨스트 사이드 스토리West Side Story'에 맞추어 춤을 추거나, '피터와 늑대Peter and Wolf'의 곡조를 흥얼거리거나, 베토벤의 교향곡 6번(디즈니 영화 환타지아를 기억하나요?)을 따라 부를 수도 있다. 모든 종류의 음악들을 신나게 배우고 즐길 수 있는 방법이다.

둘째, 악기를 연주한다는 것은 굉장한 인내와 헌신이 필요한 과정이다. 특히 어린 아이들이 악기를 배우기 시작한 경우 부모는 가장 중요한 파트너가 되어야 한다. 부모는 아이가 무엇을 배우고 있는지 항상 관심을 갖고 선생님에게 조언을 구하여 아이의 나이에 맞게, 즐거움을 놓치지 않으면서 배운 것들을 집에서 매일 연습할 수 있도록 도와주어야 한다. 또 크고 작은 일들에 세심하게 칭찬하는 것도 잊지 말아야 한다("와, 처음부터 끝까지 곡 전체를 연주했네!", "자세가 아주 좋구나" 등). 그러기 위해서 부모는 많은 인내심과 유머감각을 개발할 필요가 있다.

음악을 시작하기 가장 좋은 나이

이 책은 다섯 살에서 열두 살 정도의 어린이에게 도움이 될 만한 내용을 주로 담고 있지만, 어느 날 갑자기 영감을 받은 듯 악기를 배우고 싶어 하는 아주 어린 아이(서너 살 정도)나 10대 청소년에게도 도움이 될 것이다.

먼저, 주로 유치원생이나 초등학생 아이들을 대상으로 하는 클래식 음악 프로그램들에 대해 살펴볼 것이다. 그 중 하나가 스즈키 교수법Suzuki Method이다. 이 프로그램은 아주 어린 아이들을 대상으로 작은 크기의 바이올린이나 첼로로 음을 흉내 내면서 아이들의 청음실력을 키워주는 데 주력한다. 어떤 프로그램에서는 바이올린이나 첼로 대신 피아노나 플루트를 사용하기도 한다. 개인 레슨을 받으면서 동시에 친구들과 함께 연주할 기회를 주는데, 이것이 바로 이 프로그램의 핵심이며 다른 프로그램과 특히 대비되는 부분이다. 그래서 스즈키에 참여한 초기에는 주로 아이들이 함께 모여서 수업을 받는다. 독일의 작곡가 칼 오르프Carl Orff와 동료들이 함께 만든 오르프 슐베르크Orff Schulwerk 교수법은 프로그램을 위해 특별히 제작된 실로폰과 타악기 그리고 리코더를 가지고 함께 모여 배운다. 달크로즈Dalcroze 수업은 '온 몸'으로 음악을 익히는 과정으로, 신체를 움직이면서 음을 표현하고 목소리와 청음을 훈련하고, 즉흥적으로 곡을 연주하는 방식으로 구성되어 있다. 오르프 슐베르크나 달크로즈 교수법을 보면, 그것 자체로는 악기를 연주하는 것 같아 보이지 않지만, 이 프로그램을 마친 아이들은 이후 전통적인 방식으로 악기를 배울 때 더 쉽게 다가가고 더 쉽게 배우게 된다.

이 책은 음악에 관심이 있는 아이들과 그 부모를 음악이라는 세계로 이끄는 초청장 역할을 할 것이다. 악기를 배우면서 경험하는 성취감과 자신감은 아이들에게는 일종의 축복이다. 이러한 경험은 근육의 움직임, 수학적인 사고, 기억력, 자기훈련, 시공 개념, 집중력 등 아이들 성장에 중요한 다른 영역으로 자연스럽게 긍정적인 영향을 미친다. 나와 아이가 함께 들인 노력은 결코 헛된 것이 아니다. 내 아들은 다른 아이들과 함께 배우고 함께 공연하면서 일찍이 중요한 것들을 경험했다. 예를 들어, 처음에는 힘겨워 보였던 곡을 어렵지 않게 연주하게 되거나, 부담 갖지 않으면서 자연스럽게 공연을 즐기거나, 곡과 관련된 역사적, 문화적 사실을 발견하게 되는 등("베토벤이 가장 좋아했던 음식은 마카로니와 치즈이다" 등) 이 모든 것들이 아이에게는 소중한 자산이다.

일상생활에서 우리가 얻을 수 있는 음악의 이점을 과장할 생각은 없다. 우리는 오랜 세월 동안 음악의 소통력과 창조의 힘을 경험해 왔다. 그리고 이는 이미 인류 모든 문화에 구석구석 깊이 내재해 있다. 악기를 연주한다는 것은 아이에겐 자신을 표현할 수 있는 하나의 통로이다. 악기 연주는 감정을 표현할 수 있는 통로이기도 하며, 다양한 축하행사나 의식에서 공연할 수 있는 기회가 되기도 한다. 일정한 지시사항에 따라 협력해서 다른 아이들과 아름다운 무언가를 창조하는 경험으로 이끌기도 한다.

　이 책은 전문 서적이 아니다. 따라서 자녀를 음악가로 키우고자 하는 부모를 대상으로 하지 않았다. 오히려 아이가 어떤 종류의 음악을 좋아하게 되든 상관없이 그것보다는 음악은 아이들의 생활을 풍요롭게 해 줄 것이라고 믿는 모든 부모들을 위한 책이다. 쇼팽의 야상곡을 완벽하게 연주했던 애나는 어쩌면 자라서 힙합 밴드에서 활동할 수도 있다. 하지만 그 낡아 빠진 피아노를 연주하면서 보여주었던 열정과 뛰어난 기교 그리고 환희는 그 아이의 미래를 위해 더없이 훌륭한 자산이다. 아이의 평생에 두고두고 영향을 미칠 소중한 경험인 것이다. ▆

음악을 시작할 나이, 세 살에서 여섯 살

9월 어느 화창한 토요일. 따스한 햇살이 교회 지하 커다란 방 창문으로 스며들면서 쌀쌀해진 가을 날씨가 따사롭다. 부모들은 접이식 의자에 앉아서 더러는 책을 읽고, 더러는 졸고, 더러는 경청하고, 또 어떤 부모는 우는 아이를 달래느라 애쓰고 있다. 방 중앙에는 60대 즈음의 매우 활동적으로 보이는 한 부인이 아이들 앞에 서 있고, 네다섯 살가량으로 보이는 아이들은 반 원 모양으로서서 마주하고 있다. 선생님 같아 보이는 그 부인은 간단한 운율에 따라 바이올린 활을 켜면서 팔을 움직일 때 어떻게 활을 정확히 잡아야 하는지 설명한다. 아이들은 아주 작은 크기의 활을 들고, 어떤 것은 20cm 정도 밖에 안 되어 보이는 것도 있는데, 선생님이 어떻게 팔을 움직이는지 그대로 따라 하면서 단조로운 리듬을 반복한다.

로켓처럼 위로 비처럼 아래로

(위로 아래로 바이올린 활을 곧게 켠다)

칙칙폭폭 기차처럼 앞으로 뒤로

(좌우로 활을 움직인다)

둥글게 둥글게 해처럼 돌아요

(크게 원을 그리면서 돈다)

손을 머리 위로, 이제는 끝

(손을 곧게 위로 올린 후 머리에 얹는다)

한 무리의 아이들이 함께 모여 배우는 스즈키 바이올린 교실의 기초과정 중 하나이다. 선생님의 움직임을 그대로 따라 하면서 아이들은 리듬에 맞추어 각자의 몸을 맡긴다. 처음 이 프로그램에 등록한 아이들이 주로 참여하는 반복되는 운율과 단조로운 노래, 그리고 게임은 바이올린을 연주하는 데 필요한 크고 작은 근육을 조화롭게 발달시켜 아이들이 이후에도 안정된 자세로 고른 음을 낼 수 있도록 돕는다. 선생님은 누가 활을 정확히 잘 잡고 있는지 칭찬하기도 하고, 활을 쥐고 있는 손의 모양이 바르지 않은 경우 부드럽게 지적하면서 교정해 준다.

수업은 30분 동안 매우 재미나게 진행된다. 아이들은 각자 활을 들고 큰 방을 돌며 행진하고, 리듬에 맞추어 다 함께 움직이고, 〈반짝반짝 작은 별〉 같이 스즈키 교실에서 즐겨 하는 노래를 부르고, 마지막 순서로 선생님께 예의 바르게 인사하면서 수업을 마친다. 첫 눈에 보아도 이처럼 함께 연주하는 방식은 스즈키 수업을 잘 표현하는 듯하다. 아이들은 다른 친구들과 함께 신나게 독창적인 무언가를 만들어 내고 선생님도 신이 나서 즐겁게 아이들에게 동참한다. 부모들은 교실 뒤쪽에 앉아 수업이 어떻게 진행되는지 한 순간도 놓치지 않으려고 애쓴다. 그래야 집에서도 똑같이 반복할 수 있기 때문이다.

　　지금 이 지하 교실에서 화창한 가을 한낮을 보내고 있는 아이들과 부모들은 다양한 경로로 이 프로그램에 참여했다. 의사인 루카스의 아빠는 의대생이었을 당시 재즈 피아노에 흠뻑 빠졌었고, 지금은 루카스가 악기 연주에 얼마나 매료되어 있는지 지켜보고 있다. 릴리의 부모는 릴리가 자신들은 결코 누리지 못했던 다양한 종류의 음악수업을 받길 바란다. 전업 주부인 다니엘의 엄마는 아이들이 창의적인 놀이를 하면서 '스스로 알아서 잘 할 수 있는 힘'을 기르길 바란다. 이 프로그램에 참여한 모든 부모들은 악기연주가 아이들의 현재와 미래에 분명히 이득이 될 거라고 믿는다.

매년 스즈키 프로그램에 새롭게 등록하는 수많은 아이들과 마찬가지로, 이런 종류의 프로그램을 통해 아이들은 음악이라는 세계에 첫 발을 내딛는 듯 보인다. 하지만 사실은, 부모가 아이를 어릴 때부터 필사적으로 음악에 노출시키려고 노력하든 그렇지 않든 상관없이, 아이들은 아기일 때 이미 자연스럽게 음악을 경험한다.

이 장에서는 부모로서 어떻게 내 자녀의 독특한 음악세계를 만들어 갈지 — 현재 내 아이가 갓난아기이거나 혹은 아장아장 걷는 수준이라도 상관없다 — 어떻게 음악으로 가득 찬 환경을 만들어 아이들이 음악에 관심을 갖게 할지 살펴보고자 한다. 그리고 갓난아기, 아장아장 걷는 두세 살 아이, 유치원에 다니는 아이 등 각 아이들 연령에 맞는 유명 프로그램에 대해서도 알아 볼 것이다.

음악의 첫 발 내딛기

두세 살 정도의 아이들을 보면 마치 음악의 화신 같다. 노래를 부르고, 흥얼거리고, 같은 구절을 단조롭게 반복하고, 리듬감 있게 몸을 움직이고, 이 모든 것에 매료된 듯 보이는 아이들은 사실 자연스럽게 이 세상에 반응 하는 것뿐이다. 갓 태어난 아기는 누군가의 목소리에 고개를 돌리고 그 소리가 어디에서 나는지 두리번거린다. 그리고 몇 주가 채 지나지 않아 여러 사람의 음성 중 엄마의 목소리를 구별해 낸다. 음악에 대해 알아나가는 과정, 소리와의 교감은 어린 아이의 언어와 인지능력을 발달시킨다.

사실, 아주 어린 아이들도 생각하고 판단하는 능력을 개발할 수 있는데, 이러한 능력 중 일부는 '모성어' ♪ 에서 비롯된다. 모성어는 특별히 엄마 혹은 아이를 주로 돌보는 사람이 아기에게 음악을 들려주듯 리듬감 있게 자신의 감정과 생각 등을 전달하는 방식으로 심리학자들이 처음 사용한 용어이다. 아기가 소리나 리듬을 그대로 따라 할 수 있는 능력은 고스란히 언어를 배워나가는 과정, 그리고 이후 음악을 배우는 과정으로 이어진다.

심리학자들은 단지 노래를 듣는 것도 아이들이 음의 높낮이를 인식하고 이후 언어를 배우는 데 중요한 기초가 된다고 얘기한다. 음악을 경험하는 통로와 기회를 만드는 것, 즉 적극적으로 경청하고, 그 음에 반응하고, 음과 리듬을 새롭게 창조하는 것 등을 통해 부모는 아이들이 평생 음악과 더불어 함께하도록 도울 수 있다.

유아기 아이들에게 부모는 음악을 경험하는 중요한 첫 관문과도 같다. 음악 교육을 받았거나 혹은 음악에 관심이 있는 부모는 음악을 통해 얻은 자기만의 좋은 기억들을 그대로 아이들이 경험하길 원한다. 자주 노래를 부르거나, 기분 좋은 자연의 소리를 함께 듣거나, 집이나 차 안에서 다양한 음악을 틀어놓고 악기 이름을 알려준다. 끊임없이 수많은 종류의 음악과 교감하는 이런 행위들이 어떤 가정에서는 애완동물을 키우는 것과 별반 다름없

♪ motherese ㅣ 모성어 혹은 '엄마말투'라고 한다.

는 아주 자연스러운 생활의 일부처럼 보인다.

어떤 부모는 자기 아이의 지칠 줄 모르는 음악에 대한 열정에 영감을 받아 오히려 음악에 기꺼이 함께 빠지기도 한다. 또 여전히 어떤 부모는, 특히 최근까지도 여러 사람들이 언급하는 음악에 대한 믿음, 즉 어린 나이에 악기를 배우면 커서 정식으로 음악을 공부하는 데 많은 도움이 된다는 사실을 신뢰한다. 음악에 대한 대중의 행동을 평가한 한 갤럽 조사(2002~2003)에 따르면, 조사대상 주부 1,000명 중 대다수가, 음악은 삶의 중요한 부분이고 가족을 하나로 만드는 수단이며, 악기를 연주하는 자체로 즐거움을 얻을 뿐만 아니라 마음과 몸이 편안해지고 성취감도 얻을 수 있다고 대답했다. 응답자 중 80%가 음악은 아이를 영리하게 만든다는 사실에 완벽하게 혹은 거의 동의했다.(이 문항이 조사항목에 포함된 것은 이번이 처음이었다)

최근 많은 부모들은 음악이 SAT♪ 점수를 높이거나 사고력을 키워준다는 데 초점을 두고 대화를 나눈다. 어떠한 계기로 음악을 아이 삶에 중요한 일부라고 생각하게 되었는지 상관없이, 가정에서 음악을 쉽게 접하고 느낄 수 있는 환경을 만드는 것은 가장 좋은 출발이다. 노래하고, 간단한 곡을 연주하고, 적극적으로 감상하고, 음에 맞추어 몸을 움직이는 것 등은 아이들이 음악을 탐험하고 실험하는 하나의 방법으로, 이러한 과정을 통해 음악적인 감각을 얻게 된 아이들은 이후 제대로 된 음악 기교들을 쉽게 습득

♪ Scholastic Aptitude Test ㅣ 한국의 대학수학능력시험 같은 미국의 표준화 된 시험으로, 미국 대학에 진학 시 입학 평가에 반영된다.

하게 된다.

다음에 열거한 내용은 음악을 여러분 가정의 일부분으로 또는 아이들 삶의 일부분으로 만드는 가장 쉬운 방법이다.

새로운 음악에 귀를 열어라: 성인이 된 후 주로 록에 심취해왔다면 매일매일 집에서 가족을 위해 클래식 음악을 틀어 놓자.

여러분과 자녀가 함께 즐길 수 있는 음악에 스스로 친해지자: 볼레로나 웨스트 사이드 스토리에 맞추어 춤을 추거나, 프로코피브Prokofiev의 '피터와 늑대'를 흥얼거리며 콧노래 부르거나, 베토벤 5번 교향곡에 담겨 있는 열정을 표현하거나, 조플린S. Joplin의 '엔터테이너'♪를 쉽게 따라 할 수 있다.

세서미 스트리트Sesame Street의 밥Bob McGrath이 제안한 방법을 적용해보자: 아이와 함께 매일매일 다른 종류의 음악을 몇 분간 듣고 그 음악이 아이에게 완전히 스며들 때까지 반복해서 몇 주간 연주한다.

두들겨라: 캔이나 커다란 깡통을 두드리고 팔 다리를 힘차게 움직이면서 춤을 춘다. 직접 만든 딸랑이나 간단한 타악기, 나무 블록, 심벌즈 등 다양한 타악기 소품을 담을 수 있는 보물상자를 만든다. 아이의 친구들을 초대해서 타악기를 두드리며 행진해 본다.

노래! 노래! 노래를 불러라!: 음정이나 목소리는 걱정하지 말아라. 그저 아이와 함께 매일매일 노래 부른다. 한 장소에서 다른 장소로 옮길 때, 다른 놀이로 바꾸거나 혹은 점심시간이나 간식시간, 차를 타고 이동할 때 등 언제 어디에서나 노래할 수 있다.

♪ The Entertainers ┃ 영화 '스팅'의 주제곡이다.

다양한 음악에 노출 시키는 가장 이상적인 시기는 대략 세 살에서 초등학교 입학 전 정도의 나이이다. 클래식, 재즈, 민요 등. 이 외에도 선율이 아름답고 아이들이 호감을 갖는 다면 어떤 종류의 음악이나 관현악 연주도 상관없다(스무드재즈♪, 하드록, 소프트록 등 라디오나 다른 대중 매체를 통해 매일 어디에서나 들을 수 있는 음악들은 아이들에게 아무 의미가 없다). 서너 살 된 아이들도 자주 들려주는 음악은 구별해서 인지할 수 있다. 그 음악에 맞추어 노래를 부르거나, 흥얼대거나, 리듬에 맞추어 춤을 추기도 하고, 때로는 같은 노래를 반복해서 들으려고 하는 식이다. 그러면서 아이는 그 음악을 완전히 자기 것으로 만든다.

온 몸으로 듣기

음악을 듣는 경험이 매우 중요한 이유는 아이들 일생에 꾸준히 영향을 미치기 때문이다. 마치, 처음 바다에서 수영했던 일, 자전거 타기를 배웠을 때 등처럼 생생하면서도 다른 어떤 것보다 소중한 기억으로 남는다. 나는 지금까지도 다섯 살 때 들은 '피터와 늑대'를 크리스털처럼 투명하게 기억하는데, 엄마가 마술같이 나타났다 사라지는 악기와 동물을 지적할 때마다 나는 마치 귀로 무언가를 보는 듯한 착각에 빠졌었다.

사실, 아이들이 음악에 심취해서 반응하는 매 순간들은 이후

♪ smooth jazz | 1990년대 이후 등장한 새로운 재즈장르

에 아이들이 음악을 공부하고 그 소질을 개발하는 데 매우 중요한 영향을 미친다. 세계적으로 성공한 음악가들에 대해 광범위하게 조사한 영국의 심리학자 존 슬로보더John Sloboda 박사는 어린 아이들도 아주 심도 있게 감정적으로 음악에 반응할 수 있으며 이러한 경험은 아이들이 악기를 배우고 연주할 때 자신의 감정을 잘 표현할 수 있는 원천이 된다고 밝힌다. 아이들에게 전혀 부담을 주지 않는 환경, '아무것도 아이들에게 요구하지 않는 환경'에서 이 소중한 것을 경험하는데, 예를 들어 집에서 가족이나 친구들과 함께 편안하게 음악을 듣는 경우가 그렇다 — 어떤 경우에는 연주회에서 혹은 선생님이 함께 있을 때 오히려 음악에 심취하기 어려울 수 있다.

아이에게 잠재되어 있는 음악성은 다양한 놀이나 적극적으로 음악을 듣는 활동을 통해 개발될 수 있다. 어떻게 하면 동적으로 음악을 들을 수 있을까? 노래 따라 부르기, 박자에 맞추어 발구르기, 손뼉 치기, 리듬에 맞추어 두드리기, 악기 이름이나 소리를 알아맞추기, '글자'는 없지만 그 곡이 들려주려는 이야기에 대해 나눌 수 있다. 연주 테이프를 들으면서 지휘를 하거나, 음악에 맞춰 춤을 추거나, 리듬에 맞춰 율동을 하면서 몸을 움직이는 것도 아이들과 함께 동적으로 음악을 경험해 볼 수 있는 좋은 방법이다.

아이들이 듣고 있는 음악에 대해 잘 이해하고 있다면 활동 내용을 더 넓힐 수 있다. 그 음악에 대해 물어보자. 음악이 슬프게 들리는지 기쁘게 들리는지, 음이 높은지 낮은지, 부드러운지 아니면 웅장한지, 따라 부를 수 있는지, 음을 악보로 그릴 수 있는지, 연주할 수 있는지 등. 어린 아이들은 반복하는 것을 아주 즐긴다. 아이가 노래의 후렴구를 계속 반복하거나 어떤 특정한 노래를 수 없이 듣겠다고 떼쓰는 것은 음악을 알아가는 한 과정일 뿐이다. 자기 아이가 음정이 틀린 채 노래를 부른다면 부모로서 걱정하지 않을 수 없다. 그러나 음악을 그대로 모방하면서 아이들은 대단한 즐거움을 만끽하게 될 것이다. 똑같은 곡을 반복하면서 아이들은 점점 더 리듬과 박자를 정확하게 따라 하게 되고 그러면서 성장한다. 이렇듯 매일 일상에서 적극적으로 참여하면서 음악을 들은 아이들은 악기를 배울 준비가 될 때까지 음악에 대한 흥미를 놓지 않게 된다.

생생한 음악 경험하기

많은 기관이나 단체에서 아이들이 참여할 수 있는 음악회나 연주회를 연다. 이런 연주회들은 다소 소란스러움을 이미 예상하고 있기 때문에 아이들이 분위기를 망칠 거라는 염려는 하지 않아도 괜찮다. 우리 부부는 아이가 겨우 생후 몇 개월 때부터 아기들을 위한 연주회나 어린이 콘서트, 뉴욕 필하모니 오케스트라에서 여는 가족 콘서트에 함께 다녔는데, 그 어느 곳에서든 관중석에서 들리는 소음으로 인상을 찌푸리는 사람은 한 명도 없었다. 아이들에게 생생한 음악을 들려주고, 사람들이 실제 악기를 들고 연주하는 모습을 보여주는 것은 정말이지 기쁨이 넘치는 역동적인 경험이다. 이런 종류의 콘서트는 아이가 커서 정식 연주회, 즉 조용히 앉아 있어야 하는 보통 연주회를 즐길 수 있는 준비단계이다. 아이들은 가치 있는 무언가를 위해 조용히 앉아 있어야 하고 평소와는 다른 무언가 특별한 것을 경험한다는 사실을 재빨리 익히게 된다.

아이들을 위한 연주회는 일반적으로 무료이거나 입장료가 아주 저렴하기 때문에 찾아볼 만하다. 동네 도서관이나 지역의 음악학원, 혹은 가까운 대학에서 개최하는 주민을 위한 음악회 등을 찾을 수 있다. 특별히 아이들이 연주하는 공연이라면 더 좋다. 스즈키 콘서트나 어린이 오케스트라의 여름 정기 발표회 등은 좋은 예이다.

최근 거의 모든 미국 심포니 오케스트라에서는, 미래의 신선한 청중이 될 어린이를 겨냥해서 가족들이 참여할 수 있는 콘서트를 많이 준비하고 있다. 시애틀 심포니에서는 여섯 살 미만의 아이들(물론 아기도 대 환영이다)을 대상으로 '작은 아이들'이라는 3시간 정도의 주제가 있는 콘서트를 열고 있으며, 여섯 살에서 열세 살 아이들을 겨냥한 좀더 형식을 갖춘 다양한 심포니 시리즈도 개최하고 있다. 뉴욕 필하모닉의 전통 있는 '어린이' 시리즈는 또 다른 좋은 예로, 입장료가 불과 8~25달러 정도이다. 많은 가족 콘서트에서는 정식으로 연주가 시작되기 전에 다양한 악기를 직접 만져보고 소리를 내 볼 수 있는 기회를 주거나, 간단한 악기를 만들어 보거나, 혹은 갈대를 불어 소리를 내는 등 아이들이 직접 손으로 만지고 체험할 수 있는 활동들을 제공하는데, 이러한 기회를 통해 아이들은 연주에 더 많은 관심을 갖고 즐기게 된다.

한 계단 위로

이제 내 아이가 집을 벗어나 다른 무언가를 시도할 때가 되지 않았을까? 그렇다면 이것을 어떻게 알 수 있을까? 또 유치원생에게 적합한 프로그램으로 어떤 것이 있을까? 그 중 무엇이 내 아이에게 맞을지 어떻게 결정하나? 악기를 배우는 것부터 시작해야 할까? 개인 레슨을 받는 것이 적당할까 아니면 음악을 좋아하긴 하지만 아직은 참을성이 없고 부산한 아이에게 그룹 레슨이 더 나을까?

어떤 아이들은 부모가 무시할 수 없을 정도로 끈질기게 특정 악기나 음악에 관심을 나타낸다. 그것이 그저 동네 도서관의 노래 부르기 프로그램이라도 이러한 아이들의 반응은 마음에 새겨 둘 만한 잣대가 된다.

현재 매우 재능 있는 열네 살 바이올린 연주자인 에리얼이 처음으로 바이올린 연주를 가까이에서 들은 것은 네 살 때이다. 어느 날 에리얼이 다니는 유치원은 눈보라 때문에 평소보다 일찍 마치고 부모들이 데리러 오길 기다리고 있었는데, 선생님은 그동안 아이들이 지루해 할까봐 10대인 자기 딸에게 바이올린 연주를 부탁했다. 그 이후 에리얼은 "아빠, 나 저거 하고 싶어."라고 얘기하기 시작했다. 몇 주 동안 에리얼은 엄마, 아빠에게 계속해서 바이올린을 배우고 싶다고 졸랐는데, 사실 에리얼의 부모는 아무도 악기를 연주할 줄 몰랐다. 에리얼 엄마는 당시 에리얼이 그 나이 또래 아이들이 대부분 하고 있는 다른 활동들, 즉 발레와 실내체조 수업을 하고 있었기 때문에 에리얼의 부탁을 들어 줄 수 없었다. 그래서 에리얼에게 1년만 기다리라고 타일렀다. 그리고 거의 1년이 지난 어느 날, 에리얼은 엄마에게 다가와 "이제 1년이 됐으니깐 나 바이올린 배울래요."라고 말했다.

클래식 기타 선생님인 이브는, 어떤 아이들에게 악기는 그 자체만으로도 자신을 드러내는 수단이 된다고 다음처럼 말한다. "어떤 아이는 서너 살 때 단 한 차례 바이올린 연주를 보고 그것으로 모든 것이 결정이 나지요. 그 이후로 아이가 원하는 것은 오직 바이올린 한 가지뿐이에요. 바이올린은 이미 그 아이의 열정이 되어버린 것이지요. 악기의 종류는 상관없어요. 더 중요한 건 음악에 대한 아이의 관심과 열정이에요. 어떤 악기도 가능하지요. 아이는 분명 갑자기 뛰어난 능력을 보이게 될 거예요."

아주 어린 아이들을 위한 한 음악 프로그램에 대한 관심과 요구는 지난 20여 년 동안 급격하게 증가했는데, 아마도 초기 아동발달 단계에서 음악이 미치는 긍정적인 효과 등이 부상되면서 영향을 받은 듯하다. 여러분의 아이가 음악 또는 어떤 악기에 특별한 관심을 보인다면, 이제 주변에 어떤 프로그램이 있는지 찾아 볼 차례이다. 유치원 선생님이나 다른 학부형에게 물어 볼 수 있다. 혹은 유아나 유치원생 아이들에게 음악 프로그램을 제공하는 지역의 음악학원을 찾아 볼 수도 있다. 도시 외곽 작은 동네에서 살고 있다면 혹시 그 지역 공립도서관에서 '노래 부르기'나 형식을 갖추진 않았지만 다양한 형태의 음악 프로그램을 제공하는지 알아본다. 아이와 함께(혹은 아이 없이) 프로그램을 참관하면서 몇 살 정도의 아이들이 참여하는지, 또 어떤 활동을 주로 하는지 알아본다.

달크로즈Dalcroze, 킨더뮤직Kindermusik, 뮤직 투게더Music Together 등 주목할 만한 공인된 음악 프로그램들은(이에 대해서는 2장에서 소개함) 독특한 나름의 방식으로 특정 연령대의 아이들을 가르칠 수 있도록 훈련 받은 자격을 갖춘 선생님이 진행한다. 프로그램 운영 책임자나 선생님에게 아이가 이 프로그램에 참여하기 위해서는 일반적으로 어떤 점을 갖추어야 하는지 수업과 관련한 자세한 내용들(예를 들면, 얼마 동안 수업을 진행하는지 등)에 대해 조언을 구하는 것도 아주 좋은 방법이다. 네 살에서 여섯 살 정도의 아이들에게는 새로운 음악세계를 탐험하는 다양한 활동 자체를 즐길 수 있도록 하는 것이 중요하다.

유아를 대상으로 한 모든 프로그램이 적극적인 부모의 참여를 요구한다는 사실을 잊지 말자. 여러분은 아이와 함께 노래할 준비가 되었나, 아이와 함께 교실 안을 뛰어 다닐 준비가 되었나, 간단한 악기를 함께 연주할 준비가 되었나, 이 모든 것을 확실히 해 두자.

다음 내용은 여러분 자녀가 음악에 대해 강하게 관심을 갖고 있는지 그렇지 않은지 초기에 발견할 수 있는 지침이 될 것이다.

\# 끊임없이 노래를 부르거나, 어떤 곡이든 상관없이 따라 부르거나, 예
　전에 들었던 곡을 종종 다시 부르곤 한다.

\# 비교적 정확하게 리듬을 따라서 한다.

\# 집에 있는 어떤 악기든 싫증 내지 않고 가지고 놀면서 때때로 어떤
　음이나 곡조를 정확하게 짚어낸다.

\# 전체 곡 중 귀에 익숙한 어떤 특정 부분을 다시 듣게 해달라고 조른다.

유아(심지어 아기에게도)를 위해 가장 잘 만들어진 프로그램 중 두
개를 꼽으라면 킨더뮤직과 뮤직투게더를 들 수 있다. 이 두 프로
그램은 지난 10여 년 동안 미국 전역 어디에서나 쉽게 접할 수 있
는 인기 있는 음악교육 프로그램이다. 프로그램의 목적은 노래하
고, 음악을 듣고, 리듬을 익히는 신나고 다양한 활동을 통해 아이
들의 음악적인 감각과 인지능력을 개발하는 데 있다. 학원에서뿐
만 아니라 집에서 부모가 함께 반복해서 지속할 때 그 효과를 더
하게 된다. 킨더뮤직은 1960년 서독에서 개발된 프로그램으로 전
통적인 클래식 음악의 본거지인 서유럽 전역으로 빠르게 확산되
었고, 이제 미국과 그 외 몇몇 나라에도 급속히 자리 잡고 있다.
뮤직투게더는 비교적 민속음악folk music에 기반을 두고 있는데, 달
크로즈의 선생님이었던 케니스 길마틴이 1980년 대 중반 미국 프
린스턴과 뉴저지에 위치한 '어린이 음악 센터'에서 재직할 당시
아이디어를 얻어 만든 교육 프로그램으로 부모와 함께 참여하도
록 고안되었다.

두 프로그램 모두, 모든 아이들은 음악에 관심과 소질이 있

음악을 시작할 나이, 세 살에서 여섯 살

다는 믿음에 기초한다. 각 프로그램은 주의 깊게 만들어진 고유한 교재를 사용하며, 가정에서도 그대로 수업과정을 따라 할 수 있도록 대량의 테이프와 CD를 구비하고 있다. 교재를 통해 아이들은 높은 음과 낮은 음을 구별하고, 리듬을 인지하고, 음악적인 감각을 기르는데, 이 부분들은 아이가 음악을 정식으로 공부할 때 도움이 된다. 두 프로그램 모두 기본 프로그램 외에 두세 살 정도의 아이들 혹은 심지어 더 어린 아이들을 대상으로 특별히 마련된 프로그램이 있으며, 이 프로그램 역시 더 친근하고 편안한 분위기에서 수업을 진행하는데, 주로 놀이를 통해 음악세계를 탐험한다.

아이와 함께 킨더뮤직 교실에 다니는 음악을 전공한 한 엄마는 이 프로그램을 통해 자신이 경험했던, 엄마와 아이가 함께하는 다른 어떤 프로그램보다 아이의 성장과 발육에 대해 다른 시각과 견 해를 얻을 수 있었다고 한다. "난 프로그램을 마치고 무언가 심상치 않은 기운을 느꼈어요. 프로그램에 참여한 모든 엄마들이 아기와 함께 인상적이고 아름다운 그러나 조용한 노래를 부르면서 이 조그만 아기에게 무언가 색다른 유용한 것을 주고 있구나, 라고 느꼈지요. 한 그룹의 엄마들과 함께 똑같은 감정을 공유한다는 게 얼마나 만족감을 주는지 몰라요. 이 프로그램이 내가 살고 있는 이 조그만 동네 각 가정마다 자그마한 돌풍을 몰고 올 것 같아요."

달크로즈나 오르프 슐베르크 방식은 유럽에서 20세기 초에 완성된 음악교육 프로그램으로 철학적이면서 경험을 바탕으로 한다. 창시자 에밀레 자크 달크로즈와 칼 오르프는 아이들이 음악적인 감각과 기술을 배울 수 있는 최상의 방법이 무엇인지 광범위하게 연구했다(2장 참조). 노래하고, 몸을 움직이고, 타악기를 이용해 리듬을 익히면서, 초기 아동발달에 중요한 다른 영역들 — 근육의 조화로운 발달, 집중력, 언어능력 등 — 이 함께 발달하도록 의도적으로 설계된 구체적이면서도 경험에 근거한 음악 프로그램이다. 이 프로그램의 목적은 날카로운 청음능력과 음의 고조와 리듬을 구별하는 능력 그리고 음악을 새롭게 창작하는 능력 등 음악적인 인지능력을 개발하는 데 있다. 두 프로그램 모두 아이들이 정식으로 악기를 배우면서 진행된다. 이와 대조적으로 스즈키 방식은 악기를 도구로 활용한다. 원래 서너 살 된 아이들을 대상으로 바이올린을 매개로 개발된 스즈키 훈련 방식은 매년 해를 거듭하면서 다루는 악기의 폭을 넓혀 이제는 첼로, 피아노, 트럼펫, 플루트를 사용하고 있으며, 그리고 가장 최근에는 기타도 활용하고 있다.

최근에는 아주 어린 아이들을 대상으로 한 키보드 교실도 유행이다. 가장 대중적인 프로그램 중 하나가, 다섯 살에서 열 살까지 아이들을 대상으로 이미 입증된 일련의 프로그램을 진행하는 야마하 음악교실인데, 피아노뿐만 아니라 첨단 방식의 키보드와 신시사이저를 생산하는 야마하 그룹에서 개발한 프로그램이다. 오스틴과 텍사스에 위치한 암스트롱 음악학교에서는 네 살에서 여섯 살 정도의 어린이를 대상으로 자체적으로 키보드 프로그램을 개발하였는데, 이것이 바로 '리틀 모차르트'이다. 이런 음악교실에서 얻을 수 있는 이점은 다음과 같다. 스즈키 방식처럼 아이들은 집중해서 곡을 듣고 그대로 모방한다. 아주 멋진 곡을 들은 직후 따라 하기 쉬운 레퍼토리를 골라 즐겁게 연주하는 방식이다. 나이에 따라 그룹을 나누고, 같은 무리의 아이들은 서로 자극을 주고받으면서 신나고 재미있게 함께 연주한다.

자녀가 하루 종일 노래를 부른다고 해서 바로 스즈키 프로그램에 등록하거나 서둘러서 피아노 개인교습을 시작할 필요는 없다. 어린아이들은 어른의 높은 기대를 충족시킬 때보다 광대한 음악세계를 스스로 탐험해 나갈 때 더 많이 성장한다. 그러므로 여러분 아이가 과연 준비 되었는지 음악교육 프로그램 담당자나 선생님과 의논해 볼 수 있다. 특히 여러분 자신이 정식으로 어떤 형태의 음악교육도 받아 본 경험이 없다면 이러한 상담은 상당히 도움이 될 것이다.

그렇다면 아이가 '준비되었음'을 어떻게 알 수 있을까?

음악을 하고 싶은 갈망, 음악을 함으로써 얻는 기쁨, 좋은 리듬 감각, 크고 작은 근육을 조화롭게 움직일 수 있는 운동신경, 다른 아이들과 함께 긴장하지 않고 편안하게 있을 수 있고 일정 수준의 규칙을 따를 수 있다면, 아이는 이제 정식으로 교육 받을 준비가 된 것이다.

자녀가 선생님 말씀을 잘 듣고 지시사항을 잘 따라 하고 잠시 동안이라도 집중할 수 있고, 그리고 무엇보다도 이러한 새로운 경험을 즐기면서 적극 참여할 수 있는지 되짚어 보자.

모든 유치원생들이 개인 레슨을 받거나 교실에서 다른 아이들과 함께 음악수업을 받을 준비가 되어 있지 않다는 사실을 명심해야 한다. 그렇다면 당신은 얼마나 아이의 음악교육에 투자할수 있는지 곰곰이 생각해 볼 필요가 있다. 이는 실제로, 재능도 있고 의욕도 있어 보이는 여덟 살 딸아이를 위해 가계 지출을 늘리고, 음악에 호기심을 보이는 세 살 난 아들을 위해 또 다시 예산을잡아야 하는 등 아주 실제적인 문제이다. 지역에 따라 다르지만,보통 미국의 음악학원의 어린이 교육 프로그램은 한 학기(17주)45분 수업을 기준으로 대략 200~500달러이다. 하지만 스즈키 교수법처럼 특별한 프로그램일 경우 한 학기 수업료는 500~700달러로 치솟는다. 많은 경우 프로그램에서 제공하는 자체 장학금이 있는데 아주 어린 아이들도 혜택을 받을 수 있다. 그러니까 우선 여러분이 사는 지역에서 찾을 수 있는 프로그램이 무엇이 있는지꼼꼼히 살펴보는 것이 중요하다 ― 저렴한 가격 혹은 수강료가무료인 아주 훌륭한 음악교육 프로그램을 만날 수 있을지도 모른다.(선생님이나 프로그램을 선택할 때 참고할 만한 내용에 대해서는 6장에서 다룬다)

자, 이제 여러분은 얼마나 준비되었나? 자신에게 솔직해지자.아이들이 프로그램을 통해 기술을 익히고, 수업에 참여하는 것이하나의 일상이 되고, 지속해서 관심을 갖고, 특정한 악기를 배울때까지 그 관심을 놓지 않기 위해서는 부모의 적극적인 참여는필수이다. 아이가 꾸준히 음악수업을 받고, 무언가 새로운 것을탐험하는 아주 흥미로운 시간으로 연습을 즐기려면, 부모도 즐겁게 동참하면서 많이 지원해 주어야 한다. 사실 스즈키 프로그램은처음 1~2년 동안 아이와 함께 부모도 바이올린을 배울 것을 권하는데, 이는 부모가 수업이 어떻게 진행되는지 이해하고, 아이들에

게 역할모델이 되어주고, 새로운 곡을 배우면서 갖는 즐거운 기대
감을 불어넣어주기 위해서이다. 나이 어린 스즈키 학생은 단지 악
기를 연주하는 방법뿐만 아니라 불과 하루 10분이라도 어떻게 연
습해야 하는지 배운다. 아름답게 연주되는 음악을 듣고, 색다른
장소에서 다양한 음악을 경험하는 것도 매우 중요하다. 또래보다
서너 살 나이 많은 아이들이 연주하는 공연은 특히 아이들에게
영감을 불어넣어준다.

음악교사에 대한 짧은 견해

자신이나 자녀가 다음 단계로 나아갈 준비가 되었다면, 이제
무엇보다도 중요한 사안은 꼭 맞는 프로그램과 선생님을 찾는 일
이다. 사실, 정말 무언가 다른, 그저 평범하지 않은 선생님을 찾는
것은 특별한 프로그램을 찾는 것 이상으로 중요하다. 내 아들을
예로 들어 보겠다. 아이의 첫 번째 스즈키 선생님이 다섯 살 난 한
무리의 아이들을 다루는 솜씨는 가히 경이로웠다. 아이들은 선생
님의 말을 경청했고, 수업이 끝나도 아랑곳 하지 않고 하던 활동
을 계속했으며, 조그마한 바이올린을 연주하면서 내내 즐거워했
다. 그 선생님은 어린아이들을 다루는 데 정말 탁월했고 이후로
그 선생님이 가르치는 수업은 무조건 등록했다.

첫 음악 선생님과의 관계는 음악에 흥미를 갖는 데 무엇보다
도 중요한 부분이다. 선생님은 아이의 역할 모델이다. 아이들은

선생님을 통해 연주기술을 습득하고 음악에 몰두하는 법을 배운다. 또 선생님은 아이가 어떻게 연주기술을 익혀야 하는지 체계적으로 그 과정을 인도한다. 특히 유치원생이나 초등학교 저학년을 가르치는 선생님은 아이들이 음악수업을 하면서 놀이처럼 즐거움을 찾을 수 있도록 이끌어야 한다. 예를 들어, 퍼즐이나 게임 혹은 마술 등을 이용할 수도 있다.(내 아이에게 알맞은 선생님을 찾는 내용은 6장에서 더 설명한다)

자녀가 개인교습을 시작했거나 혹은 음악교실에 등록했다면 수업 전후 아이들의 반응이 어떤지 세심히 주의를 기울어야 한다. 아이가 무엇에 흥미 있어 하는지 선생님은 알고 있는가? 아이가 집중하기에 수업시간이 너무 길지 않은가? 선생님의 기대나 프로그램에서 원하는 바가 아이에게 부담은 되지 않는가? 아이가 악기를 다루는 데 필요한 운동신경은 발달했는지, 신체적으로 편안하게 악기를 다룰 수 있는지, 아이가 얼마나 오랫동안 집중할 수 있는지, 무엇보다도, 정말로 수업에 몰두하고 있는지를 부모는 예민하게 주시해야 한다.

하나, 둘, 셋, 준비 … 시작

다섯 살 혹은 여섯 살 된 아이들이 바이올린이나 피아노 혹은 기타 같은 그 나이에 적합한 악기를 배우기 시작했다면, 아이들의 연습시간을 정해주어야 한다. 단지 하루에 5분, 10분이라도 상관없다. 사실 연습은 악기를 배우는 과정에서, 부모와 아이를 포기하게 만드는 가장 교묘한 속임수와도 같다(연습과 관련된 내용은 7장에서 다룬다). 아직 여러모로 미숙한 이 시기의 연습은 마치 아이의 의지를 시험하거나 견디기 어려운 고통스런 경험이 되어서는 안 된다. 물론 강도 높은 연습도 아이에겐 무리이다. 대부분의 경우, 이 시기에 연습이 의미하는 바는 단지 매일매일 조금씩 지속하는 것을 말하며, 이러한 과정이 쌓여 결국 아이는 악기를 연주할 수 있게 되고 신체적으로도 편안하게 악기를 다루게 된다. 연습을 하루 일과로 만드는 일, 즉 매일매일 같은 시간, 같은 장소에서 연습함으로써 아이는 음악과 관련된 활동을 마치 가족의 다른 일상, 예를 들어 애완견을 산책시키거나 저녁식사를 함께 준비하는 것과 같은 매일 해야 할 일로 받아들이게 된다.

아이들의 열정을 이용하자. 아이들은 보통 자신이 배운 것을 선생님이나 부모에게 뽐내면서 보여주길 좋아한다. 매일 연습하는 목적은 배운 것을 지속해서 익히는 것이며, 궁극적으로는 아이의 신체적인 조절능력, 협응능력 그리고 음악의 감각을 키우게 된다. 구체적으로는, 바이올린 활을 바르게 잡고, 바른 자세로 피아노 앞에 앉아 있고, 정확하게 리듬을 따라 하고, 점차 〈반짝반짝 작은 별〉 같은 곡 전체를 연주하게 됨을 의미한다. 연습은 음악 외의 부분에서도 역시 소기의 성과를 얻게 한다. 아이들은 과제를 작은 단위로 나누고, 한 번에 한 가지씩 집중하고, 인내심을 갖고, 스스로에게 귀 기울이는 것을 배우게 된다.

그러나 위에서 언급한 모든 것보다 더 중요한 것은, 연습시간이 어떤 방해나 간섭에도 구애 받지 않고 아이들과 함께하는 절대로 즐거운 시간이 되어야 한다는 사실이다. 집중할 수 있으면 서도 편안한 시간을 정하도록 한다(아이가 너무 피곤해 하거나 허기진 때는 피한다). 부모와 단 둘이서 일 대 일로 무언가 함께 나눈다는 사실 자체만으로도 아이에게는 큰 보상이 되기 때문이다.

아이들이 연습시간을 기다리게 만드는 몇 가지 방법을 제안해 보겠다.

여러 가지 색을 사용해서 아이와 함께 일주일 단위로 시간표를 만든다.
매일매일 스티커를 붙이면서 작은 보상이 되도록 한다.
인형이나 장난감을 관객으로 한 작은 콘서트를 연다.
녹음한다. 아이들은 자신이 연주한 것을 듣는 것을 매우 즐긴다. 또 녹음된 곡을 들으면서 어떤 부분을 좀더 연습해야 할지 알게 된다.
아이들이 선생님이 되어 당신에게 배운 것을 가르치게 한다.
긍정적인 방식으로 지지하면서 잘못된 부분을 바로 잡아준다.
연습이 끝난 후 아이가 제일 좋아하는 것으로 간식을 준비한다.

이상에서 언급했듯이 이 나이 또래아이들에게 연습은 재미있어야 한다. 연습 내내 바른 자세를 유지했거나, 정확하게 전곡을 연주한 경우 등 작은 것이라도 잘 한 점이 있으면 끊임없이 칭찬해야 한다. 연습을 통해 아이들은 쉽게 지나칠 수 있는 사소한 부분, 즉 자세 ― 그러나 곡을 연주하는 데 절대로 필요한 자세 ― 하나까지도 간과하지 않도록 천천히 속도를 줄이면서 집중하는 법을 배우게 된다. 자녀가 배우는 것은 단지 악기를 연주하는 것 그 이상이다. 아이는 지금 스스로 공부하는 방법, 스스로 무언가 익히는 나만의 방법을 배우는 것이다.

천재적인 아이, 재능 있는 아이 그리고 그렇지 않은 아이

어릴 때 자연스럽게 음악을 경험하고 음악에 노출되었던 아이들이 확실히 나중에 음악적인 재능을 보인다는 사실을 뒷받침하는 증거들은 많이 있다. 아이들이 몇 년 동안 주목할 만한 아무런 변화가 없을 수도 있다. 하지만 어느 순간 아이들은 갑자기 놀랄 만큼 성장한다. 심리학자 존 슬로보더는 음악적인 재능은 결코 만들어 질 수 없는 타고나는 것이라는 사실에 오랫동안 의문을 가져왔다. 그리고 마침내 그는 음악적인 재능은 후천적이라는 완전히 상반된 견해를 발표했다. 그의 연구에 따르면, 아기일 때나 혹은 어린 나이에 음악적인 자극, 예를 들어 매일 음악을 듣고 자주 노래를 부르고 음악에 맞추어 몸을 움직이는 놀이 등을 했던 아이들이 나중에 확실히 남다른 재능을 드러내며, 다른 학생에 비해 연주기교를 완벽하게 연마하거나 자신의 감정을 음악으로 표현하는 능력이 탁월하다고 지적한다. '재능'이라고 불리는 신화에 도전해서, 슬로보더는 음악적인 능력이나 성취도는 개발될 수 있으며, 음악을 경험할 기회와 음악에 노출되는 정도 그리고 지속적인 지원이 있다면 타고난 재능과 상관없이 후천적으로도 재능을 키울 수 있다고 강조했다.

국립피아노재단의 음악 교육가로, 프로그램 책임자로 오랜 기간 근무해온 브랜다 딜론은 슬로보더의 견해에 동조한다.

음악하면 늘 함께 떠올리는 '재능'이라는 단어를 사용하지 않는 편이 나을 것 같아요. 불행하게도 우리는 이미 그 공식에 묶여 있지요. 예를 들어, 우리 중 누군가는 음악에는 강하게 끌리지만 수학에는 그런 친밀감을 전혀 느끼지 못할 수도 있어요. 분명 음악에 관해 무언가 타고난 부분이 있음을 인정해요. 그러나 음악에 특별한 호감을 갖고 있는 사람조차도 악기를 배우는 고된 훈련과 더디고 지루하게 반복되는 연습과정을 거쳐야만 한답니다. "글쎄, 난 재능이 없으니까 악기 연주는 그만 둘래."라고 누군가가 얘기하는 걸 들을 때면 마음이 씁쓸합니다. 사실 누구나 천천히 시간을 두고 반복해서 하려고만 한다면 무엇이든지 할 수 있거든요. 배우는 과정은 다 똑같지요. 개인적으로 저는, 우리 인간은 누구나 다 음악을 할 수 있는 능력을 이미 갖고 있다고 믿어요. 가르치는 사람이 그 능력을 키울 수도 혹은 죽일 수도 있지요.

물론, 아이에게서 남다른 음악적인 친밀감과 잠재력을 인지할 수도 있다. 어떤 아이가 두드러지게 음악에 흥미를 보인다면 이런 면은 이미 서너 살 때 나타난다. 조세프란 아이가 바이올린에 흠뻑 빠진 건 다섯 살이 채 되기도 전이었다. 조세프의 엄마는 스즈키 바이올린을 시작하라는 조언을 들었는데, 전통적인 방식의 바이올린 개인 레슨을 받기에 조세프는 너무 어린데다가 더욱이 악보도 읽을 줄 몰랐기 때문에 바이올린 선생님이 스즈키 방식을 추천한 것이다. 어쨌든 조세프가 원하는 건 오직 하나, 바이올린을 연주하는 것뿐이었다. 당시 이 아이는 한 소절이라도 들으면 바로 그 자리에서 그 곡을 그대로 따라 연주하려고 애썼다. 바이올린을 켜는 자세나, 활을 잡고 있는 손의 모양, 그리고 만들어낸 소리 등 모든 측면에서 분명 같은 나이 또래 아이보다 월등했다. 조세프 부모는 아무도 악기를 연주할 줄 모른다. 단지 할머니가 뛰어난 화가였을 뿐이다. 조세프가 바이올린을 시작하면서이 가정에 음악은 굉장히 가치 있는 중요한 부분이 되었다.

음악과는 아무 관련이 없고 음악에 전혀 관심이 없는 가정에서 어린 바이올린 연주자 에리얼(앞에서 언급했던 소녀) 같이 음악에 강한 잠재력이나 남다른 친밀감을 보이는 자녀가 있을 수 있다. 음악성뿐만 아니라 성격 등 여러 가지 측면에서 남달리 강하게 음악에 호감을 나타내는 아이의 성향을 무시하기란 쉽지 않다. 그런아이들은 대개 음악을 지속해서 배우려고 할 뿐만 아니라 리듬이나 음을 잡는 감각이 남다르게 뛰어나며, 키보드나 다른 악기를사용해 멜로디를 정확하게 집어내는 능력도 훌륭하다. 이 모든 면을 종합해 볼 때, 내 아이가 만약 수개월 동안 변함이 없고, 열정을갖고, 오직 한 마음으로 음악과 관련된 활동을 지속한다면, 전문음악선생님이나 음악학교 교육프로그램 책임자를 찾아가 아이에게 적합한 프로그램이 무엇인지 자문을 구하는 것이 현명하다.

자, 이제 시작이다. 여러분이 어린 자녀의 음악교육을 위해

쏟아 부은 그 많은 노력들은 이후 여러분의 자녀를 좀더 음악성 있는 아이로 키우는 데 초석이 될 뿐만 아니라, 음악을 넘어서 더 넓은 영역들인 세심함, 지적 호기심, 문제해결 능력, 그리고 스스로 자신을 훈련할 수 있는 능력을 키우는 데에도 도움이 된다는 사실을 명심하자. ▤

🥁 〈추천 음악〉 아이와 함께 듣기 좋은 곡들

Adventures in Rhythm with Ella Jenkins by Ella Jenkins
African Playground by Angelique Kidjo, Mahotella Queens, others
Carnival of the Animals by Camile Saint Saens
Celebration of Folk Music by Pete Seeger, Woodie Guthrie, others
Choo, Choo Boogaloo by Buckwheat Zydeco
Great Big Fun of the Very Little One by Tom Chapin
Lullaby, A Collcetion by Bobby McFerrin, Judy Collins, Sweet Honey in the
    Rock, and others
Mr. Bach Comes to Call; Beethoven Lives Upstairs; Mozart' s Magic Fantasy: A
    Journey Through the Magic Flute; Tchaikovsky Discovers America:
    others titles.(The Classical Kids series all have companion book and
    videos.)
The Nutcrackers, Swan Lake by Tchaikovsky
Singable Songs for the Very Young; Baby Beluga by Raffi

🥁 〈추천 도서〉 아이와 함께 보기 좋은 책들

Friedman, Carol. *Nicky the Jazz Cat*(재즈 고양이, 니키). New York:
    Powerhouse Books, 2005.(CD도 함께 구입할 수 있다)
Greves, Margaret. *The Magic Flute: The Story of Mozart' s Opera*(마법 피리: 모
    차르트의 오페라). New York: Henry Holt, 1989.
Hayes, Ann. *Meet the Orchestra*(오케스트라 만나기). New York: Harcourt,
    Brace, Jovanovich, 1991.
Kalman, Bobbie. *Music Instrument from A to Z*(악기의 모든 것). New York:
    Crabtree Publishing Company, 1997.
Krull, Kathleen. *Gonna Sing My Head Off* New York: Knopf, 1992.
Kuskin, Karla, T*he Philharmonic Gets Dressed* New York: Harper ♪Row,
    1982.
Moss, Lloyd. *Zin, Zin, Zin! A Violin*(징, 징, 징, 바이올린!). New York: Simon
    ♪Schuster, 1995.
Turner, Barrie Carson. *Carnival of the Animals, by Saint Saens*(생상의 동물들
    의 축제), New York: Henry Holt ♪Ccompany(책과 CD), 1999.
Willard, Nancy. *The Sorcerer' s Apprentice*(마법사의 제자). New York:
    Scholastic, 1993.

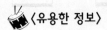 **〈유용한 정보〉**

Early Childhood Music and Movement Association │ www.ecmma.org

Kindermusic International(국제 킨더뮤직) │ www.kindermusic.com

Music Together(뮤직 투게더) │ www.musictogether.com

Yamaha Music Foundation(야마하 음악 재단) │ www.yamahamf.or.jp

괴상한 하지만 탁월한,
아이들을 위한 유명 교수법과 학습방법

아마도 대부분은 자녀가 오랫동안 음악을 지속하길 바랄 것이다. 다른 경우와 마찬가지로 음악수업도 그저 부모가 강제하는 '해야만 하는 의무'로 전락하길 바라진 않을 것이다. 음악을 한다는 것은 새로운 기술을 익히는 것과 다를 바 없다. 알지 못했던 음들을 새롭게 발견하고, 아름다운 소리를 만들고, 다른 사람들과 함께 무언가를 창조하고, 음악과 관련된 문화적인 전통을 지속하는 것이 바로 그것이다. 자녀를 위해 어떤 교수방법을 선택하든 그 수업과정을 통해 아이들은 자신의 생각과 방법을 시험하면서 각자의 창의력을 마음껏 발산하고, 연주하는 악기에 인격적으로 영감을 불어넣을 수 있어야 한다.

아이에게 음악에 대한 관심을 실현시키는 가장 좋은 방법은 무엇일까? 전통적인 방식이 여전히 보편적인데, 특히 개인교습 선생님들이 이 방법을 선호한다. 전통적인 방법은 '악보 읽기'를 중시하기 때문에, 아이의 나이나 선택하는 악기에 신중을 기해야 한다. 대부분의 음악학원에서는 전통적인 일 대 일 수업 방식뿐만 아니라 아주 어린 아이들을 위한 다양한 형태의 수업들, 그리고 특별한 목적으로 만들어진 프로그램들을 실시한다. 달크로즈와 오르프 슐베르크 학습방법, 스즈키 훈련방식 그리고 코다이 교수법은 유치원생이나 그보다 조금 더 어린 아이들이 시작하기에 매우 적합하다. 또래 아이들과 함께 음악을 탐구하는 경험은 아이들이 자라서 전통적인 방식으로 음악을 공부하게 될 때 훌륭한 기초가 된다. 초등학교 3, 4학년 때 시작할 수도 있지만, 더 어린 나이에 아무것도 모르고 그저 단순히 시작한 경우와 비교한다면 얻을 수 있는 이득은 같지 않다.

스즈키에 참여한 학생은 고등학생 때까지 계속 수준을 높이면서 어려운 곡들을 익히게 되며, 헝가리에서 만들어진 코다이 수업과정은 유치원생 때 시작해서 고등학교 때까지 이어진다. 하지만 좀더 큰 아이들이 이러한 프로그램에 참여할 수 있는 가능성은 상당부분 살고 있는 지역에 따라 차이가 있을 수 있다. 다양한 형태의 스즈키, 코다이 방식이 전통적인 수업 방식과 결합되어 사용되고 있다. 예를 들면, 많은 개인교습 선생님들이 스즈키 바이올린 교재를 사용하고 있는데, 그 이유는 스즈키 교재가 일련의 기교들을 가르치기에 아주 주의 깊게 만들어졌고 또 초보자에게 적합한 아름다운 선율의 곡들을 많이 담고 있기 때문이다.

수업을 진행하는 선생님을 지켜보는 것도 내 아이에게 맞는 프로그램을 선택하는 데 도움이 된다. 사실, 참관은 선생님의 자질이나 수업방식을 가장 완벽하게 알 수 있는 기회로 이 수업방식이 과연 내 아이에게 최상의 환경인지 판단할 수 있게 된다. 대부분 개인교습 선생님은 한 차례 시범 수업을 한 후 결정하도록 기회를 주며, 학원에서도 일반적으로 매년 초 공개수업을 열어 부모의 결정에 도움을 준다. 이런 기회를 통해 여러분은 프로그램에 대해서 직접 알아보고, 선생님을 만나고, 현재 학원에 다니고 있는 학생들이 어떻게 수업을 받는지 파악할 수 있다(내 아이에게 맞는 선생님을 찾는 내용에 대해서는 6장에서 다룬다). 많은 경우, 여러분이 마음에 둔 학원을 찾아갔을 때 대부분의 선생님들은 기꺼이 자신의 수업을 참관할 수 있도록 배려할 것이다.

전통적인 수업 방식

과연 전통적인 교습방법은 무엇인가? 일반적으로, 서유럽 음악 연주 전통에 뿌리를 둔 일 대 일 교습과 그에 필요한 일련의 지도원리를 말한다. 이상적으로 보면, 선생님은 개개 학생에 맞추어 개별화된 수업을 계획하는데, 각 학생의 나이, 경험, 진도에 따라 유서 깊은 클래식 곡들을 알맞게 편곡한다. 전통적인 교수법을 지향하는 선생님은 통상 학생들에게 악보 읽는 법을 가르치는 것부

터 시작하는데, 이 부분이 여타 교수방법과 다른 가장 큰 차이점
이다. 대조적으로 스즈키 방식의 경우, 학생들은 선생님이 연주하
거나 혹은 녹음테이프에서 흘러나오는 곡의 일부분, 리듬, 혹은
곡 전체를 반복해서 들으면서 음을 배우는데, 스즈키 교사는 최소
한 악기를 배운지 2, 3년이 될 때까지 학생들에게 악보 읽는 법을
가르치지 않는다(예외는 있는데, 이미 초등학교 3, 4학년이 되어 스즈키를 처음 시작하는
경우 일반적으로 진도를 빠르게 진행하며 악보 읽는 것도 곧바로 시작한다).

　　대부분의 경우, 초등학교에 다닐 나이의 아이들이 전통적인
방식의 개인 레슨을 시작하면 악보 읽는 것을 쉽게 할 수 있다. 아
이들은 글자를 배우는 과정에서 두 개 이상의 상징이나 문자들을
해독하면서 인지능력을 개발하게 되고, 이러한 능력은 고스란히
악보를 읽는 데 적용된다. 어떤 아이들은 악보 읽기를 배운다는
도전 과정을 정말로 즐기는 반면, 또 어떤 아이들은 배우는 속
도가 느리거나 혹은 좌절감을 느낄 정도로 힘들어 하는 경우도
있다.

　　오늘날 전통방식을 따르는 선생님들은 방대하게 다양한 교
재들을 사용한다. 그러나 여전히 음계나 아르페지오♪ 혹은 에튀
드♪ 등 진부하고 틀에 박힌 옛날 방식을 고집하는 사람도 있다
(예를 들면, 피아노를 배우는 경우 대부분 하논이나 체르니 교재를 고수한다). 세밀하고 감
수성이 예민한 선생님이라면, 학생들을 위해 독특한 곡들을 찾아
다양한 형태의 음악에 노출시키고 자신의 생각이 학생에게 자연

♪ arpeggios ｜ 화음을 연속적으로 연주하는 기법
♪ études ｜ 연습곡

스럽게 스며들도록 시도할 수 있는데, 아마도 학생들은 엄격하게 정해진 일련의 곡들을 차례대로 배워나가기보다 이러한 방식을 훨씬 즐거워할 것이다.

최근 몇 년 동안 소규모의 그룹 레슨이나 2~3명이 함께 수업하는 개인 레슨 형태가 음악학원에서 하나의 유행처럼 자리 잡고 있다. 그러나 전통적인 방식을 따르는 선생님은 여전히 일 대 일 수업을 선호하는데, 왜냐하면 일 대 일 방식이 이전에 배운 기교들을 단단히 다지고, 아무 방해 없이 학생 한 사람에게만 집중할 수 있는 가장 효과적인 방법이라고 믿기 때문이다. 그러나 일 대 일 수업을 받을 준비가 되어 있지 않은 아주 어린 학생들에게 이 수업방식으로 얻을 수 있는 이득은 적은데, 어린 학생들은 대부분 교실에서 여럿이 함께 수업하거나 그룹 레슨을 받는 것을 더 재미있어 하기 때문이다. 이것이 바로 일 대 일 수업방식의 단점이다.

처음 악기를 배우는 내 아이에게 어떤 방법이 가장 적합할지에 대해서 학원 혹은 프로그램 담당자에게 조언을 구하는 데 주저하지 말자. 어떤 아이들은 규칙적으로 개인 레슨을 받으면서 선생님이 자신에게만 관심을 두는 것을 즐기는 반면, 어떤 아이들은 친구와 함께 배우거나 혹은 그룹에 속해 배우는 것에 더 의미를 둔다. 음악을 공부하는 데 무엇이 옳은 방법이고 그른 방법인지 단정할 수 없다. 자녀가 레슨(개인 레슨이든 그룹 레슨이든) 받는 것을 매우 즐거워하고, 레슨 후에도 배운 내용을 다시 반복하면서 자기만의 방법을 찾으려고 한다면, 아이는 지금 자신에게 꼭 맞는 음악수업을 받고 있는 것이다.

래리 말린은 트럼펫 선생님으로 지난 25년 이상 학교에서 혹은 개인적으로 아이들을 가르쳐왔다. 말린은 자신과 같이 전통적인 방식을 따르는 선생님들이 최근 몇 가지 이유로 아이들을 가르치는 데 부담이 더해지는 것 같다고 말한다.

무엇보다도, 학교에는 악기를 연주하는 데 필요한 다양한 프로그램이 없습니다. 더 심한 경우는, 어떠한 형태의 음악 프로그램이 전혀 없는 학교도 있지요. 대부분의 아이들은 평소 클래식 음악이나 클래식악기 연주를 듣지 않습니다. 보통, 아이들이 듣는 라디오에서 흘러나오는 음악들은 내가 어렸을 때 들었던 음악과는 전혀 다른 종류지요. 부모가 평소 클래식 음악을 듣는 경우를 제외한다면, 아이들이 클래식 음악을 들을 수 있는 기회는 정말 드물 거예요. 예전에는 훌륭한 수준의 전통적인 관현악 연주회가 많았고, 수많은 아마추어 음악가들이 이 무대를 통해 배출되었는데, 이제는 이러한 연주회조차 찾아보기 어렵습니다.

더 심각한 문제는, 음악에서 얻을 수 있는 진정한 기쁨을 유보시키는 이런 상황들을 아이들이 아무렇지도 않게 받아들이고 있다는 점이에요. 예를 들어, 요즈음 아이들은 컴퓨터나 신시사이저에 앉아 악보를 읽을 줄도 모르는 상태에서 곡을 만듭니다. 이와 대조적으로, 간단한 곡을 트럼펫이나 클라리넷으로 연주하기 위해서는 몇 주 동안 연습해야 하는데, 그나마 악보를 읽는 법을 배우는 데 많은 시간을 할애한 이후에야 가능합니다.

트럼펫 같은 악기로 하나의 곡을 배우는 것만으로도 아이들의 능력을 키울 수 있다. 거의 아무 노력도 들이지 않고 이미 프로그램화된 음으로 소리를 내는 전자 키보드와 비교할 때, 트럼펫을 연주한다는 것은, 조금씩 소리를 키워가는 복합적이고 복잡한 과정, 악보를 읽고 순수하게 자신의 소리를 만들어 내는 과정 등 하나하나 각 과정에 분명 노력을 들일만한 가치가 있다. 어떤 아이들은 단지 1주일 혹은 2주일 만에 이 모든 과정을 익힐 수도 있을 것이다. 말런이 얘기하고자 하는 핵심은 바로 이것이다. 즉, 더 이상 순수 음악을 통해 얻을 수 있는 문화적 혜택을 누리지 못하는 현실에서 교사의 역할은 — 배경이나 추구하는 방법과 상관없이 — 아이들에게 음악을 하면서 누릴 수 있는 기쁨을 소개하고 알리는 것이다.

스즈키, 달크로즈, 오르프 그리고 코다이 교수법

이 이름들은 특히 지난 20여 년간 꽤 알려진 유명한 교수법들이다. 그런데 많은 이들이 스즈키, 달크로즈, 오르프가 실제 존재한 음악가의 이름이라는 사실은 잘 모르는 것 같다. 시니치 스즈키Shinichi Suzuki, 에밀레 자크 달크로즈Éile Jacques Dalcroze, 칼 오르프Carl Orff, 졸탄 코다이Zoltán Kodály는 모두 자기 영역에서 헌신적이고 뛰어난 음악가이며, 작곡가이며, 음악 교육자로, 각자 확고한 철학을 갖고 있다. 이 방법들은 서로 다른 나라 — 일본, 스위스, 독일, 헝가리 — 에서, 다른 방식으로 음악활동을 하면서 서로 다른 문화와 내용을 바탕으로 만들어졌다. 스즈키 박사는 1940년 후반에 그의 가장 유명한 프로그램을 만들었는데, 당시 일본은 2차 세계대전의 상흔으로 피폐해진 상태였다. 이에 스즈키 박사는 일본을 정신적으로 치유하고 문화를 재건하기 위해 음악을 사용하였다. 달크로즈, 오르프, 코다이 방법은 근본적으로 전혀 다른 학습 방식과 내용으로 구성되어 있지만, 역사적으로 볼 때 1800년대 유럽 전역에 퍼졌던 진보주의 교육방법과 관련이 있다(당시 미국 역시 진보주의 교육방법이 막 알려지기 시작한 때이다).

달크로즈는 1800년대 말 제네바의 한 음악학교에서 학생들을 가르쳤는데, 당시 대다수의 학생들은 악기를 연주하는 기교는 뛰어났지만 그가 느끼기에는 음악에 대한 이해가 부족한 것 같았다. 그래서 달크로즈는 역동적인 몸의 움직임과 리듬과 즉흥 연주 방식을 혼합한 새로운 교육방법을 시도했다. 20세기 스위스의 작곡가 겸 교육자인 칼 오르프(오르프 슐베르크로 알려져 있다) 역시 리듬에 따라 즉흥적으로 몸을 움직임으로써 음악적인 감수성을 개발하는 데 초석을 다지는 새로운 학습방법을 고안했다. 칼은 다루기 쉬우면서도 아름다운 소리를 만들어 내는, 그래서 아이들에게 즉흥적인 감흥을 줄 수 있는 특별한 악기들을 개발했다. 저명한 헝가리 작곡가 졸탄 코다이는 늘 수준 높은 음악작품을 만들려고 열망하였고 그러는 가운데 창조적인 영감을 얻곤 했다. 1940년대에서 1950년대 사이 코다이 자신의 영감과 지도로 코다이 방식의 기초가 완성되었고 이후 헝가리 전역의 모든 공립학교에서 이 방법을 사용했다. 그리고 1960년대 초 국제적으로 주목 받으면서 전 세계에 걸쳐 도입, 적용되었다.

오르프 슐베르크와 달 크로즈는 일종의 '길잡이'이다. 즉, 몸의 움직임, 리듬, 즉흥연주, 이 세 가지 요소를 활용해서 음악을 가르치는 학습방법으로 악기를 직접 가르치는 것이 아니라 악기를 배울 수 있도록 준비시키는 과정이다. 반면, 스즈키와 코다이는 독특한 교과과정과 곡들을 사용해서 악기를 가르친다. 스즈키 방법의 경우, 초보 단계에서는 주로 바이올린을 가르치고 이후 다른 현악기들로 범위를 넓힌다. 코다이 방법에서 활용하는 가장 초보적인 악기는 바로 자신의 목소리이다. 처음부터 시창♪, 악보 읽기, 악보 쓰기를 하면서 음악을 익혀나간다.

이처럼 독특한 교수법과 학습방법을 만든 창시자는 어린이와 음악, 그리고 어린이가 음악을 배우는 방법에 대해 매우 깊이 있게 숙고해 왔음을 알 수 있다. 음악을 가르치는 것은 아이들의 자연스러운 성장과 연계할 수 있는 교육과정으로 음악을 통해 아이의 전인적인 영역을 조화롭게 발달시킬 수 있다고 믿었다. 현재 미국 전역에서 이 방법들을 사용해 아이들을 가르치고 있으며, 각 방법과 연계된 단체와 협회들(국가적으로 혹은 지역적으로)이 있다. 이 이름들을 사용하는 다양한 수많은 프로그램들은 동일한 철학과 연주기법, 그리고 그 영감을 바탕으로 새롭게 개발된 것들로 학원에 따라 또 가르치는 교사에 따라 매우 다양한 형태로 운영되고 있

♪ sight seeing ┃ 절대음감을 갖고 악보를 그 자리에서 바로 읽고 음정에 따라 노래하는 것, 솔페지(solfege)라고도 한다.

다. 그렇다고 해서 각 학습방법의 내용을 서로 바꾸거나, 어떤 프로그램의 연주기교나 교과안을 다른 것에 이식할 수 있다는 것은 아니다. 이 방법들은 공통적으로 모두 어린 아이들이 음악을 시작하기에 가장 이상적인 프로그램으로 연이어 악기를 배우더라도 어떤 악기를 선택하든 쉽게 적응하고 배울 수 있는 튼튼한 토대가 된다.

코다이와 스즈키 철학의 핵심은 음악을 배우는 것은 언어를 습득하는 것과 같다는 믿음이다. 아이들은 어떤 것을 여러 차례 반복해서 계속 듣는 과정과(배우게 될 음악을 듣고) 모방(들은 것을 그대로 따라 하고), 그리고 재창조 과정(자기 방식대로 음악을 표현하고)을 거쳐 음악성을 개발한다. 두 교수법 모두 청각 훈련을 강조하고 개발하도록 돕는데, 아이들은 반복해서 들으면서 리듬과 음정, 악절들을 익히고 이러한 과정을 통해 자신이 배운 것을 유지하는 탁월한 기술들을 습득하게 된다. 코다이는, 아이들에게는 각 나라, 문화를 배경으로 한 민속음악에 기초한 음악적인 모국어가 있다고 믿었다. 음악적 모국어란 아이들이 노상 듣고 따라 부르는, 아이들을 둘러싸고 있는 모든 종류의 음절과 리듬 그리고 발음을 담고 있는 바로 그들만의 음악을 의미한다.

"아이들의 잠재능력은 개발되었을 때에만 드러난다."

- 시니치 스즈키 박사

시니치 스즈키 박사(1898~1998)는 아이들에게는 각자 자신만의
음악적인 재능이 있으며, 이는 격려와 지속적인 체험, 애정 어린
지원 그리고 심각하지 않으면서 아이에게 재미를 줄 수 있는 자
극으로 개발될 수 있다고 믿었다. 스즈키 교수법은, 모든 어린이
는 대단한 능력과 배움에 대한 열망이 있다는 그의 경험과 확신
에 기초한다. 1972년 미국을 방문한 스즈키는 영재교육프로그램
을 소개하였는데, 즉시 많은 사람들의 주목을 받았으며, 특히 교
육자들의 마음을 사로잡았다. 그리고 곧 남미와 멕시코, 캐나다까
지 포함한 스즈키미주협회가 결성되면서 스즈키식 철학에 기초
한 학습법과 체계적인 교수방법을 결합한 스즈키 교수법은 미 대
륙 전역의 음악교육에 지대한 영향을 미쳤다. 수많은 프로그램이
개설되었을 뿐만 아니라 교사양성협회와 여름방학 프로그램도
잇달아 생겼다.

스즈키 열풍의 가장 큰 영향으로 현악기 연주에 대한 관심이
극적으로 증가했고 그 결과 청소년 오케스트라에서 현악기 연주
자가 급증했으며 다양한 형태의 현악 합주단의 수도 엄청나게 늘
어났다. 이런 과정에서 가르치는 사람들에 따라 조금씩 다르게 운
영되기도 했지만 스즈키 교수법의 기본 교수원리와 연주 목록들

은 지금까지 꾸준히 유지되고 있다. 스즈키 교수법에 따라 가르치기 위해서는 그 독특한 방법을 익히는 공인된 훈련과정을 거치게 된다(그렇다고 모든 스즈키 교사가 이 훈련과정을 거친 것은 아니다).

〈반짝반짝 작은 별〉은 일명 스즈키의 대표곡이다. 그 이유는 스즈키에 참여한 처음 몇 달간은 단지 이 곡만 연주하기 때문이다. 두 개의 현만으로도 충분히 연주가 가능한 단순한 곡조는 아이들이 쉽게 바이올린을 배울 수 있도록 이끌며, 다양한 리듬의 변화는 아이들에게 리듬과 활을 다루는 기교, 그리고 그 외 기초적인 과정을 배우는 데 도움을 준다. 시간이 지나면서 아이들은 아름다운 민요들을 배우게 될 것이고, 차츰 단순한 바흐의 미뉴에트를 거쳐, 결국 고난도의 수준 높은 독주곡을 연주하거나 바흐, 모차르트, 비발디 그 외 유명 작곡가들의 곡들을 협연하게 될 것이다.

특히 부모 입장에서 느낄 수 있는 스즈키 교수법의 가장 큰 매력 중 하나는 아주 어린 아이들이(네 살 전후의 아이들) 작은 크기의 바이올린이나 첼로를 연주할 수 있도록 고안되었다는 점이다. 현재는 피아노나 트럼펫, 플루트 그리고 너무 덩치가 크지 않은 악기, 기타처럼 작은 크기로 만들 수 있는 악기들까지 다양하게 활용하고 있다.

전통적으로 스즈키 학생들은 일주일에 한 번 개인 레슨을 받고, 같은 수준의 아이들이 모여 함께 연주한다. 아주 어린 아이들의 경우 개인 레슨은 보통 30분 정도이며 그룹 레슨도 이와 비슷하다(아이들이 커가면서 실력이 향상되면 45분으로 수업시간을 늘리고 고급과정은 보통 1시간

동안 수업을 한다). 수업에 등록한 같은 연령대 아이들의 수에 따라 또는 특별히 구성하는 방식에 따라 각 반의 크기는 매우 다양하다. 초보자인 경우 네 살에서 다섯 살 정도의 아이들 12명이 한 반이 되고 중급과정은 20명까지 가능하며, 그 밖의 프로그램은 같은 수준의 소수 학생들이 함께 모여 연주한다. 모여서 연주하는 주목적은 합주 기술을 익히는 데 있다 — 아이들은 함께 연주하면서 각자의 소리를 듣는다. 따라서 그룹의 크기는 크게 문제되지 않는다.

작은 규모의 연주회, 단체 공연 등을 통해 아이들은 '사람들 앞에서 쉽게 연주하게 되고, 어릴 때부터 음악이란 아름다운 무언가를 다른 사람과 함께 나누는 것이라고 인식하게 된다. 이 교수법은 듣는 훈련에 전적으로 의존하기 때문에 아이들은 곡을 여러 번 반복해서 듣고 그리고 나서 연주하는 법을 배운다.

스즈키 바이올린 교수방법은 활을 가지고 현을 켜기 이전에 신체적으로 악기에 익숙해지도록 아이들을 훈련시킨다. 즉, 발의 자세, 손의 자세 그리고 활을 다루는 방법 등을 먼저 익힌다. 보통 다섯 살, 여섯 살 때 스즈키를 시작하지만, 그보다 좀 늦게 시작한 아이들도 역시 이 프로그램을 즐길 수 있다. 이런 경우 일반적으로 진도가 빨라 곧 먼저 시작한 같은 또래 아이들 수준까지 따라잡는다. 악보를 읽는 것은 여덟 살 혹은 아홉 살 때 시작하는데, 스즈키 훈련과정은 세련되고 정교해 아이들이 십대를 거치면서도 계속 도전하기에 충분하다.

한 가지만 덧붙이자면, 스즈키 교수법은 아이들을 대상으로 하는 다른 교수법에 비해 실제적인 부모의 참여를 적극적으로 요구한다. 물론 각 스즈키 프로그램마다 차이는 있지만, 보통은 부모 예비교육이 있으며 특히 처음 초기단계 몇 달간은 아이들과 함께 바이올린을 배울 것을 권유한다. 또 처음 1~2년 동안은 레슨에 참여해서 꼼꼼하게 선생님이 가르치는 모습을 지켜봐야 한다(특히 유치원에 다니는 아이들의 경우 부모의 참여는 매우 중요하다). 그래야 아이들의 자세를 잡아주고 함께 연주할 수 있기 때문이다. 많은 경우 부모교실을 열어 연습 요령에 대한 특별수업을 진행하기도 한다.

대부분의 스즈키 프로그램은 큰 아이들이 작은 아이들과 함께 연주하는 기회를 대단히 강조하는데, 이를 통해 아이들은 공동체의식과 연대감을 갖게 될 뿐만 아니라 나이 어린 아이들은 매 계절마다 열리는 정기 연주회에서 공연하는 쾌감을 얻게 된다.

스즈키 교수법의 핵심은 다음과 같다.

스즈키는 네 살 이상의 아이들을 대상으로 고안된 악기를 가르치는 교수법이다.

듣는 훈련과 반복, 몰입을 기초로 한다. 악보를 읽는 훈련은 그 다음이다.

모든 학생들은 동일한 교육과정을 따른다.

처음 1~2년 동안 부모는 아이의 자세를 바로잡아 지도하고 매일 연습하도록 도와야 한다.

심리적인 긍정적 강화와 반응을 지속적으로 해주어서 어릴 때부터 음악적으로 훈련될 수 있도록 한다(스즈키 좌우명 중 하나는 "연습하지 않으면

먹지도 말라"이다).

스즈키 훈련방식에 대한 가장 일반적인 비판 중 하나는 연주 기교를 익히는 것을 강조하는 데 다소 소홀함이 있다는 점과 악보를 읽는 단계에서 실제적으로 많은 아이들이 좌절할 수 있다는 점이다. 왜냐하면 지금까지 아이들은 음감을 익히는 청각훈련에 전적으로 의존해 왔기 때문이다. 어떤 부분에서는 충분히 일리가 있지만, 실제 이에 대한 많은 책임은 개별 스즈키센터나 교사들에게 있다. 모든 것을 종합해 볼 때 결론적으로, 스즈키 교수방법은 탁월한 음악교육의 토대를 만드는 데 공헌했음은 의심할 바 없다.

코다이 교수법

파랑새가 이리로 오네

내 창문을 통해

헤이, 디들 움마

데이 데이 데이

미국에서 이 〈파랑새〉는 스즈키의 〈반짝반짝 작은 별〉만큼 이나 코다이의 대표곡으로 꼽힌다. 코다이 교수법에서 민요는 씨앗과 같다. 민요를 통해 선율과 음조를 배우고, 악보와 음정을 구분하고, 민요를 쓰고 읽고 그리고 다른 형태로 바꾼다.

헝가리의 작곡가이며 교육자인 졸탄 코다이(1882~1967)는 스즈키와는 지구 정 반대인 나라에서 자랐지만 스즈키가 생각한 바대로 모든 아이들에게는 언어를 배우는 능력이 있는 것처럼 음악도 배울 수 있다고 믿었다. 또 스즈키와 똑같이, 유치원에 다닐 나이의 어린 아이 때부터, 혹 그 시기를 놓쳤다면 그 이후라도 바로 음을 듣는 훈련을 시작해야 한다고 생각했다. 코다이 교수법은, 아이들은 음악적인 모국어를 갖고 있으며 각 나라의 민요와 음악적인 유산을 통해 문화적인 정체성을 갖게 된다는 철학적인 기반에서 점차 발전된 방법이다. 따라서 인간의 목소리는 첫째 되는 악기이다. 학생들은 민요를 부르는 것부터 시작해서 점차 바흐, 모차르트, 베토벤 그리고 더 많은 클래식 작곡가들의 대표작을 접하게 된다. 이상적으로 이러한 접근방법은 음악을 읽고 쓰고, 그런 다음 악기를 공부하고 음악을 감상하고 깊게 이해하는 것 모두를 포함해 음악 전반을 다루게 된다.

코다이가 시골 출신의 작곡가 친구인 벨라 바르톡Bela Bartok과 1900년 대 초 헝가리 전역을 돌면서 민속음악을 모으기 시작할 때, 이미 그는 저명한 작곡가 겸 음악 교육자였다. 그 과정에서 코다이는 헝가리 음악의 생득권을 되찾기로 결심하게 되는데, 이는 헝가리 민속음악, 예술음악art music, 음악학교와 교수법들이 지난 200년 이상 동안 독일과 오스트리아의 전통에 종속되어 왔기 때문이다. 그 당시 가장 저명한 음악학교에 입학한 학생들조차 수준이 형편없다는 사실을 발견한 코다이는 매우 충격을 받았는데, 학생들은 악보를 제대로 읽지도 쓰지도 못했고 물려받은 음악적 유산에 대해서는 전혀 아는 바가 없었다.

그 이후 수십 년간 코다이는 그의 두 가지 사명, 즉 자국민에게 헝가리 음악을 돌려주는 것과 음악작품의 질을 높이는 일을 성공적으로 수행했다. 그리고 "음악은 삶을 만드는 수단이 아니라 삶 그 자체"라는 사실을 사람들에게 보여 줄 수 있는 교육제도를 만들기로 했다.

1940년대에서 1950년대 사이 코다이 교수법은 전 헝가리 학교로 전파되었고 그 음악적 효과를 연구한 결과 높은 점수를 받았다. 예를 들어, 음악을 공부하는 것은 다른 과목들, 특히 수학을 공부하는 데 도움이 된다는 사실이 입증되었고, 곧 음악교육 프로그램은 헝가리 전역에 핵심교과과정 중 하나가 되면서 활성화 되었다. 코다이 교수법은 눈으로 곡을 익히고 즉석에서 그 곡을 부르는 방법(시창)과 모든 음악요소 — 화음과 선율, 리듬 — 에 대한 철저한 학습, 아이들 연령에 따라 적절한 클래식음악을 선곡해서 집중적으로 공부하는 과정 등 일련의 교과과정에 기초한다. 이 과정은 지금까지도 헝가리에서 활용되고 있는데, 유아부터 시작해서 초등과정 내내 지속된다. 음악훈련은 다른 교과목에도 영향을 미쳐 통합적으로 그 능력이 향상되었다. 코다이는 또 어린이를 위한 수많은 곡들을 작곡했는데 이 곡들은 지금까지도 여전히 널리 애용되고 있다.

코다이 교수법의 성공은 1960년대 중반 국제적인 음악관련 회의에서 지대한 관심을 모았으며, 이어서 곧 전 세계의 음악 교육자들이 '노래하는 초등학교Singing Primary School'의 교과내용을 배우고자 헝가리로 모여들기 시작했다. 그 이후 많은 나라에서 이 교수법을 도입해왔다. 오늘날 헝가리에서는 음악교육을 받지 못한 사람은 문맹자로 간주할 정도로 거의 모든 국민이 악기를 연주하거나 노래를 부른다.

코다이 교수법은 아이들의 무의식적인 행동 — 노래, 콧노래, 단조로운 곡을 흥얼거리는 것, 민요나 민속음악에 리듬감 있게 반응하는 것 등을 관찰하면서 얻은 것이다. 코다이는 전 세계 아이들이 부르는 다섯 음표 내외로 된 간단하고 짧은 동요를 시작으로 교과과정을 발전시켰다. 아이들은 단순한 민요를 부르면서 악보 읽기와 악보를 보고 그대로 노래를 부르는 것, 소리를 완전하게 내면으로 그려보는 것 이 무엇인지 알게 되고, 그리고 소리로 생각하게 된다. 이러한 음악기법을 다진 아이들은 악기를 선택했을 때 훨씬 쉽게 배울 수 있게 된다.

코다이 교수법의 핵심 내용은 다음과 같다.

노래는 음악을 처음 배우는 데 가장 훌륭한 토대이다.

청음과 시창 훈련을 강조한다.

민요를 배우는 것을 시작으로, 차차 대표적인 명곡들을 배운다.

학생들은 그룹 레슨을 받거나 학교 교과과정의 일부로 음악을 배운다. 개인 레슨은 없다.

아이들은 몸을 움직이면서 음악을 배운다. 손을 움직여 음표의 높낮이를 표현하고, 깡충깡충 한 발로 뛰거나, 박자에 맞추어 걷거나, 두 발을 번갈아 가면서 뛰거나, 말이 달리듯이 뛰면서 몸의 각 부위를 움직여 음악에 반응한다.

아이들은 음악의 각 요소를 표현하는 방법을 배운다. 그 곡에 가장 잘 맞는 방법을 선별할 수 있는 능력을 심화시킨다. 예를 들면, 곡이 웅장해야 하는지 부드러워야 하는지, 빨라야 하는지 느려야 하는지, 어떤 음에 힘을 넣어 연주해야 하는지 등을 배우게 된다.

내면으로 음을 듣고 음을 기억하는 것(다음에 이어질 악구를 조용하게 노래하는 것 등)을 강조한다. 따라서 학생들은 음으로 생각하는 방법을 배운다.

코다이 교수법은 음악의 기초를 이해하는 데 도움이 되기 때문에 악기를 배울 때 매우 훌륭한 토대가 된다.

코다이 교수법은 각 수준에 따라 특별히 고안된 교과과정 — 노래, 몸 동작 그리고 점진적으로 복잡해지는 음악적인 개념 — 이 있다. 처음 1~2년 동안 아이는 30~40곡의 노래를 배운다. 이 과정을 거치면서 정확하게 노래하는 방법과 리듬에 맞춰서 박수 치고 몸을 움직이는 것들을 배우게 된다. 또 음의 역동성이나(큰 소리 혹은 작은 소리로 연주), 노래가 어떻게 구성되어 있는지(독창과 합창의 차이) 등 다른 기초적인 부분에 대해서도 알게 된다. 음을 읽고 쓰는 것은 이러한 기초를 다진 다음 단계이다.

코다이 교사들은 매우 엄격한 훈련을 받는데, 대부분은 음악 교육 학위를 수여하는 코다이 프로그램을 이수해야 한다. 이 교수법 역시 부모가 함께 노래를 배우고 배운 노래를 아이들과 함께 부르는 것이 내용을 다시 한번 다지는 매우 좋은 방법으로 인정하지만, 스즈키와 다르게 집중적인 부모의 참여는 요구하지 않는다.

여섯 살, 일곱 살 된 한 무리의 아이들이 둥그렇게 둘러앉아 달크로즈 수업을 시작한다. 선생님은 아이들에게 노래로 인사하고, 피아노로 간단한 악구를 연주하고, 아이들은 그 곡조에 맞추어 일어섰다 앉기를 반복한다. 달크로즈 수업을 2년째 받고 있는 한 아이는 각 소절에 맞추어 손을 움직이면서 아주 자신감 있게 '5, 4, 3, 2, 1'(솔파미레도)을 노래한다. 그런 후 간단한 곡조를 연습하는데, 이것은 이후 교실에서 부를 노래의 기초 부분이다. 그 곡의 중심 테마가 반복해서 피아노로 연주된다. 이 과정을 통해 아이들은 음의 높낮이와 리듬을 배우고 내면화한다. 음악의 기초를 쌓아나가는 과정이다.

선생님은 방금 전 아이들이 부른 노래를 기초로 선율을 즉석에서 연주하고 아이들은 선생님의 연주에 맞추어 원을 그리면서 춤을 춘다 ― 행진하듯 돌기도 하고 깡충깡충 뛰기도 한다. 아이들은 노래하고, 몸을 움직이고, 즉흥적으로 연주하고 그러면서 정확한 음조와 리듬, 음의 세고 여림, 그리고 자기를 표출하는 방법을 배우고 완벽하게 음악을 구현한다. 이것이 바로 달크로즈의 철학이다.

에밀레 자크 달크로즈(1865~1950)는 비엔나에서 태어나(부모는 스위스 사람이다) 그 당시 유럽 전역에 유행했던 진보주의 음악과 함께 자랐다. 10대에는 공연에 열정을 갖고 있었던 창의력이 뛰어난 몇

몇 친구들과 함께 이미 많은 뮤지컬을 작곡했다. 1884년 프랑스 파리로 건너가 인상주의 작곡가 들리브Delibes와 포레Fauré와 함께 공부했다. 그는 곧 알지어Algiers에 있는 오페라단의 보조 지휘자가 되었다. 거기에서 아랍 음악을 체험하고 새로운 방식으로 리듬을 표현하는 방법에 심취하게 된다. 달크로즈는 1890년 생애 처음으로 제네바 음악학교의 교수로 첫 발을 내딛어 교육자가 된다. 그리고 곧 제네바 음악학교의 학생들은 모두 음악기교 면에서는 뛰어나지만 자신을 음악으로 표현하는 데에는 서툴다는 사실을 깨닫는다. 달크로즈는 시창, 연주기교 그리고 악보 읽기 등 전통적인 기존의 교수방법들을 음을 직접 경험하는 — 몸으로 그것 자체를 느끼는 — 방법으로 바꾸었다. 달크로즈는 어린아이들에게는 기술적으로 악기를 배우는 훈련과정이 오히려 음악을 이해하고 표현하는 데 방해가 된다고 믿었다. 그는 학생들에게 다른 음조와 리듬에 따라 몸을 자유롭게 움직이고 즉흥적으로 연주할 것을 요구하는 새로운 훈련과정을 고안했다. 그는 학생들이 더 풍부하게 리듬에 반응하고 더 민감하게 연주하길 바랐다.

결국 달크로즈는 리듬과 곡의 내용에 반응해서 몸을 움직이는 것(일명 리듬체조라고 부른다), 노래 부르기, 즉흥적으로 연주하기 등 세 가지 분과로 구성된 체계를 완성했다. 오늘날, 어린 학생들은 한 수업시간에 이 세 가지 요소가 적절하게 통합된 다양한 음악활동에 참여한다. 학생들이 점차 나이가 들고 수준이 높아지면서 각 요소는 공식적으로 나뉘어져 각기 다른 수업으로 진행된다. 목적은 모든 아이들이 음악을 하면서 자신이 사용하는 모든 능력들

― 듣기, 보기, 만지기, 인식하기, 표현하기 등 ― 을 개발하는 데 있다. 달크로즈는 이 모든 능력을 조화롭게 조정하는 것을 '운동 감각적 관능'이라고 지칭했는데, 이것은 몸과 마음(정신) 사이에 정보를 전달하는 반응기제이기도 하다.

미국에서 달크로즈식 훈련은 주로 유치원(시작하기에 가장 이상적인 나이이다)이나 초등학교 저학년 때 시작하는데, 혹 어떤 학교에서는 (대부분 사립학교) 중학교, 고등학교 과정까지 이어 하기도 한다. 달크로즈 교사들은 자격증 취득을 위해 엄격한 훈련을 받으며, 이 과정에서 몸의 움직임에 대해 스스로 정통하고 수업 중 즉흥적으로 피아노를 연주할 수 있도록 훈련받는다.

저명한 달크로즈 교육자인 버지니아 호그 미드는 달크로즈식 기법에 대해 다음과 같이 서술했다.

> 달크로즈 기법은 각 연령별로 특화된 세부내용에 중점을 두기보다 오히려 달크로즈의 철학에 대한 이해와 인식을 바탕으로 합니다. 어린 아이를 상대하는 교사는 달크로즈식 기법의 가치와 중요성에 대해 인식해야 하는데 … 왜냐하면 어린이들만의 세계에서는 타고난 자연스러운 행동을 통해, 즉 소리를 내고, 몸을 움직이고, 놀면서 배운 내용을 확실하게 다지기 때문입니다.

춤을 공부하거나 자기 신체의 몸동작에 대해 자신감을 갖기 원하는 경우를 제외한다면 일반적으로 이 기법을 초등학교 고학년 이상의 아이들에게까지 폭넓게 사용하진 않는다. 달크로즈 방식으로 훈련 받은 아이들은 이어서 악기를 공부할 때 대부분 많은 도움을 받는다.

달크로즈 학습방식이 처음 소개되었을 때 매우 파격적이라고 여겨졌지만 음악교육에 대한 최근 연구조사는, 움직이고 소리를 내면서 기쁨과 경이로움을 느끼는 아이들 특유의 선천적인 감각을 키워주는 달크로즈의 실험적이고 경험적인 방식에 대해 긍정적으로 평가한다.

달크로즈 훈련방식의 핵심내용은 다음과 같다.

악기를 배우기 이전단계에 음악을 체험하는 포괄적인 학습방법으로 음악적 감성을 민감하게 발달시킨다.

처음에는 몸을 움직이고 음악을 들으면서 자신을 표현하는 방법을 배운다. 그리고 난 후 심도 있게 느낀 것을 자신의 목소리나 악기로 옮긴다.

음악에 맞추어 정확하게 몸을 움직이는 것을 배운다 — 박자에 맞추어 몸을 움직인다. 때로는 큰 동작으로 때로는 작은 동작으로.

달크로즈를 시작한 지 2년째 되면 학생들은 시창 방법을 사용해 악보를 읽고 쓰는 것을 배운다.

모든 형태의 음악(클래식, 재즈, 민요, 심지어 대중음악까지)을 유리드믹스♪ 와 즉흥연주에 사용한다.

달크로즈 훈련방식은 악기를 배우는 토대가 되는데, 혹 아이가 악기 연주를 동시에 시작할 경우 연주를 더 잘 할 수 있도록 돕는다.

♪ eurhythmics ㅣ 리듬학습 방법

일곱 살에서 여덟 살 정도로 보이는 한 무리의 아이들이 동
네 음악학원 밝은 교실 안에 둥글게 모여 앉아 있다. 방안 게시판
에는 아프리카 가나의 지도와 유명한 드럼 연주자의 사진이 붙어
있다. '슬라이드♪, 둘 셋 넷, 슬라이드, 둘 셋 넷'과 같은 리듬이
오선이 그려진 칠판에 쓰여 있다. 아이들은 아프리카 노래를 부
르면서 밝게 채색된 계란 모양의 타악기를 옆으로 돌린다. 그러
면서 자기 차례가 되면 칠판에 씌어진 리듬에 따라 타악기를 흔
들어 본다. "위로 올리고 옆으로 돌리고." 아이들은 단조로운 곡
조에 가사를 붙여 노래하면서 타악기를 옆 사람에게 돌린다. 그
리고 나면 교사는 아이들에게 다양한 종류의 아프리카 타악기 ─
캘러배쉬♪, 까바사♪, 카우벨♪, 클라베♪, 롱 드럼♪, 우든벨♪ ─ 를
내놓고 아이들은 그 악기들을 두드려 본다. 두 무리로 나뉘어 한
무리의 아이들이 각 악기들을 차례로 두드릴 동안 다른 한 무리
는 노래하면서 춤을 춘다. 그리고 서로 역할을 바꾼다.

다음으로 열 살, 열한 살 정도의 아이들 수업이 시작된다.
아이들은 각자 그리스 신화에 나오는 두 인물인 바다의 신 포세
이돈과 아폴로의 여동생 아르테미스에게 쓴 시를 들고 있다. 인

♪ (어떤 음에서 다른 음으로) 부드럽게 옮아가는 것
♪ calabash ┆ 박 모양의 타악기
♪ cabasa ┆ 둥근 기둥모양으로 손잡이가 달려 있는 타악기
♪ cowbell ┆ 소 목에 거는 방울 모양의 타악기
♪ clave ┆ 쿠바에서 유래된 타악기 중 하나
♪ long drum ┆ 드럼의 일종
♪ woodenbell ┆ 나무로 만든 종 모양의 타악기

사노래를 마친 후, 아이들은 갖가지 재질(목판, 금판)로 만든 실로
폰, 리코더, 레인스틱 ♪ 그리고 심벌즈 중에서 하나를 고른다. 그
리고 시 소절에 맞게 음악을 만들어 내기 시작한다. '은빛 달은
은빛 미명'이라는 구절에 맞추어 아이들은 레인스틱으로 부드러
운 소리를 만들고 심벌즈로 나지막하게 무언가 긁는 소리를 만들
어 낸다. 실로폰으로 반복되는 몽롱한 곡조를 더하면서, 아이들
은 곧 다 함께 즉흥으로 연주하기 시작한다. 그러면서 아이들은
음악에 가까이 다가선다.

간단한 리듬을 연주하다가 차츰 복잡한 음악을 창조해 내는
이 과정은 오르프 슐베르크 방법의 정수를 잘 나타낸다. 이 학습
방법은 일련의 정해진 틀이 없이 매우 융통적이다. 어느 오르프
교실이든 몸의 움직임, 노래, 악기 연주 그리고 즉흥연주라는 부
분으로 구성되어 있다. 이러한 형식은 누구나 노래할 수 있고 몸
을 자유롭게 움직일 수 있으며 이런 능력은 타고나는 것이라는
오르프의 기본 철학에 뿌리를 둔다.

칼 오르프(1895~1982)가 십대 아이들을 위한 음악으로 달크로즈
방식을 접목하기 시작했을 때 그는 이미 독일의 저명한 작곡가였
다. 유럽 현대무용의 몇몇 선구자들과 함께 일하면서 이후 오르프
슐베르크로 알려진 새로운 학습방법을 개발해 냈다('오르프 슐베르크'
는 오르프 식 교수방법과 교재를 의미한다). 이것이 바로 현재 일반적으로 알고

♪ rain sticks ┃ 긴 튜브 모양의 악기. 튜브 안에 돌기 모양이 있어 작은 구슬 같은 것이 흔들릴
때마다 돌기를 치며 소리를 낸다.

있는 오르프 학습방법이다. 그가 많은 시간을 투자해서 작업했던 학교와 이 프로그램을 위해 특별하게 고안된 악기들은 2차 세계 대전 당시 모두 파괴되었다. 그리고 전쟁이 끝난 후, 오르프는 바이에른 라디오 방송으로부터 자신의 독특한 방법을 소개할 것을 권유 받았다.

오르프는 모든 아이들에게는 음악성이 잠재되어 있으며, 따라서 리듬과 음의 높낮이 그리고 그 밖의 모든 음악적인 감각들을 개발할 수 있다고 믿었다. 그의 방법은 원래 그룹 레슨에 맞게 고안되어 학교 교과과정 일부로 통합하게 되어 있었다. 하지만 개인 레슨에서도 오르프 방법을 활용할 수 있다.

특별히 오르프 방식을 따르지 않더라도 오늘날 많은 초등학교 음악선생님들이 오르프가 특별히 제작한 악기를 폭넓게 사용하고 있다. 오르프의 실로폰과 메탈로폰♪은 특별한 기술이 필요 없이 어떤 아이들도 부담 없이 듣기 좋은 소리를 만들어 낸다. 오르프 악기는 5계 음계를 기준으로 건반을 붙였다 떼었다 할 수 있는데, 이 5계 음계 내에서 어떤 음을 조합하든 다른 악기와 함께 연주할 때 좋은 화음을 만든다. 아이들은 이 밖에도 서로 다른 음 높이를 가진 리코더와 나무로 만든 플루트, 그리고 다양한 타악기를 연주한다.

'과정'은 오르프 방식의 핵심이다. 멜로디와 하모니 그리고 리듬은 음악의 가장 중요 요소이다. 이 요소들은 처음에는 아주 단순한 형태로 시작해서 점차 세련되어지고, 진짜 음악을 개발하

♪ metallophones ㅣ 오르프 악기 중 대표적이며 선율타악기 일종이다.

고 만들어 내는 복잡한 수준으로 격이 높아진다. 함께 모여 연주
하면서 학생들은 자기 자신을 음악적으로 표현하는 법을 배운다.
그리고 서로서로 관찰하고 모방하면서, 자신만의 세계를 실험해
보고 새롭게 창조해가면서 음악을 배우게 된다.

각 수업은 몸을 움직이고, 노래를 부르고, 악기를 접하고, 악
기를 함께 연주하는 네 개의 요소로 구성되어 있다. 달크로즈 방
법처럼 움직임과 즉흥연주는 오르프 과정의 토대로, 아이들은 소
리 자체(개 짖는 소리, 문이 쾅 닫히는 소리 등)를 탐구하고 그 소리를 자신의
목소리로 흉내 내어 본다. 처음에 아이들은 민요를 부르는 것으로
시작해 차차 오르프 악기를 가지고 특별히 아이들을 위해 작곡한
오르프 방식의 독창적인 곡들과 편곡한 곡들은 연주하게 된다. 오
르프식 학습방법은 전통적인 악보 읽기 방법보다 곡조와 곡의 패
턴 그리고 리듬을 인식하면서 악보를 배우는 방식을 더 강조한다.

초기부터 작곡을 강조하는데 아이들은 이를 통해 자신의 상
상력을 마음껏 발휘한다.

오르프 학습방법의 핵심내용은 다음과 같다.

몸을 움직여 공간을 탐험하고, 목소리를 사용해 소리를 알아가고, 즉
　흥적으로 연주하면서 음악으로 자신을 표현한다.

점진적인 과정을 거쳐 배운다: 모방에서 독창적인 창작물로, 단순함
　에서 복잡함으로, 개인에서 집단으로.

아이들은 단순하게 반복되는 노래와 동요, 민요를 노래하고 타악기
　와 오르프 악기를 연주하면서 계속 움직인다.

반복되는 형식(필립 그라스Phillip Glass의 곡들을 상상해 보자)을 어떻게 만드는지 배우게 되는데, 이러한 과정은 이후 자신의 곡을 싹 틔우는 한 알의 '씨앗'이 된다.

오르프 학습방법은 문학이나 사회과목과 쉽게 접목시킬 수 있다. 음악에는 이야기가 담겨 있으며, 신화나 설화 등을 음악으로 표현할 수 있다.

교사는 아이들에 따라 다른 방식으로 가르칠 수 있도록 훈련 받는다 (어떤 아이늘은 늘으면서 배우고, 또 어떤 아이들은 무언가 탐험하면서 배운다).

이상에서 살펴보았듯이, 이 유명한 학습방법과 교수법은 이미 미국의 많은 음악학교와 학원에서 사용하고 있으며, 공립과 사립학교에서도 하나의 교육모델로 그 효과를 검증하고 있다. 덧붙여, 야마하 프로그램과 유사한 키보드 교실도 많은 학교에서 도입하고 있는데, 이유는 여럿이 함께 연주하는 것이 서로 동기를 자극해 더 효과적으로 키보드 기술을 익힐 수 있다고 판단했기 때문이다. 음악가들 스스로 개발한 프로그램에서도 영감을 얻을 수 있다. 탁월한 바이올리니스트 미도리(Midori — 현재 30대가 된 미도리는 유년 시절부터 뛰어난 연주자로 각광 받아 왔다)는 '미도리와 친구들'이라는 지역 프로그램을 시작하고 대도시 저소득층 지역을 중심으로 모든 연령대 아이들에게 포괄적인 음악 프로그램을 제공하고 있다. 학령기에 접어들어 음악을 처음 시작한 아이라면 이러한 프로그램을 통해 도움을 얻을 수 있을 것이다. 다음 장에서 논의하겠지만, 자녀의 잠재능력을 개발하기 위해 이제는 음악교육의 또 다른 측면에 대해 고려해야 한다.

〈추천 도서〉

Choksky, Lois. *The Kodaly Method 1* (코다이 학습방법 1). 3rdedition. Englewood Cliffs, NJ: Prentice Hall, 1999.

_____. *The Kodaly Method 2* (코다이 학습방법 2). 3rdedition. Englewood Cliffs, NJ: Prentice Hall, 1999.

_____. *The Kodaly Context: Creating an Environment for Musical Literacy*(코다이 교재).

Choksky, Lois and Robert M. Abramson, Avon Gillespie, David Woods. *Teaching Music in the Twentieth Century.* Englewood Cliff, NJ: Prentice-Hall, 1986.

Dale, Monica. *Songs Without Yawns: Music for Teaching Children through Dalcroze Eurhythmics (or any method!).* Ellicott City, MD: MusiKinesis, 2003.

Keller, Wilhelm. *Introduction to Music for Children (Orff): Methodology, Playing the Instruments, Suggestions for Teachers.* New York: Schott, 1974.

Starr, Willam and Constance Starr. *To Learn with Love: A Companion for Suzuki Parents.* Knoxville, Tennessee: Kingston Ellis Press, 1985.

Suzuki, Shinichi. *Nurtured by Love: The Classic Approach to Talent Education.* Albany, IN: Worldwide Press, 1969.

Warner, Brigitee. *Orff-Schulwerk:Applications for the Classroom.* Englewood Cliffs, NJ: Prentice Hall, 1991.

Zemke, Sister Lorne. *The Kodaly Concept: Its History, Philosophy, and Development.* Champaign, IL: Mark Foster, 1981.

〈유용한 정보〉

아래 나열한 국내 조직은 각 지역별로 프로그램과 음악교사에 대한 정보를 갖고 있다.

Amercian Orff-Schulwerk Association(미국 오르프슐베르크 협회)
| www.aosa.org

Dalcorze School of the Luch Moses School/Kaufman Center(루시모세 학교와 커프만센터의 달크로즈) | www.kaufmancenter.org

Dalcroz Society of America(미국 달크로즈회)
| www.dalcrozeusa.org
이 웹사이트는 각 지역사무소의 사이트와 연결되어 있으며, 달크로즈 훈련
방식과 프로그램, 음악교사의 훈련과정, 그리고 각종 관련 서적과 교육자
료를 소개한다.

Midori & Friends(미도리와 친구들) | www.Midorianfriends.org

National Piano Foundation | www.pianonet.com

Organization of American Kodaly Educaors(미국 코다이 교육자 조직)
| www.oake.org

Robert Abamson Dalcroze Institute | www.dalcrozeinstitute.com

Suzuki Association of the Americas(미국 스즈키 협회) | www.suzukiassoiciation.org

Yamaha Music Foundation(야마하 음악 재단) | www.yamaha-mf.or.jp

호흡을 가다듬고, 시작하기 전 마음에 그려보기

여러 가지 다양한 교수법과 학습방법에 대해 알아보았으니, 이제는 좀더 실제적으로 여러분이 살고 있는 주변에 어떤 종류의 프로그램이 있는지, 초등학교에 다니고 있는 여러분 친구 자녀 중 누가 음악을 배우고 있는지 알아 볼 차례이다. 만약 초등학교 2학년인 당신 자녀가 너무너무 악기를 배우고 싶어 한다면, 지금 이 바로 한 발 전진할 때이다. 이 장에서는 초등학교 학생(일곱 살에서 열세 살)에 초점을 맞추면서 더불어 십대에게 필요한 정보도 다룰 것이다. 여러분이 접하게 될 주요 논점은 나이에 맞는 악기를 고르는 방법, 아이에게 적합한 프로그램과 선생님을 선택하는 과정에 관한 것이다.

이미 앞 장에서 언급한 대로, 초등학교 입학 전에 음악을 시작한 아이들이 얻게 될 이득은 엄청나다. 하지만 그 이후에 시작한다 해도 역시 이점은 있다. 이미 초등학교에 다니는 아이들을 보면 일반적으로 신체가 훨씬 조화롭게 발달되어 있다. 다섯 살인 아이에게 자세를 바꾸라고 꾸준히 얘기해도 고집을 꺾지 않는 반면 — 특히 악기를 잡고 있는 자세와 관련해서(예를 들어, 바이올린을 어깨에 놓는 위치, 활을 잡고 있는 손 모양 등) — 일곱 살 아이는 쉽게 알아듣고 요구를 정확하게 잘 따른다. 초등학생 정도가 되면 아이들은 곡조의 주제나 작곡 형태에 대해 인식하는 등 실제적인 음악에 대해 이해하고 표현할 수 있다. 초등학교 1, 2학년이 되면 글자를 읽을 수 있기 때문에 악보 역시 어렵지 않게 읽을 수 있다. 그리고 나이 어린 아이보다 일반적으로 집중할 수 있는 시간도 길다.

아이가 현재 유치원에 다니든 중학생이든 상관없이, 마음속에 큰 그림을 담고 있는 것은 매우 중요하다. 악기를 배우는 것은 신체와 사고력과 감정을 점진적으로 깊게 관여시키는 과정이다. 악기를 연주하는 데 필요한 기술들을 익히면서 마치 훌륭한 운동선수가 되는 듯한 느낌을 받을 수도 있다. 하나씩 차근차근 배우는 과정에서 의지를 얻게 되고, 계속해서 어려운 것에 도전하고, 실수에도 흥분하거나 화내지 않게 된다. 아장아장 걷는 아기였을 때 하루 종일 노래를 부르는 등 음악에 재능을 보였던 자녀는 아마 몇 년 후, 피아노나 색소폰을 배우면서 여러 차례 좌절의 순간을 경험하게 될 것이다. 그러나 아이는 자란다. 어느새 갑자기 진짜 음악 같은 무언가를 만들어내고, 처음에는 무척 어렵게만 느껴

졌던 부분들을 극복하는 경험을 통해 아이는 보상을 얻는다.

아이에게 맞는 악기를 고르고 아이에게 맞는 선생님을 찾는 것은 아이가 몇 살이든 상관없이 모든 초보자에게 가장 중요한 관심사이다. 여섯 살에서 여덟 살 사이의 아이가 다룰 수 있는 전통적인 초보자용 악기는 여전히 매우 제한적이며 아이에게 맞는 크기의 악기를 찾는 것 역시 한계가 있다. 피아노, 기타, 바이올린, 첼로, 그리고 리코더 정도이다. 물론, 아홉 살, 열 살 된 아이들도 이 악기들로 음악을 시작할 수 있다. 이 역시 손색은 없으나, 그 연령대의 아이들이 선택할 수 있는 악기의 폭은 좀 더 넓다. 목관악기(플루트, 클라리넷, 알토 색소폰)부터 금관악기(코넷, 트럼펫, 트롬본, 바리톤 호른, 튜바) 그리고 드럼과 타악기 등이 있다.

몇 해 전 미국 초등학교에서 악기를 배우는 것이 보편적이었을 때, 아이들은 전형적으로 3학년 때 악기를 고르거나 배정 받고 몇 차례의 기본적인 수업을 하고 나면 바로 학교 관현악단에서 연주를 시작했다. 많은 경우 아이들의 관심과는 상관없이 아이들 체격이나 키에 따라 혹은 성별에 따라 악기를 배정 받았다. 예를 들면, 큰 악기들 — 튜바, 바리톤 호른, 트롬본 — 은 덩치가 큰 아이들에게 나누어 주었는데, 체격이 큰 아이들이라야 이 악기들을 다루거나 들고 다닐 수 있다고 생각해서였다. 그러나 이러한 가설은 더 이상 보편적이지 않다.

　다행히 특정 악기에 매료되거나 그 악기를 연주하고 싶어 하는 아이의 열정은 예측할 수 없는 곳에서 나타난다. 방과 후 수업을 통해 다양한 악기에 노출되고 직접 접해보는 경험으로 아이들의 관심은 극대화된다. 특히 더 이상 학교 정규수업 중에 이러한 경험을 기대할 수 없게 되면서 방과 후 수업은 더욱 중요한 비중을 차지한다. 현재 대학생인 리디아가 처음으로 현악중주를 들은 것은 다섯 살 때인 어느 추운 토요일 미네아폴리스 거리 위쪽 한 산책로에서였다. 아이들 연주였는데, 그때 리디아는 그 연주 모습과 소리에 푹 빠지고 말았다. 그리고 몇 개월 동안 하루도 빠짐없이 바이올린을 배우고 싶다고 조르기 시작했고 1년이 거의 다 될 무렵 부모는 리디아를 스즈키 프로그램에 등록시켰다. 전문가로서의 길을 가지는 않았지만 음악은 그녀의 삶에 큰 부분으로 남아있다. 리디아는 대학 재학 당시 학교 오케스트라와 실내악단에서 활발하게 활동했고 도심에 사는 아이들에게 바이올린을 가르쳤다. 현재 로스쿨에 다니는 리디아는 바이올린을 연주하면서 모든 스트레스를 떨쳐버린다.

　타마라는 심포니 교육 프로그램 중 하나인 어린이를 위한 뉴욕 필하모니 콘서트가 끝난 후 프렌치 호른을 한 번 불어 보려고 했다. 뉴욕 필하모니는 학교 음악교육의 부재로 생긴 간격을 메우고자 지역 방문공연 프로그램이나 교육 프로그램에 역점을 두고 있는 여러 심포니 오케스트라 중 하나이다. 타마라의 경우는 이러한 노력들로 얻은 성공의 산물이다. 타마라만이 유치원에서 유일하게 반짝이는 호른으로 아름다운 소리를 낼 수 있었고, 집에 돌아온 타마라는 엄마, 아빠에게 언제 자신이 호른을 연주할 수 있는지 물었다. 부모는 매우 지혜롭게 "아무 무리 없이 네 몸을 상하지 않고도 악기를 들 수 있을 만큼 충분히 컸을 때"라고 대답해주었다. 어림잡아 10kg이나 하는 프렌치 호른을 불기 위해서는 상당한 체력이 필요하기 때문이다. 결국, 타마라는 열 살이 되었을 때 시작해 지금까지 레슨을 받고 있으며, 여전히 이 악기를 정말 좋아한다. 프렌치 호른처럼 평범하지 않은 악기를 배울 경우 관현악단에 참여할 수 있는 기회는 더 많으며 바이올린이나 플루트보다 경쟁이 심하지 않다.

크리스 젠킨스는 바이올린, 비올라 교사이면서 연주자이고, 스핑크스Sphinx Organization 상 수상자이다. 스핑크스는 디트로이트를 근거지로 클래식 음악을 널리 전파하는 데 헌신하는 단체이다. 크리스는 초등학생 때부터 줄곧 바이올린을 공부했고, 그러다가 어느 날 비올라에 도전하게 되었다. 이렇게 악기를 바꾼 자신의 경험에 대해 다음과 같이 회상한다.

> 학교 오케스트라에서 비올라가 필요했어요. 나는 비교적 팔 길이가 남들보다 길어 비올라로 바꾸어 볼 것을 권유 받고 시도해 보았지요. 그리고 그만 바로 비올라에 매료되었고, 결국 내가 비올라를 전공할 수 있을 것 같았지요. 비올라를 다루는 것은

아주 어려워요. 바이올린보다 크기도 크고 잡고 있는 것이 부담스러울 정도로 부피도 크거든요. 하지만 난 그러한 부분조차도 더 즐기게 되었지요.

젠킨스는 일반적으로 비올라를 배우는 사람이 많지 않기 때문에 어디에서나 비올라 연주자를 필요로 한다는 사실을 알게 되었다. 비올리스트는 바이올리니스트에 비해 다양한 형태의 모임에서 연주하거나 인정받을 기회도 많은데, 초능학교뿐만 아니라 중학교, 고등학교에 가서도 이러한 현상은 지속된다. 또 일반적으로 비올라 연주자는 바이올린 연주자만큼 서로 경쟁적이지 않으며, 그래서 항상 특출나게 눈에 띄어야 할 필요도 없다. 비올라의 이러한 특징들은 음악적인 견지에서 봤을 때에도 매우 다행스러운 일로, 클래식 음악에서 비올라는 일반적으로 나머지 다른 현악기들의 소리를 잘 맞추는 역할을 하기 때문이다.

아이가 특정 악기에 관심을 갖는 것은 그 아이의 성격을 반영하기도 한다. 아이들은 자신의 성격과 정반대의 악기에 관심을 갖는 것 같다. 외향적이기보다 부끄러움을 잘 타는 아이는 드럼이나 트럼펫처럼 소리가 크고 눈에 잘 띄는 악기를 선택하는 경향이 있다. 반면에 매우 활동적인 아이는 첼로같이 육중한 악기로 마음을 가라앉히고 차분해지기를 원하는 듯하다. 특히 특정한 악기를 공부할 것을 권유 받고 그 말을 따랐던 많은 전문가들도 이러한 점에 대해 동조한다.

많은 성공한 음악가들이 처음부터 지금의 악기를 선택했던 것은 아니다. 플루트 연주자 폴라 로비슨Paula Robison은 처음에는 피아노를 시작했는데 결코 성공적이지도 행복하지도 않았다. 그녀에게 있어서 피아노는 너무 부담스러운, 마치 압도당할 것 같은 느낌을 주는 악기였다. 연습할 때면 항상 고립된 듯 외로웠고, 더욱이 그녀에게 피아노는 수많은 건반을 익혀야만 하는 크고 어려운 악기였다. 어느 날 우연찮게 플루트를 접한 순간, 로비슨은 악기의 크기, 소리, 음의 폭 등 자신에게 너무나 완벽하게 꼭 맞는 악기를 발견했다고 느꼈다.

일반적으로 학령기의 아이들은 악기를 선택할 때 자신의 주장을 굽히지 않는데, 아이들의 이러한 본능적인 선택에 맡기는 것이 오히려 아이들에게는 가장 좋은 동기가 될 수 있다. 힘을 북돋아주고 좋은 선생님을 찾아주자. 그 악기에 대한 열정을 키워나갈 수 있도록 연주 CD나 비디오테이프를 구입하는 것도 좋고 공연이나 연주회에 함께 가보는 것도 권하고 싶다. 아이의 주장을 받아들여 마침내 그 악기로 마음을 정했다면, 아이가 그 악기를 자신의 것으로 만들게끔 도와주자.

악기를 대여한 경우라도 아이가 그 악기를 자기 것으로 여기고 특별히 애정을 가질 수 있도록 도와야 한다. 악기를 잘 보살피고, 악기에 자부심을 갖고, 친구들에게 그 악기를 자랑할 수 있게 하자. 끽끽대는 바이올린이나 귀에 거슬리는 트럼펫 소리가 참기 어려울지라도 자녀가 처음으로 악기에 공을 들이는 그 순간만큼은 여러분은 무엇보다 열정을 갖고 도와주어야 한다.

음악 레슨의 메커니즘

음악 레슨은 학생과 교사 그리고 부모의 공동작업이다. 물론 오랜 기간 지속적으로 어떤 특정 기교를 익혀나가는 과정이기도 하지만 이 과정은 부담스럽지 않으면서 즐거워야 한다. 진도가 너무 더디거나 너무 많은 것을 해야만 한다면 아이들은 곧 좌절을 느끼고 그만두고 싶어 한다. 어떤 악기를 배우든, 처음 몇 차례는 신체적으로 조화롭게 악기에 적응하는 다양한 방법들에 대해서 배운다. 예를 들면, 악기를 바로 잡는 방법, 똑바로 앉는 것, 좋은 소리를 내는 것 등이다. 초기 수업에서 어떤 내용을 다루게 되며, 처음에는 어느 정도 연습해야 배운 기술들을 익힐 수 있는지, 또 수업의 연장으로 집에서는 어떻게 도울 수 있는지 선생님에게 묻는 데 주저하지 말자. 예를 들어, 스즈키 교사는 — 이 밖에 몇몇 프로그램에서도 마찬가지인데 — 부모가 수업에 참여할 것을 권유한다. 수업 중 뒷자리에 조용히 앉아 활을 정확하게 잡는 방법, 호흡하는 방법, 바르게 자세를 유지하는 방법 등 모든 내용을 유심히 지켜본 후 그 날 배운 내용을 아이가 그대로 집에서 다시 익히도록 돕는다. 지금 여러분의 아이가 어떤 종류의 수업을 받고 있든 이런 방법을 적용 해보는 것도 좋은 생각이다.

아이들 수업을 관찰하는 것은 자신에게나 자녀에게나 매우 가치 있는 일이다. 특별히 아이가 처음 악기를 시작했고 여러분은 전혀 음악에 대해 배운 경험이 없다면 수업을 참관하는 것은 더더욱 의미 있다. 그러나 수업 중에는 벽에 붙어 있는 파리처럼 있는 듯 없는 듯 조용히 앉아 있어야 한다. 아이가 부모가 아닌 선생님의 가르침과 지도에 집중하고, 선생님과 아이가 좋은 관계를 맺기 바란다면 말이다. 하지만 집에 돌아와 아이가 연습할 때에는 수업 중 적어놓은 수첩을 꺼내 들고 배운 내용을 그대로 복습할 수 있도록 적극적으로 도와야 한다.

어린아이들의 경우 부모가 뒤에 앉아 있다는 사실만으로도 위로와 격려가 된다. 모든 아이들이 이렇게 특별한 별도의 지지를 받을 필요는 없지만, 대부분 아이들은 부모의 참관을 통해 어떻게 자세를 바로 잡을지 수업에 이어서 집에서도 지도 받는 것이 필요할 것이다.

이제 자녀가 악기를 처음 시작했을 때 기억해야 할 몇몇 내용에 대해 나눠보려고 한다.

초보자는 주 1회 30분 개인 레슨을 받거나 혹은 학원에서 그룹 레슨을 받는 것이 전형적이다.

부모 중 한 사람은 수업을 참관해야 한다. 특히 부모 모두 음악과 관련해 훈련 받은 경험이 없는 경우 더 필요하다.

수업 중 악기의 위치나 소리에 특히 주의를 기울이면서 중요한 사항은 간단하게 기록한다.

집에서 연습할 때에 어떤 부분에 초점을 두어야 하는지, 얼마나 오랫동안 특정한 기교를 연습해야 하는지 등을 확인한다. 어떤 선생님은 이러한 사항을 적어 주기도 하지만 모두가 그런 것은 아니다.

알록달록한 일일 기록표를 만들어 날마다 연습한 내용이나 작은 성

과들을 기록한다.

개인 레슨을 받는 동안 교사가 한 아이에게만 집중하는 것은 그것 자체만으로도 아이에게는 큰 보상이 된다. 한 교실에서 여러 아이들을 잘 다루는 선생님처럼 개인교사 역시 수업 내내 아이가 신나게 연주하도록 만들어야 한다. 교사는 학습방법이나 레퍼토리를 조직하고 개발해야 하지만 우리도 자녀가 배운 내용을 어떻게 이해하고 발전시키는지 그 아이 나름의 개별적인 과정도 놓치지 말고 이해할 수 있어야 한다. 무엇보다도 아이의 첫 선생님은 아이와 함께 하는 것을 정말로 즐길 수 있어야 한다. 영국 심리학자이면서 음악적인 성과에 대해 광범위하게 연구한 존 슬로보더 박사가 전문 음악가를 대상으로 실시한 한 연구논문을 보면, 조사 대상자들은 첫 선생님과의 관계에서 가장 가치 있었던 것이 바로 개인적인 따스함이었다고 대답했다. 이런 선생님은 최고의 연주자는 아닐지라도 언제나 열정을 갖고 친절하게 이야기를 나누었으며 음악을 사랑하는 사람이었다고 회상했다. 이렇게 응답한 사람 대부분은 어린 시절에 받은 레슨이 자신의 인생 중 최고였다고 평가했다. 반면에 음악에서 만족할 만한 성과를 얻지 못한 사람들의 경험을 살펴보면, 대부분 레슨시간만 생각하면 두렵고 긴장되고 때로는 자존심까지 상한 경우가 많았다고 털어놓았다. 슬로보더는 이러한 연구결과를 바탕으로 이상적인 교사상에 대해 다음과 같이 제안했다.

이미 음악에 푹 빠져 있는 아이들에게 즉각적인 기쁨이나 성취감을 넘어서 도전할 수 있도록 이끌어주는 사람만이 결국 대단한 영향을 미칠 수 있습니다. 첫 선생님의 가장 중요한 과제는 아이들이 음악을 진심으로 좋아할 수 있도록 만드는 것이에요. 그런 아이들만이 오랫동안 음악을 지속합니다.

그러면 지금 받고 있는 수업을 통해 아이들이 음악에 대한 애정을 키우고 있는지 어떻게 확인할 수 있을까? 아이들이 선생님이나 수업에 대해 하는 이야기들을 관심 있게 들어보자. 선생님에 대해 얘기할 때면 언제나 얼굴에 홍조를 띠고 흥분되어 기쁨을 감추지 못하는가? 새로운 곡이나 음을 시도해 보는 것을 기다릴 수 없다고 말하지는 않는가? 여러분이 아이에게서 듣고 싶은 얘기가 바로 이런 내용이 아닐까.

누구나 자신의 자녀가 교사와 좋은 관계를 맺고 영감을 받으면서 수업하기를 원할 것이다. 아이들에 대해 민감한 선생님이라면 긍정적인 말로 잘못을 지적해주고 잘할 수 있도록 격려하며 때로는 분위기를 바꾸려고 '유머'라는 처방을 사용하기도 할 것이다. 수업시간 중에 완벽함을 강조하고 배운 내용을 빨리 익히는 데 지나치게 초점을 두는 선생님은 초보자에게 해로울 수 있다. 결코 "나는 할 수 없어."라고 아이들이 느껴서는 안 되기 때문이다.

자녀가 배우고 있는 음악을 함께 느껴보자. 아이의 흥미를 자극하는가? 강요하지 않아도 집에 와서 연주하는 곡의 어떤 부분을 계속 연습하지는 않나? 요새 배우는 곡을 하루 종일 흥얼거리거나 휘파람을 불면서 돌아다니지는 않는가? 반드시 모든 부분에 신경 쓰지 않더라도, 지금 배우고 있는 음악의 어떤 부분만큼은 아이가 애정을 갖고 좋아할 수 있어야 한다.

악보를 읽거나 혹은 읽지 못하거나

왜 악보 읽는 법을 배워야 할까? 악보에 쓰인 모든 것은 일종의 언어와 같다. 악보를 읽음으로써 아이들은 보편적인 곡조를 배우고, 서로 다른 형식들을 연관시키고, 다른 문화권의 음악을 배우게 된다. 음악을 읽고 쓰는 것은 매우 비중 있는 부분으로, 악보를 읽을 수 있는 아이들은 이후 수준 높은 관현악단이나 오케스트라, 실내악단에서 연주할 기회를 얻을 수 있고, 자신의 곡도 작곡할 수 있어서 다른 사람들이 자기 곡을 연주할 수 있게 된다. 악보는 모든 사람들이 공통적으로 사용하는 일종의 문자언어이다.

전통적인 방식을 고수하는 교사는 악기를 배우는 가장 기초가 악보 읽기라고 말한다. 만일 이 방법으로 아이가 악기를 배우길 원한다면 아이의 읽기 능력이나 수준에 대해 정확히 알고 있어야 한다. 아이가 악보 읽기에 집중할 수 있을 때까지는 악보를 읽으면서 동시에 그 조그마한 손가락으로 악기를 연주한다는 자체가 아이에게 좌절감을 줄 수도 있기 때문이다. 대부분의 다섯 살, 여섯 살 아이들은 ABC 알파벳을 읽고 아주 간단한 악보를 읽는 데 어려움이 없다. 학령 전 아이들, 유치원생보다 더 어린 아이들을 대상으로 악보 읽기 기초를 다지기 위해 할 수 있는 활동들도 의외로 많다. 기호나 온음표, 반음, 그 밖에 다양한 기초적인 부호들을 소개해 줄 수 있다.

악보 읽기를 바로 서두르지 않았을 때 얻을 수 있는 이점도 있다. 무엇보다도 아이들은 악보를 읽는 것에 부담을 갖지 않고 악기의 기본적인 메커니즘 — 악기가 어떻게 소리를 내는지 등 — 을 감각적으로 익히게 된다. 또 어린아이들의 경우 언어를 배우는 과정을 활용할 수 있고, 아이들의 청음감각을 발달시킬 수 있다. 언어를 배우는 과정과 마찬가지로 아이들에게는 소리를 들으면서 익혀나가는 방법이 훨씬 쉽다. 아이들은 노래나 동요, 민요 등에 흠뻑 빠져 그 선율이나 리듬을 반복해 따라 하면서 음악을 익힌다.

스즈키 교수법이 대중적이면서 성공할 수 있었던 이유 중 하나가 이처럼 듣는 것을 기본으로 했기 때문이다. 스즈키 수업을 받는 아이들은 초등학교 2~3학년이 되어 모국어를 제대로 배운 후 악보 읽기를 시작한다. 이와 유사하게 여러 음악장르에서 — 재즈, 민요, 로큰롤, 다양한 문화권의 민속음악 등 — 노래를 배우고, 곡을 만들고, 즉흥적으로 연주하는 것 등은 넓은 의미에서 볼 때 듣는 것에 의존한 전통적인 방식을 따른다. 음악을 익히는 것은 음악에 흠뻑 빠지고, 그대로 따라 하고, 반복하고, 모방하는 것이지 암기하는 것이 아니다. 자신을 표현하고 그 느낌을 살리면서 연주하는 법을 배우는 것도 이 과정의 일부분이다. 소리를 구분하는 훈련과정은 전적으로 개인마다 차이가 있지만, 그렇게 훈련 받은 아이들은 공통적으로 단지 암기한 것 이상의 그 무언가를 얻는다 — 아이들은 청음능력을 개발할 뿐만 아니라 그 과정을 내면화한다. 훌륭한 음악성은 예리한 청음능력에 좌우된다. 감각 있게 선율들을 알맞은 악구로 나누고(프레이징phrasing이라고도 한다) 그것들을 정확하게 기억해 내면서 악기의 음을 서로 맞춘다. 악보에 쓰인 것을 넘어서 음악 그 자체에 정말로 집중할 수 있는 것이다.

그러나 또 다른 측면에서, 잘 개발된 청음실력은 때때로 전통적인 방법을 고수하는 교사에게 기쁘지 않은 훼방꾼이 되기도 한다. 귀로 음악을 익히고 실력을 키워온 아이들은 악보 읽는 과정을 인내하지 못한다. 특히 아이가 여덟 살, 아홉 살 혹은 그보다 더 나이가 많을 경우 그런 현상은 더욱 심각하게 드러난다.

피아노와 하프를 가르치는 펠리스 스와도스는 "바로 이 점이 내가 스즈키 교수법을 싫어하는 이유다."라고 하면서 다음과 같이 말을 이었다.

스즈키 바이올린으로 음악을 시작한 한 학생이 있어요. 현재 열한 살인데, 매우 잘 연주하지요. 하지만 악보를 읽을 줄 몰라요. 아이 부모는 그 아이가 악보를 읽으면서 좀 더 전통적인 방식으로 다른 사람들과 어울려 연주하길 원했지요. 그리고 나는 꼬박 1년 동안 그 아이에게 악보 읽는 법을 가르쳤어요. 아이는 계속 "왜 그냥 날 위해 연주해 주면 안 되지요?"라고 불평했지요. 하지만 나는 그 아이 요구를 무시하고 계속 진행했는데, 아이나 내 자신이나 정말 많이 좌절했어요. 놀라울 정도의 청음실력을 갖고 있는 이 아이는 "왜 이런 일에 시간을 낭비해야 하나요?"라고 말했지요. 그러면 난 그저 2주만 참고 하면 할 수 있을 거라고 끊임없이 대답했어요.

때때로, 스즈키 교수법에 화가 나요. 지금 너무 유행하고 있지요. 네 살, 다섯 살 혹은 여섯 살 아이들이 악보를 읽지 못하는 건 이해할 수 있어요. 하지만 그 후에 그건 마치 단어조차 읽을 줄 모르는 사람에게 언어를 가르치는 것과 같아요. 이게 무얼 의미하는지, 결국 많은 걸 놓치게 되고 말지요.

스즈키 훈련을 받은 아이들은 대부분 환상적인 청음실력을 갖고 있어요. 그것 역시 무시할 건 못되지요. 내 학생 중에는 대학생들도 있는데 그 애들은 지금까지 한 번도 귀로 음을 맞추어 본 적이 없어요. 어떻게 해야 하는지 모르는 것 같아요. 왜냐하면 항상 그 애들은 음을 맞출 때마다 전자튜너를 사용했기 때문이지요. 내가 어렸을 때는 없었던 물건이에요. 그래서 난 수업시간 대부분을 이렇게 얘기하면서 보내요. "다섯 번째 음을 연주해 봐, 이제 한 옥타브 올려서 잘 들어 보라고, 반음 올린 음이야 아니면 반음 내린 음이야?" 그렇지만 그 학생들은 그걸 구분할 수 있는 감각이 개발되어 있지 않아요.

여기에서 주목할 부분은 한 세트의 기술, 즉 잘 개발된 청음능력과 능숙하게 악보를 읽을 수 있는 기술 모두 중요하다는 점이다. 국립피아노재단(미국)의 브랜다 딜론은 이에 대해 다음과 같이 말했다.

학생들이 청음과 악보 읽기 능력을 균형 있게 갖추는 것은 매우 중요합니다. 하나가 다른 하나에 비해 월등할 때 문제가 시작되지요. 심지어 훌륭한 청음능력을 소유한 연주가들조차 자신이 좀 더 음악을 잘 읽고 이해할 수 있기를 바란다면서, 청음에만 의존할 땐 마치 다리를 저는 것 같이 균형을 잃은 느낌이라고 고백합니다. 같은 기회가 주어졌지만 아마도 읽는 것보다 귀로 듣는 것을 선호했을 거예요. 이와 반대로 많은 사람들이 정말로 악보를 잘 읽습니다. 하지만 때로는 마치 천둥소리도 듣지 못하는 것처럼 보이기도 한답니다. 지금까지 전혀 음을 듣는 훈련을 하지 않았기 때문이에요. 내가 겪어본 가장 최고의 교수법은 두 가지를 골고루 균형 있게 개발시키는 것입니다.

최근에 일반적인 악보 읽기나 초견 ♪ 은 매우 다양한 형태로 시도되고 있다. 한 번에 몇 개의 음을 배우도록 강조하는 표준화된 교재를 활용하는 것에서부터, 디지털 피아노나 첨단 기계를 사용하는 것까지 정말 다양하다(요즈음 대부분의 피아노 교사들은 자신의 스튜디오에 디지털 피아노나 첨단 기기들을 설치하고 수업에 적절히 활용한다). 딜론은 몇 년간의 시도 끝에 마침내 첨단 기술을 결합한 성공적인 초견 방법을 개발했다.

몇 년간 여러 사람들이 추천한 모든 가능한 방법들은 다 시도해 보았습니다. 예를 들어, 연주하는 손을 봐서는 안 된다든가,

♪ sight-reading ┃ 즉석에서 바로 악보를 읽도록 가르치는 방법

메트로놈을 이용하는 방법, 그저 모든 것을 천천히 진행하라는 조언, 출판되어 있는 초견에 관한 책들을 살펴보는 등 가능한 다양한 방법들을 시도해 보았지요. 그리고 지금 나는 MIDI 디스크를 사용합니다. 학생들의 현재 수준보다 한 단계 낮은 일반 교재를 사용하면서 동시에 MIDI를 사용하고 있는데, 저는 학생들을 그 반주에 맞추어 연주하게 합니다. 일종의 뮤직 마이너스 원♪ 기능으로 지금까지 학생들이 잘 따라 하고 그 성과에 정말로 만족하고 있습니다. 물론 학생들도 참 좋아합니다.

탁월한 초견 기술에 잘 개발된 청음실력이 보태지면 학생들은 악보만 보고도 그 곡이 어떤 음을 만들어 낼지 훨씬 쉽게 예측할 수 있게 된다. 악보 읽기에 관련된 인지 기술을 개발하는 것은 아이들에게 보상이 되기도 한다. 악보를 읽으면서 아이들은 스스로 풍성한 음악세계 — 단순한 곡조나 팝송, 또는 베토벤의 소나타 등을 탐험할 수 있기 때문이다. 악보 읽기는 사실 많은 정보 — 음의 높낮이, 음의 길이, 선율과 리듬 등 — 를 한꺼번에 인식하고 예측하는 기술이며, 특히 피아노를 치는 경우 두 개 혹은 그 이상의 마디를 한 번에 읽어내는 능력을 말한다. 결국 이러한 능력은 제2의 천성으로 자리 잡게 된다. 많은 아이들은 이러한 도전에 잘 대처하면서 이 과정을 즐기면서 자란다.

♪ music-minus-one ı 연주의 일부분은 이미 녹음되어 있는 디스크가 지원하는 형태로 곡을 익히는 데 도움을 준다.

보상과 동기

아이들에게 상을 주자! 악기를 배운다는 것은 많은 노력이 필요하고 도전이 되는 과정이기 때문에 가외로 특별한 선물을 받을만하다. 너무 과한 선물이나 그저 마음에도 없는 말로 아이를 속이지 말고, 장난스러운 작은 선물들을 찾아보자. 다양한 형태, 특히 별 모양의 스티커, 악기나 음악을 상징하는 모양이 그려진 카드, 알록달록한 활동도표 등은 아이들에게 마치 마술 같은 효력이 있다. 아이가 바른 자세를 유지했거나 한 곡을 정해진 횟수만큼 연습했거나 혹은 어려운 부분을 잘 연주했거나 어떤 부분을 특별히 잘 연주했을 경우 상을 줄 수 있다. 하지만 한 가지 유의할 점은, 선생님이 준 것과 똑같은 선물을 주지 않도록 해야 한다.

아홉 살에서 열 살 된 아이들에게 스티커나 활동도표는 지나치게 유치할 수 있다. 그 또래의 아이들은 대부분 더 큰 만족을 위해 기다릴 수 있기 때문에 좀 더 세련된 선물을 고르도록 하자. 별로 비싸지 않은 장난감을 원할 수도 있고, 아니면 2~3 주 동안 연습을 잘할 경우 가족만의 특별 행사를 계획하는 것도 좋다. 작곡가에 대한 책이나 비디오, 그림이나 포스터 혹은 아이가 좋아하는 십대 음악가(조슈아 벨, 힐러리 한, 레지나 카터, 사라 장 등)가 현재 아이가 연습하고 있는 곡과 똑같은 곡을 연주한 CD나 테이프를 선물하는 것도 아주 좋은 방법이다.

페스티발이나 연주회에 참여하는 것은 아이의 동기를 자극할 수 있다. 대부분의 음악학원에서는 정식은 아니지만 아이들의 기량을 마음껏 발휘할 수 있는 기회를 만든다. 하지만 어떤 아이들은 좀 더 형식을 갖춘 정식 연주회를 더 좋아한다. 리디아(앞에서 언급했던 소녀)는 연주회 준비를 몹시 즐긴다. "정말로 흥분되는 경험이에요. 잘 차려 입고 공연하는 건 매우 기분 좋은 일이지요. 지금보다 어렸을 때에는 연주회가 저에게는 너무 큰 도전이었어요. 하지만 정해진 날까지 특별한 곡을 연습하고 준비하면서 영감을 얻죠. 저는 연주회를 정말 열심히 준비했어요."

일상의 학교생활과 음악수업을 연결시키는 것도 좋은 동기가 될 수 있다. 더욱이 학교에 악기수업이 없을 경우 이런 기회를 만드는 것은 더 효과적이다. 한번은 과학 선생님이 내 아들을 수업시간에 초대했다. 당시 아이들은 소리와 악기에 대해서 공부하고 있었는데, 내 아들은 2, 3학년 아이들이 모두 앉아 있는 앞에서 연주하는 기회를 갖게 되었다. 이 경험으로 아이는 대단한 명예와 자부심을 얻었고, 연주를 듣고 있었던 다른 아이들에게도 자극이 되어 몇 명은 정말 악기를 배우고 싶어 했다.

콘서트에 가는 것, 특히 아이들의 호기심을 불러일으키는 특색 있는 공연, 예를 들면 어린 음악가가 연주하는 콘서트는 아이들의 동기를 최대한 자극할 수 있는 좋은 보상이 된다. 그중 '처음부터From the Top'라는 프로그램에서 개최하는 콘서트는 이러한 목적에 가장 적합할 것 같다. 올해로 4년째 콘서트를 열고 있는 이 단체는 재능 있고 뛰어난 십대나 그보다 어린 아이들을 발굴해 공연할 기회를 주고 이렇게 함으로써 음악교육을 활성화하고 있다. 전국을 돌면서 여러 도시에서 한 시간 남짓 되는 콘서트를 개최하고, 이를 녹음하였다가 몇 개월 후에는 연주한 내용을 전역에 방송한다(공연장면은 언제든지 웹 사이트를 통해 다시 볼 수 있다). 여기에서 연주된 곡들은 재치 있는 인터뷰나 재미난 이야기, 초대 손님의 출현 등 인터넷을 통해 방영되는데, 세계적으로 유명한 십대 음악가인 죠슈아 벨이나 요요마 등도 한때는 이 콘서트에 참여했던 십대였다(무명으로 이 콘서트에 참여하고 그리 오래지 않아 유명해지는 경우도 있다). 청취자들은 콘서트에 참여했다기보다 오히려 야구경기를 보는 것 같이, 때로는 야유도 퍼부으면서 아주 직설적으로 연주에 대해 평가하는데, 그렇게 하면서 아이들(청중)은 스스로 연주자의 수준을 보증하는 증인이 된다.

아이들에게 여름 음악캠프는 다른 아이들과 즐겁게 캠프를 한다는 자체만으로도 좋은 경험과 자극이 될 수 있다. 각지에서 개최하는 다양한 음악캠프나 연수 등을 쉽게 찾을 수 있는데, 대부분은 여덟 살 이상의 아이들을 대상으로 하며, 어떤 캠프에서는 열여섯 살 이하의 아이들은 부모나 보호자가 동반해야 하는 경우도 있다. 또 며칠 동안 외지 숙소에서 지내면서 진행하는 캠프도 있다. 보통은 1~2주일에서 여름 방학 내내 계속하는 것까지 매우 다양하며, 모든 종류의 다양한 악기와 음악, 그리고 학생들의 능력에 따라 프로그램을 선택할 수 있다. 어떤 캠프는 이례적인 장소에서 화기애애한 분위기(덜 경쟁적인 분위기)로 진행하기도 한다. 학생들은 각기 다른 선생님과 함께 새로운 음악(재즈나 블루그래스♪ 등)을 경험할 수 있다. 캠프에 참가하는 동안 아이들은 세계 각지에서 온 새로운 친구들을 사귈 수 있다. 한 예로, 마크 오코너의 현

악기 캠프는 일주일 동안 내쉬빌 외곽 주립공원에서 프로그램을
진행하고, 록키 마운틴 현악기 캠프는 록키산맥 국립공원 끝자락
에 있는 야생에서 캠프를 연다.

앤 로버츠의 쌍둥이 아들은 지난 3년간 현악기 캠프에 참가
해 왔다. "아이들에게 진짜 자극이 되었어요."라며 아래와 같이 말
을 이었다.

> 캠프 내내 우린 정말로 너무 좋은 아이들과 함께 했고, 우리
> 애들은 그 아이들과 지내면서 무엇을 할 수 있고 그걸 하기 위해
> 서 어느 정도 노력해야 하는지 알게 되었지요. 게다가 자기와 똑
> 같은 걸 하고 있는 아이들과 함께 어울려 지냈으니, 얼마나 멋진
> 일이에요. 우리 아이들에게 이 캠프는 정말로 좋은 보상이 되었
> 어요. 아마 앞으로 1년 내내 잘 견뎌 낼 거예요. 왜냐하면 만약 바
> 이올린을 그만두면 이 캠프에 다신 참여할 수 없으니깐 말이지
> 요. 아이들은 결코 그런 상황을 원하지 않거든요. 최근 아이들은
> 나이가 들면서 전자기타를 배워 록 밴드에서 활동하고 싶다고 얘
> 기해요. 아이들은 이제 더 구체적으로 미래의 자기 자신을 그려
> 보고 있는 거예요.

자녀양육의 측면에서 볼 때, 아이들이 성취할 수 있는 목표
를 세워야 의미 있는 자극이 될 수 있다. 다시 한 번 운동경기를
좋은 본보기로 들 수 있다. 어떤 것에 익숙해지고 성취하기 위해

♪ bluegrass ㅣ 마운틴뮤직을 전통 민속악기로 현대화한 컨트리음악과 웨스턴음악 양식

서는 그만큼의 시간과 연습이 필요하다. 지름길은 없다. 해를 거듭하면서 아이들은 당신의 지속적인 응원이 없더라도 음악에 심취해 거기에서 재미를 찾고 몰두하면서 자신만의 모험을 계속해 나갈 것이다.

연습도 연습이 필요하다

악기를 연습한다는 것은 재미로 연주하는 것과는 무척 다른 아주 힘든 과정이다. 단지 악기를 탐구하거나 혹은 이상한 음이나 소리를 낼 것이라는 두려움 없이 익숙한 곡을 연주하는 것 그 이상을 의미한다. 누가 시키지 않아도 아이가 즐겁게 스스로 연습할 수 있도록 만드는 다양한 활동도 있다. 하지만 정말 생산적인 결과를 창출해내는 연습은 목표가 분명하고 그 목표에 충실해야 한다. 배우는 과정에서 발생한 문제를 해결하고, 그 악기를 연주하는 데 필요한 특별한 기교를 연마하고, 음악적인 감성으로 이해하고, 몸에 익숙해질 때까지 바른 자세를 만들어 가는 것이 바로 연습의 목적이다.

자녀가 현재 다섯 살이든 열다섯 살이든, 좋은 습관을 기르는 것은 아이가 지금까지 애쓴 노력을 성공적으로 이끄는 가장 중요한 부분이다. 그러기 위해서는 성숙한 사고가 요구되는데, 예를 들면 강도 높은 집중력과 수 없는 반복 그리고 장기적인 결과를 위해 작은 목표들을 달성해 나가는 인내가 필요하다. 연습을 좋아하는 아이는 없다. 이 때문에 매우 교양 있는 가정에서조차 이 문제로 소리를 높이게 된다. 하지만 연습은 실력을 향상시키기 위해서는 빠져서는 안 될 필수 과정으로 아이들은 이를 통해 충족감과 동기를 얻게 된다(연습과 관련된 더 자세한 내용에 대해서는 7장에서 다룸).

자녀가 전문 음악가의 길을 걷지 않고 단지 삶을 풍요롭게 만들기 위한 취미 생활로 음악을 배우더라도 전문 음악인이나 음악을 전공하는 아이들의 연습 습관을 관심 있게 지켜보는 것도 좋다. 1980년대 중반 슬로보더 박사가 실행한 리버홀름 프로젝트에 따르면, 성취도가 높은 아이들은 대부분 성취도가 부족한 아이들에 비해 최소한 세 배 이상 연습한다는 사실을 발견할 수 있었다. 슬로보더는 또한 가장 성취도가 높은 학생들의 경우 청소년이 될 때까지 자기 스스로 자발적으로 연습해왔다는 사실도 알아냈다(누군가가 뒤에서 등을 떠미는 것 따위는 필요 없었다). 이런 아이들 뒤에는 어릴 때부터 전적으로 지원해온 부모가 있다. 반면 그렇지 않은 아이들은 부모에게서 그저 "가서 연습해." 라는 소리만 듣는데, 그런 부모들은 대부분 매일매일 챙기지도 않고 아이들의 관심을 끌만한 아무것도 하지 않는다.

좋은 습관을 키우는 것은 아이들이 싫어하는데도 불구하고 강제로 교재 앞에 앉히는 것과는 차이가 있다. 이는 하나의 체계를 만드는 것과 같다. 쉬운 곡과 어려운 곡, 기교를 위한 단조로운 연습과 아이가 정말로 좋아하는 곡을 번갈아 가며 연습할 수 있도록 융통성 있게 계획을 짜야 한다. 음악적인 기교를 얻기 위해 거쳐야 할 장애물들을 모두 넘기 위해서는 일정 정도의 시간이

지나야 한다. 그리고 각 단계를 거치고, 나이가 들고, 음악적인 수준이 높아지면서 그 과정 하나하나가 보상이 된다. 각 단계마다 항상 무언가 새로운 것이 기다리고 있기 때문이다.

열한 살 된 쌍둥이 아들을 둔 앤 로버트는 달라스에 살고 있는데, 이 도시는 유명한 심포니 오케스트라와 청소년 심포니가 있는 문화적으로 풍요로운 도시지만, 이러한 환경 속에서조차 클래식 음악을 공부한다는 것이 아이들에게는 매우 낯설고 어색한 일이었다고 말한다.

아이들이 레슨을 시작한 건 다섯 살 때였는데, 당시 우리 부부는 그 애들이 얼마나 음악을 좋아하는지 깨달았고, 지금까지 아이들은 각 과정마다 잘해 왔지요. 지금보다 좀 더 어렸을 때 한 번은 아이들이 이렇게 묻더라고요. "왜 이걸 해야 하지요? 내 친구들 중 아무도 하는 아이가 없는데 말이에요. 마치 우린 실없는 짓을 하는 것 같다고요. 연습도 왜 계속 해야 하는 거지요?" 친구들이 집에 놀러 올 때면 바이올린을 숨기기까지 하더라고요! 단지 근사해 보이지 않는다는 이유만으로! 친구들이 모두 돌아간 후, 우리 부부는 음악은 교육의 일부분이며 거기에는 진정한 무언가가 숨겨져 있다고 얘기해 주었지요.

나는 대부분의 부모들이 이러한 과정에 직면해서 포기하는 경우를 많이 봤어요. 어떤 부모는 무기력해져서 큰 그림을 보지 못하지요. 물론 아이들은 연습하는 걸 좋아하지 않아요. 연습은 노동이지요. 어떤 아이들이 친구들과 노는 것보다 연습을 좋아하겠어요? 하지만 아이가 음악을 정말 좋아한다면 이런 아이들의 성향을 그냥 방관하고 놀게 할 수만은 없지 않나요? 아이가 커서 악기를 연주할 수 있다면 분명 그 사실만으로도 삶을 더 풍요롭게 만들 수 있기 때문이지요. 그러니깐 그냥 그저 밀고 나가야만 해요.

지금 내 아이들은 새로운 학교에 진학할 예정인데, 그 학교는 아이들 중 과반수가 음악 수업을 받고 있어요. 그리고 현재의 학교에서도 어떤 아이들은 우리 아이가 전교생이 모인 자리에서 연주하는 걸 들은 후 멋지다고 생각했는지 집에 돌아가 부모에게 바이올린을 배우고 싶다고 했다지요. 이제 내 아이들은 음악하기더 나은 환경에 있게 될 거예요. 내 마음 한편에선 아이들이 너무 어린 나이에 음악을 시작한 건 아닐까라는 의심도 해보았지요 — 여섯 살 아이가 연습하면서 겪는 좌절을 극복하기란 쉽지 않잖아요. 그러나 또 한편으론 이건 몇 년을 두고 계속해야 할 훈련이니까, 이 닦는 것을 훈련하듯 삶의 일부분일 뿐이라고 생각하기로 했어요. 비록 잠자기 전 양치하는 걸 자주 잊어버리기도 하지만요. 그게 아이들이죠.

연습이 모든 아이들에게 전쟁과 같을 필요는 없다. 심지어 연습으로 인해 자주 집안 식구끼리 다툼이 생긴다 하더라도 그 전쟁은 결국 시들해지기 마련이다. 아이는 자라면서 스스로 자신을 훈련할 수 있게 되고 음악에 더 깊이 관여하면서 성취감도 얻게 될 것이다. 그리고 이러한 모든 과정은 자연스럽게 가정의 일상으로 자리 잡을 것이다.

"그만두고 싶다"고 얘기할 때

아이가 레슨을 그만두고 싶다고 간청하고, 그래서 어쩔 수 없이 허락하게 되는 상황을 여러 번 경험했을 것이다. 하지만 어떤 경우는 단지 방향만 조금 바꾸면 해결할 수 있다. 예를 들어, 선생님을 바꾸면 아이들 마음이 달라질지도 모른다. 여덟 살이나 아홉 살 된 아이가 학교숙제와 운동, 또 악기연습 사이에 끼여서 여유 있게 미소 짓기에는 아무래도 무리이다. 너무 벅차다. 그렇다면 아이의 하루 일과에 좀 변화를 주어야 한다. 혹시 아이에게 연습을 강요하지 않았더니 다시 예전처럼 레슨 받는 것을 좋아하게 되지는 않았는지 살펴보자. 그렇다면 이틀에 한 번만 연습하는 것으로 바꾼다. 이 문제에 대해 선생님과 의논하는 데 주저하지 말자. 그리고 아이가 너무 과한 일정에 치이지는 않는지, 너무 많은 학교숙제로 스트레스를 받고 있지는 않은지 등 아이에 대해 잘 알아야 한다. 선생님에게 연습량을 조금 줄여달라고 부탁할 수도 있다. 하지만 아이들이 레슨이나 연습을 가치 없는 것으로 느끼게 해서는 안 된다.

"언제 간섭하고 또 언제 그러지 말아야 하는지 잘 알아야 합니다." 피아노와 하프를 가르치는 페리스 스와도스는 다음과 같이 말을 이었다.

때때로 레슨은 아이들에게 큰 짐이 될 수 있습니다. 한 남자아이가 있는데 그 아이는 몇 년 동안 내게 레슨을 받고 있지요. 한시도 가만히 있지 못하는 그 아이의 행동은 마치 과잉행동장애 ADD에 가까워요. 많은 것들을 함께 해오면서 점차 아이는 집중하기 시작했답니다. 대부분 우린 함께 연주했고 아이는 그걸 즐기는 것 같아 보였어요. 그리고 간혹 독주곡도 시도해보았지요. 현재 열두 살인 이 아이는 지난 3년 동안 계속해서 "이제 그만 둘 거예요."를 입버릇처럼 말해 왔고, 그럴 때면 난 항상 "왜, 어째서?"라고 되물었죠.

그러면 아이는 "글쎄요, 난 정말 음악이 싫어요."라고 대답했는데, 그러면 난 "와, 이거 정말 의외인 걸!"이라고 놀라는 척 하며 되받아 물었어요. 아이는 사실 정말 신나게 연주했고 연주하는 것을 즐겼어요. 그 아인 보통 쿵쾅거리면서 방으로 들어와 사탕하나를 입에 문 채 자리에 앉아 지금 배우고 있는 곡 중 하나를 연주하기 시작한답니다. 그러면서 자긴 음악이 싫다고 말하지요.

지난 봄, 여름방학이 시작되기 전, 그 애 엄마가 찾아와 더이상 아이에게 음악을 강요하고 싶지 않다면서 이 얘길 아이에게 전해주었으면 했어요. 그래서 난 그 아이에게 엄마가 한 말을 그대로 전했고, 마지막으로 지금까지 보아온 아이에 대한 내 생각을 이야기 해주었지요. "마치 음악을 싫어하는 다른 사람처럼 행동하지 않았으면 해. 난 정말로 음악을 싫어하는 사람들을 알고 있지. 사실 그 사람들도 대부분은 음악을 정말로 싫어하는 건 아니야. 악기를 연주하기 싫어할 뿐이지 음악을 듣는 것은 좋아한

단다. 하지만 내 생각에 너는 악기를 연주하는 것도 음악을 듣는 것도 좋아하는 아이야."

그 이듬해 가을, 그 아이는 다시 돌아왔습니다. 난 그 애가 엄마에게 등 떠밀려 왔다고는 생각하지 않아요. 연습 때문이 아니에요. 왜냐하면 그 앤 평상시에도 연습하지 않았으니깐요. 하지만 지금 내 앞에 서 있는 사람은 바로 그 아이입니다. 그리고 아이는 연습하기 시작했습니다! 참 아이들이란 예측할 수 없는 존재예요. 간혹, 정말로 어느 순간 갑자기 열정에 휩싸이니깐 말이지요. 아마도 그 아인 지금 막 한 단계 성장했는지도 모르지요.

때때로, 부모의 무관심은 — 아이의 레슨에 전혀 간섭하지 않는 것이 — 아이에겐 다른 의미로 와 닿을 수 있다. 특히 레슨을 거의 참관한 적이 없다면 선생님이 어린아이에게 얼마나 많은 부담을 주는지, 혹은 정말로 할 수 없는 특정한 기교에 너무 고착되어서 강요당하는 건 아닌지 알 수 없는 일이다.

예를 들어, 어떤 선생님은 완벽하게 연주하기 이전에는 절대로 새 곡으로 넘어가지 않거나, 또 그 곡에 담겨 있는 모든 음악적인 부분과 기교를 너무 꼼꼼하게 따질 수도 있다. 앤은 쌍둥이 아들들이 바이올린을 배우면서 낙담하고 있는 것 같은 느낌을 받았다. 왜냐하면 바이올린 선생님이 완벽하게 연주할 때까지 같은 곡을 몇 달간 연습시키고 있었기 때문이다. 하지만 앤은 선생님 방식에 대해 이렇다 저렇다 얘기하고 싶지 않았는데, 이유는 그 선생님이 잘 가르치기로 명성이 자자했기 때문이다. 하지만 앤은 드디어 다른 선생님을 찾기로 결심했다.

선생님은 오직 기교에만 초점을 두는 것 같았어요. 그것도 참 중요하지요. 하지만 고작 여섯 살, 일곱 살 밖에 되지 않은 아이들이 무려 6개월 동안이나 간단한 동요 한 곡만 연수한다는 것은 고문과도 같지요. 선생님은 아이들이 다음 곡으로 넘어가기 전에 완벽하게 연주하길 바라는 것 같아요. 내 아이들은 그 곡을 정말 금방 외웠어요. 하지만 엄지손가락을 바른 위치에 정확하게 놓는 것을 힘들어 했지요. 그래서 그 부분을 바로 잡으면, 그 다음엔 또 다른 문제가 생겼어요. 그리고 그것을 또 바로 잡고. 그런 과정이 반복되면서 아이들은 연주에 싫증을 내기 시작했답니다. 아이들을 탓하려고 하는 건 아니에요. 그건 정말 아이들에겐 따분한 일이거든요. 아이들은 정말로 자신들이 발전하는 모습을 보고 싶었던 거예요.

남편과 난 마침내 "그래 바이올린 배우는 걸 그만두어도 좋아."라고 말하기로 결심했고, 그렇게 하기까지 얼마나 낙담하고 망설였는지 몰라요. 그 상황을 피해보려고 정말 발버둥 쳤지요. 그런데 그 말을 하자마자 아이들은 바로 "싫어요, 우린 그만두고 싶지 않아요."라고 했고, 우리 부부는 그제서야 다른 선생님을 찾아보아야 한다는 사실을 깨달았어요. 아이들은 분명하게 정말로 음악과 바이올린에 흥미를 갖고 있었던 거예요. 그래서 나와 남편은 새 선생님을 찾기로 결심하고 드디어 아이들에게 맞는 선생님을 찾을 수 있었지요. 새 선생님은 "만약 한 곡에서 어떤 것을 배우지 못하면 다른 곡을 연주할 때 배울 수 있다."라고 생각하는 분이었어요. 그 부분이 정말로 내 마음에 들었어요. 게다가 그 선생님은 아이들에게 다양한 곡조들을 가르쳤는데, 아이들은 자신들의 흥미를 채워주는 이 레슨방식을 정말로 좋아했어요. 선생님을 바꾼 건 참 잘한 일이었고, 레슨은 성공적으로 바뀌었지요.

"그만두고 싶어요." 이 말의 내면에는 혹시 다른 의미가 숨겨져 있을지도 모른다. 정말 무엇 때문에 그러는지 아이들을 주의 깊게 살펴야 한다.

시나리오

당신 아들은 열 살로 이제 곧 4학년이 된다. 반에서 바이올린을 연주하는 아이는 3명뿐이고, 아이는 그 중 하나이다. 다른 아이들은 모두 랩이나 가요, 힙합을 즐겨 듣는다. 이런 분위기 때문에 아이가 곧 바이올린을 그만두겠다고 얘기할까봐 걱정이다. 이런 상황에서 당신은 어떻게 할 것인가?

여기에 대해 몇 가지 방안을 제안하고 싶다.

반 아이들 앞에서 연주할 기회를 만든다. 대부분의 아이들은 친구가 악기를 연주할 수 있다는 사실에 감동 받고 흥분한다.

음악 파티를 열자! 아이들을 초대해라. 악기를 연주할 수 있는 아이들, 그렇지 않은 아이들을. 그리고 아이들이 함께 연주할 수 있는 곡을 골라서 다 같이 연주해본다.

음악이 멈추면 의자에 앉기, 수건돌리기 같이 음악을 이용한 게임을 준비하고 아이에게 그 게임에 필요한 음악을 연주하도록 부탁한다.

악기를 연주하는 다른 아이와 함께 가족이나 이웃, 그 외 가까운 사람들을 초대해 음악회를 연다.

아이가 만약 계속해서 그만두겠다고 하면, 아이의 진도는 어떤지(너무 빠르거나 혹은 너무 느리지 않은지), 요즈음 배우고 있는 특별한 기교는 무엇인지(너무 어렵거나 혹은 너무 쉬워 지루하지 않은지), 아이의 동기가 시들해지지는 않았는지, 그렇다면 왜 그런지, 선생님은 어떤 방식으로 아이를 가르치는지 확인해 봐야 한다. 이 과정은 상당히 중요한데 왜냐하면 선생님을 바꾸는 것에 대해 생각해 볼 수 있기 때문이다. 초등학교 3학년 때까지 데니는 스즈키 바이올린교실에 참여해 왔다. 그러나 스즈키에서 배우는 내용 이상으로 다양한 부분에 관심이 많았고, 음악을 공부했던 데니의 엄마 입장에선 데니가 여전히 악보를 잘 읽지 못하는 것이 걱정되었다. 그래서 더 폭넓고 다양하게 가르칠 수 있는 개인교사를 찾기로 했다. 지금까지 배워왔던 클래식 음악을 계속하면서 기교를 다지고, 다른 한편으로는 컨트리음악이나 다양한 곡들을 소개해 줄 수 있는 그런 선생님을 찾았다. 또한 데니는 교내 초보자 오케스트라에 합류할 수 있어 이러한 변화는 시기적으로도 매우 적절했다. 그렇게 하여 새로운 학습방법과 새로운 선생님, 그리고 오케스트라 단원이 된 것은, 에너지가 넘치는 소년에게 너무나 따분했던 지금까지의 생활에 하나의 자극제가 되었다. 오케스트라는 마치 운동경기 팀과도 같았다. 다른 도시에서, 서로 다른 나이의 아이들이 모였고, 지휘자는 정말 재미있는 사람이었다. 이제 데니에게 음악은 더 이상 어렵고 힘든 존재가 아니다. 그 아인 지금 친구들에게 자기가 오케스트라에서 어떤 역할을 하는지, 공연하는 기분은 어떤지 등 자신의 음악활동에 대해 뽐내면서 스스로 보상을 받는 듯하다. 이제 음악은 데니에게 다시 멋진 존재로 돌아왔다.

십대 전후 ─ 누구의 음악인가

청소년기는 신체적으로, 지적으로, 감정적으로, 사회적으로 질풍노도의 시기이다. 어떤 아이들은 중·고등학교 때 이런 변화를 겪으면서 공부에 대한 부담과 사회적인 압력으로 무척 힘들어한다. 또 어떤 아이들은 오히려 이런 끊임없는 변화와 도전에 당당히 맞서 이겨낸다. 어떤 경우든 음악은 십대에게 안정감을 주고 엄청난 에너지를 발산할 수 있는 통로가 될 수 있다. 악기를 연주하면서 자신감을 얻고 연주에 집중하는 동안 그 나이 자신이 해야 할 사회적인 요구에 대한 해답을 얻기도 한다. 트럼펫, 트롬본, 색소폰, 타악기 등 강도 높은 악기를 연주하면서 아이들은 신체적인 에너지를 발산하는 방법을 터득한다. 동시에 악기는 그 시기에 요구되는 새로운 역할과 변화하는 자신의 모습을 찾아가면서 감정을 표출하고 드러내는 배출구가 되기도 한다.

악기를 배우는 것이 음악을 즐기는 아이들이나 혹은 내면에 복잡한 문제를 안고 있는 아이들에게 마술과 같은 해결책이 될 수 있다고 장담할 수는 없다. 더욱이 이 시기 아이들의 열정은 종종 자신의 책임과 의무를 벗어나 앞질러 나간다. 어떤 일이든 쉽게 과소평가하는 경향이 있어 생각 없이 악기를 시작하다가도, 힘들어지거나 레슨이나 연습 때문에 친구들과 어울리지 못하게 되면 또 쉽게 포기하고 만다.

그러나 어떤 아이들에게는 이러한 기회와 요구가 그 아이의 삶을 바꾸는 계기가 되기도 한다.

"첼로를 연주하는 걸 보면서 난 아이가 정말 음악에 열정을 갖고 있다고 믿게 되었어요." 이렇게 말하는 메리솔의 아들은 현재 중학교 1학년으로, 2년 전부터 줄리어드 음악학교에서 파견된 교생이 지도하는 교내 음악 프로그램에서 첼로를 배우고 있다. "정말로 많이 변했어요. 그 앤 참 산만한 아이였고 그래서 항상 무언가 집중하는 데 힘들어 했지요. 하지만 지금은 정말 대단해요. 음악선생님도 그 아이가 얼마나 달라졌는지 놀라고 있지요. 그리고 이 프로그램이 끝나더라도 아이가 학교를 졸업할 때까지 계속 가르치겠다고 하더군요. 지금은 교내 다른 프로그램, 정말 재능 있고 소질 있는 아이들이 모여서 연주하는 프로그램으로 바꾸었어요. 이제 그 앤 오랫동안 집중할 수 있어요. 모두 다 아이가 변했다고 놀라워해요."

트럼펫을 가르치는 래리 마린은 경험 많고 유능한 뉴욕 한 공립학교의 음악교사인 동시에 훌륭한 연주자이다. 그는 한 아이를 도와 정말로 어렵기로 소문난 라 구아디아La Guardia 고등학교의 입학시험에 합격하도록 도운 적이 있다. 라 구아디아는 예술 고등학교로는 정평 있는 명문 학교로, 영화 '페임Fame'의 실제 모델이기도 하다. "지금 그 아인 음악을 전공하고 있어요. 정말 많이 성숙했지요. 처음에는 집도 없이 거리를 떠돌아 다녔어요. 하지만 난 그 아이가 기회만 얻게 된다면 정말 잘 할 수 있을 거라고 믿었지요. 그 아이에게 트럼펫 연주는 보통 아이들과는 아주 다른 의미를 갖고 있어요. 사실 연주자체는 그 애에게 별로 중요한 문제가 아니었어요. 정말 중요한 것은 그 아이가 트럼펫을 연주함으로써 학교를 다닐 수 있다는 사실이었지요. 건강한 모습을 되찾았고 이제는 정말 긍정적인 것들에 몰두하게 되었답니다."

십대인 자녀가 처음으로 음악 레슨을 받고 싶다고 한다면, 그 말이 정말 진실되게 보인다면, 그 순간이 바로 음악을 시작하는 적기일 것이다. 적당한 기간을 두고 이것저것 시도해 볼 수 있는 기회를 주고, 목표와 아이의 기대치를 확실하게 해둔다. 십대는 어떤 것이 자신에게 정말 중요하다고 여기면 번개 같은 속도로 새로운 것을 배워나간다. 아이는 강박적으로 한 곡에 집중하거나 친구들에게 감동을 주기 위해 곡의 특정 부분을 연주하는 데 달인이 되기도 한다.

아이가 이미 몇 년 전부터 악기를 배우고 있다면 이제는 정말 확고하게 연습 습관을 다져야 할 때이다. 동시에 새로운 음악 세계에 도전할 수 있는 적절한 시기이기도 하다. 이 시기에 아이들은 악기를 배우면서 지금까지 꾸준히 다져왔던 기교들을 제대로 발휘할 수 있게 된다. 지금까지 경험에서 얻은 자기훈련이나 탄탄한 기술적 토대, 그리고 전반적인 음악적 기교들은 쉽게 재즈나 팝, 록 등 자신이 좋아하는 음악적 성향에 따라 변형될 수 있다. 다른 형태의 음악을 새롭게 추구하거나 새로운 악기에 도전하는 것은 십대들에겐 매우 매력적인 일이다. 따라서 특히 요 몇 년간 심리적으로 무척 예민해져서 그저 "그만두고 싶다."라는 말을 무의미하게 반복하는 아이들에게 이러한 시도는 도움이 될 수 있다.

디지털 피아노, 프로그램이 내장되어 있는 신시사이저, 키보드, 전자기타 등 팝이나 광고, 영화의 배경 음악, 그 외 다른 현대 음악에서 흔히 접할 수 있는 악기들은 십대들에게 혹은 늦게 음악을 시작한 아이들에겐 굉장히 매력적일 수 있다. 많은 전자 음악기기들에는 이미 프로그램화 되어 있는 반주와 디지털로 녹음할 수 있는 기능이 내장되어 있어 개인용 컴퓨터와 연결하여 사용하기에 아주 편리하다. 이런 종류의 악기들은 음악을 작곡하거나 편곡할 때 정말 유용하기 때문에 클래식 악기를 공부할 때 보완할 수 있는 아주 매력적인 도구가 된다.

십대들의 음악에 귀를 기울이자. 아이들이 최근에 자주 듣는 밴드나 CD는 누구의 곡이며 어떤 음악인지 관심을 갖자. 록의 대가를 훌륭한 예술인으로서 설명해보자. 그러면 아이들은 그 음악인에게 영감을 얻어 지금보다 더 열심히 자신의 기술과 기량을 닦고자 노력할지도 모른다. ▤

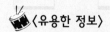 〈유용한 정보〉

Directory of Youth Orchestras on the Web(메트로포리탄 청소년 심포니 주최)
| www.metroyouthaymphony.org
이 사이트는 100여 개의 미국 청소년 오케스트라뿐 아니라 국제적인 청소
년 오케스트라 공식 사이트와 연결되어 있다. 또 여름음악 캠프나 다양한
프로그램에 대한 정보도 얻을 수 있다.

From the Top | www.fromthetop.org
비영리 단체로 매주 라디오 공개방송을 통해 미국의 최고 실력의 젊은 연주
자들이 참여하며 미국의 여러 도시에서 공연을 개최한다.

Jazz at Lincoln Center Education Department | www.jalc.org
재즈의 모든 것에 대한 훌륭한 자료들을 보유하고 있다. 온라인 재즈 교과
과정도 찾아볼 수 있다.

Mark O'Connor Fiddle Camp | www.markoconnor.com/fiddle.camp

Rocky Mountain Fiddle Camp | www.RMFiddle.com

내 아이에게 꼭 맞는 악기 고르기

아홉 살 소녀 쿄코는 자그마한 손으로 오보에를 연주해본다.
오보에 키패드에 맞추어 손가락을 있는 대로 쫙 펼치고 처음 몇
차례 끽끽대는 소리를 내더니 곧 듣기 좋은 고음을 만들어 냈다.
그러자 얼굴에 미소가 퍼지면서 마침내 크게 숨을 내쉰다. 열한
살 소년 칼릴은 아주 조심스럽게 천천히 트롬본을 만져본다. 강사
가 어떻게 마우스피스♪를 통해 바람을 불어넣는지 몇 가지 간단
한 방법을 알려주자 곧 부드러운 소리를 내었고, 이 매끄러운 곡
선 모양의 악기를 다시 한 번 살펴보더니, '도레미파솔'을 시도해
본다. 네 명의 소녀들이 아주 작은 바이올린을 무릎에 놓고 조용

♪ mouthpiece ┃ 관악기를 불 때 연주자의 입술이 닿는 부분

히 앉아 있다. 강사가 돌아가면서 하나씩 조율해 준 후 아이들 어깨에 바이올린을 얹어 주면서 어떻게 바이올린을 어깨에 놓는지("너희 어깨가 책상이라고 생각해봐"), 어떻게 활을 잡아야 하는지 가르쳐준다.

이 장면은 '뉴욕 학교연합 오케스트라'에서 매년 개최하는 지역 프로그램 중 하나로, 이 기간 동안 누구나 참여해 다양한 악기들을 체험해 볼 수 있다. 뉴욕 학교연합 오케스트라는 초등학생부터 고등학생까지 다양한 수준의 오케스트라 프로그램을 운영하는데, 이처럼 악기를 직접 연주하고 경험하는 프로그램(오픈 하우스)은 이 단체의 수석 오케스트라가 평소 모여 연습하는 한 공립 고등학교의 몇몇 교실을 빌려 진행된다. 각 교실에는 가장 기본적인 악기들, 예를 들면 목관악기류와 금관악기류, 현악기류와 타악기들이 전시되어 있고, 각 코너마다 친절하고 인내심 많은 강사 한

두 명이 아이들을 기다리고 있다. 쿄코는 30분 동안이나 혼자서 오보에에 대해 배우면서 매우 유익한 시간을 보낼 수 있었다. 반면 트럼펫이나 트롬본, 프렌치 호른, 타악기, 플루트와 바이올린 코너에는 많은 아이들이 몰려 자기 차례를 기다려야 했다.

겨우 5분이 되었든, 운이 좋아 30분을 연주할 수 있었든, 아이들은 일단 악기를 경험하고 나면 정말 마술과 같이 어느새 그 악기를 연주하고 싶다는 열정을 갖게 된다. 이 밖에도 다양한 방식의 가족 콘서트에서도 악기를 체험할 수 있는 기회를 제공한다. 대부분의 미국 초등학교에서 더 이상 악기를 가르치지 않게 된 이후, 이런 프로그램들만이 다양한 악기를 접할 수 있는 유일한 기회가 된 것 같다.

30~40년 전만 해도 아이들은 어느 날 학교에서 플루트나 트럼펫 같은 악기를 가지고 오고, 그때부터 음악교육이 시작되었다. 학교에서 더 이상 악기를 연주하지 못하게 되면서 또 다른 슬픈 일은 대부분의 아이들뿐만 아니라 부모 역시 더 이상 어떤 악기에 대해서도 거의 아는 바가 없다는 사실이다. 이번 장에서는 여러분이나 여러분 자녀가 악기를 선택하는 과정에서 고려해야만 할 중요한 사항들에 대해 설명하고, 어떤 악기를 고를 수 있는지 다양한 악기에 대해 소개할 것이다. 악기를 선택하고 나면 그 다음엔 어떻게 선생님을 찾아야 하는지 생각해 보아야 한다.(여기에서는 악기에 대한 정보를 다루고 다음 6장에서 과연 어떤 선생님이 적합한지를 다룰 것이다)

오케스트라의 구성

다양한 악기에 대해 기본적으로 이해하고, 몇 살 때 어떤 악기를 시작하는 것이 적당한지 알게 되면 악기를 선택하는 데 도움이 된다.

악기를 살필 때 오케스트라를 구성하는 방식으로 알아보면 쉬운데, 오케스트라를 구성하는 악기는 크게 네 부류로 나뉜다. 현악기, 목관악기, 금관악기 그리고 타악기이며, 주로 음색, 소리를 내는 방법, 생긴 모양, 만든 재질 그리고 역사적인 배경에 따라 분류된다(예를 들면, 플루트의 경우 지금은 금속 재질로 만들지만 여전히 목관악기에 속한다). 현악기는 활로 현을 켜거나 손가락으로 현을 뜯으면서 소리를 내고, 목관악기는 바람을 불어넣어 소리를 내는데 때로는 마우스피스가 부착되어 있는 리드reed를 공명시키면서 소리를 만든다. 금관악기는 컵 모양의 마우스피스를 통해 공기를 힘차게 밀어 넣으면서 연주한다. 대가족을 이루는 타악기류는 주로 채나 막대기 혹은 다른 도구로 두드리거나 울리면서 소리를 낸다. 그 밖에 건반악기(피아노, 오르간, 하프시코드)와 기타, 하프 같은 악기들은 단독으로 연주하거나 때로는 오케스트라와 협연할 수 있다.

악기를 연주할 수 있든 없든 상관없이, 자녀가 어떤 악기를 다룰 때 즐거워할지 스스로에게 물어 확인하는 과정을 거쳐야 한다. 튜바를 부는 것을 좋아할까? 아니면 더 부드러운 소리에 호감을 가질까? 혹은 더 웅장한 소리에 마음이 끌릴까? 나무로 만든 재질을 좋아할까 아니면 금속으로 만든 악기를 더 편안해 할까? 냄

비나 프라이팬을 두드리는 것을 재미있어 하지는 않나? 아이의 호기심을 자극할 것인가 아니면 아이에게 도전하게 할 것인가? 아이가 혹시 특별히 좋아하는 소리가 있나? 악기를 잡고 있는 자세가 편안한가? 어떻게 악기에 대해 열정을 갖게 되었나?

열네 살인 에리얼은 상당한 수준의 바이올린 연주자로 현재 저명한 음악학교 입학을 위한 예비학생 과정에 있다. 에리얼이 유치원생이었을 때에 십대 소녀들의 바이올린 연주를 보고 악기를 시작했다. 재커리의 가족 중 악기를 연주할 수 있는 사람은 아무도 없다. 하지만 반 친구 중 한 명이 교내 여러 행사에서 연주하는 것을 보고 그때부터 색소폰에 열정을 갖기 시작했다. 열여섯 살인 셀레스트는 처음에는 플루트를 연주했는데 오케스트라에서 단 한 번도 수석 연주자 자리에 앉지 못했다. 그러다가 지휘자의 권유로 바순으로 악기를 바꾸고 이내 이 악기에 푹 빠져버리고 말았다. 플루트보다 다루기 어려웠지만 예전보다 연주할 수 있는 기회가 눈에 띄게 많아졌다.

이처럼 아이들이 특정 악기에 매력을 느끼게 되는 요인 몇 가지를 더 살펴보자. 어떤 아이는 악기의 음색과 생긴 모양에 반하고, 어떤 아이는 닿는 촉감에서 친근함을 느끼기도 한다. 예를 들면, 금속악기나 목관악기를 만지는 느낌은 아주 다르다. 또 어떤 아이는 친구가 어느 날 갑자기 수준 높은 곡을 신나게 연주하는 모습을 보고 이에 영감을 받기도 한다. 어떤 경우는 악기를 바꾸고 나서 더 다양한 기회를 얻는다.

아이들은 건강한 경쟁심이나 다소 뽐내고 싶은 심리를 드러낼 수 있다. 현재 열네 살인 타마라는 다섯 살 때 자신이 프렌치 호른으로 소리를 낼 수 있다는 사실을 발견하고 무척 흥분하였다. 심지어 이러한 감흥은 신체적으로 편안하게 호른을 다룰 수 있을 나이인 열 살이 될 때까지 이어졌다.

잠시 동안 마우스피스에 입을 대는 연습을 하고 나서 마침내 호른을 불 수 있었어요. 그건 마치 "자, 보라고, 난 이 악기를 연주할 수 있어."라고 모두에게 외치는 것과 같았지요. 내 친구들은 "그래 좋아, 이미 넌 열 번이나 소리 내는 걸 보여줬다고."라고 얘기 했지만, 난 "하지만 너희들은 여전히 소리를 못 내잖아!"라며 자랑스러워했어요. 아빠는 지금도 소리를 내지 못하죠. 난 정말 글자 그대로 완벽하게 소질을 타고난 거예요. 피아노를 연주하는 것과 호른을 부는 것은 정말 다르지요. 피아노는 그저 건반을 두르기만 해도 소리가 나니깐 말이에요. 하지만 호른을 연주하기 위해서는 사실 체력과 지구력 그리고 좋은 호흡이 필요해요. 그리고 난 이 세 가지 모두를 갖추고 있다고요. 이건 정말로 타고나기 어려운 건데 말이에요.

타마라는 정말 바른 선택을 했고 지금까지 호른을 연주한다. 여전히 그 악기의 소리와 촉감을 사랑한다. 그리고 자신이 선택한 결과로 오케스트라 단원이 되어 전 도시를 돌면서 연주하거나, 특별한 학교 행사에 참여해 연주할 자신의 모습을 상상하며 즐거워한다.

비올리스트이면서 심리학을 가르치는 크리스 젠킨스는, 많은 음악가들이 그런 것처럼 각자의 결정에 영향을 미치는 심리적인 요인이 있다고 믿는다. 뿐만 아니라 몇 년간 한 악기를 연주하다 보면 자신의 숨겨진 기질이 나타난다고 말한다. "정말로 성격에 따라 악기를 선택하지요. 악기를 연주하면서 숨겨졌던 기질이 드러나거나 혹은 그 기질 때문에 아주 처음부터 그 악기에 매료되기도 한답니다."

바이올리니스트는 일반적으로 매우 자기중심적인 경향이 있어요. 그리고 공격적이고 경쟁적이지요. 그 사람들은 그렇게 되어야만 해요. 너무 많은 경쟁자가 항상 주변에 있잖아요. 하지만 비올리스트는 훨씬 성격이 원만하고 다른 사람들이나 다른 연주자들에게조차 참 친절하지요. 음악학교에서 비올리스트는 항상 친구들과 무리를 지어 다니는 반면, 바이올리니스트는 다른 사람과 어울리지 않아요. 물론, 피아니스트는 훨씬 더 심각하지요. 자기 자신 외에는 절대로 다른 사람과 시간을 보내지 않아요.

여기에 더해서 문화적 요인이나 성별도 아이들의 선택이나 관심에 영향을 줄 수 있다. 예를 들어, 유치원생과 초등학교 5학년 아이들을 대상으로 한 최근의 연구조사에 따르면, 어른들이 성별에 따라 전형적으로 나눈 악기들에 따라 — 예를 들면, 플루트, 바이올린, 클라리넷, 첼로는 주로 여성스러운 것으로, 드럼이나 색소폰, 트럼펫, 트롬본은 남성적인 악기로 여기는 것 — 아이들이 악기를 선택한다는 사실을 발견했다.

아이들을 세 집단으로 나누고, 고등학생들이 같은 종류의 악기를 연주하는 세 개의 다른 비디오들을 각각 보여주었는데, 하나는 전형적으로 성별에 따라 악기를 나누어 연주하는 장면이고, 또 하나는 누가 어떤 악기를 연주한다고 설명하기 어려울 정도로 애매모호한 상황이고, 나머지 하나는 완전히 상식을 뒤엎는 수준의 내용이었다. 즉, 여학생이 트럼펫이나 색소폰을 연주하고 남학생이 플루트나 바이올린, 첼로를 연수하는 식이었다. 연구자는 유치원생들 대부분이 성별에 따라 전형화된 분류에 맞추어 악기를 선택하는 데 편안해 하는 것을 알았다. 하지만 완전히 반대되는 상황의 비디오를 본 아이들은, 유치원생의 경우 남녀 모든 아이들이, 5학년에서는 여자아이들이 악기를 선택하는 데 더 개방적이었음을 발견할 수 있었다. "이런 식의 정형화된 선택은 무엇을 배울지, 그리고 앞으로 무엇을 하게 될지 그 삶에 영향을 미칩니다." 라며 이 연구의 저자 베티 레퍼콜리는 말을 이었다.

제2의 요요마가 될 수도 있는 작은 소년에게 아무도 첼로를 권하지 않습니다. 대신 드럼을 쥐어 준다면, 이건 정말 최악의 선택이 되고 맙니다. 이후 그 아인 어떤 악기도 배우려 하지 않을 거예요. 트롬본을 연주하고 싶다는 소녀에게 그건 여자애에게 맞지 않는 악기라고 조언하는 것은 악기를 연주하는 것 자체를 그만두게 만드는 것과 같답니다. 남녀 구분 없이 다양한 종류의 악기를 누구나 선택할 수 있도록 해야 합니다. 여기에 성별이 개입되어서는 안 되지요.

레퍼콜리가 자신의 연구를 통해 보여주고자 한 바는, 이러한 고정관념이 모든 종류의 활동에 영향을 미친다는 사실이다. 운동선수 역시 성별에 따라 자신의 전공을 선택한다. 흥미로운 사실은, 많은 유명 연주자들이 악기와 관련된 성별 구분이나 문화적, 인종적인 편견과 고정관념에 맞섰다는 사실이다. 첼리스트 요요 마Yo Yo Ma, 플루트 연주자 제임스 갈웨이James Galway, 타악기연주자 에블린 글레니Evelyn Glennie 그리고 바이올리니스트 레지나 카터 Regina Carter 등 여러 음악가를 들 수 있다. 이러한 음악가들을 본보기 삼아 아이들의 시각을 넓히고 다양한 가능성들을 펼쳐 보여야 한다.

선택

나이, 키나 몸무게, 근육의 발달과 협응능력 등은 아이에게 적합한 악기를 고르는 데 고려해야 할 매우 중요한 요소이다. 아주 어린 아이가 악기를 고르는 과정에서, 여러분의 선택이 거의 절대적이겠지만, 그래도 몇 가지 사항은 꼭 짚고 넘어가야 한다. 최근에는 많은 가정에 피아노가 있다(몇 십 년 전까지만 해도 피아노는 오직 공연장에서만 볼 수 있는 악기였다). 그래서 아이가 배울 첫 악기로 이제 대부분은 피아노를 떠올리는 듯하다. 누구나 쉽게 아름다운 소리를 낼 수 있으면서 단순한 곡조를 손쉽게 배울 수 있기 때문에 그 매력은 한층 더하다. 더욱이 모든 음들이 순서대로 건반에 따라 정렬되어 있지 않은가. 바이올린이나 첼로의 경우, 네 살 정도의 아이가 연주할 만큼 작은 크기의 악기가 있으며 기타 역시 마찬가지이다. 여섯 살, 일곱 살이 되면 리코더를 즐길 수 있는데, 리코더역시 처음 시작하기에 손색없는 악기이다. 몇몇 목관악기(클라리넷, 플루트, 알토 색소폰)와 금관악기(코넷, 트럼펫, 유포니움 그리고 바리톤 호른)는 아홉살에서 열한 살 정도의 아이들에게 적합하다. 왜냐하면 이런 악기류는 바이올린이나 첼로처럼 작은 크기로 만들 수 없고, 더욱이 연주하기 위해선 협응능력과 호흡을 조절할 수 있는 능력 그리고 힘과 체력이 필요하기 때문이다.

부모들은, 때로는 내 자신의 이유 때문에 아이의 선택에 찬물을 끼얹을 수 있다. 예를 들면, 트럼펫이나 드럼은 너무 시끄럽다는 이유로, 콘트라베이스는 학교에 가지고 가거나 레슨을 받으러 갈 때 너무 덩치가 커서 성가시다는 이유로 다른 악기를 권하기도 한다. 하지만 아이가 지속해서 그 악기에 열정을 보인다면일반적으로 이러한 아이의 관심을 따르는 것이 현명하다.

이브 위즈는 클래식 기타 교사이며 열 살인 아들은 아주 탁월한 재즈 바이올린 연주자이다. 이브는 악기 선택과 관련해서 자신의 개인적인 경험을 다음과 같이 말했다.

자녀가 어떤 악기를 너무 배우고 싶다고 강하게 요구한다면, 당신이 해야 할 일은 그저 그대로 따르는 것뿐입니다. 혹시 아이가 특정한 열정을 보이지 않는다면, 당신이 악기를 고르거나 아니면 아이들이 선택할 수 있도록 이끌어 주어야 해요. 아이와 함께 악기를 구경하러 가든가 첼로, 기타, 바이올린 등을 연주하는 비디오를 함께 보는 것도 좋습니다. 내 학생 중 한 아이는, 이름은 피터인데 처음에 피아노를 시작했지요. 하지만 그 악기는 피터에게 너무 맞지 않았어요. 내 생각에 피터는 정말 피아노 치기를 싫어했던 것 같아요. 내 아들 친구이기도 했던 피터는 당시 기타를 배우러 우리 집에 들락날락하는 아이들을 많이 보게 되었지요. 그리고 작년에 내게 와서 기타를 배우고 싶으니 가르쳐 달라고 부탁했어요. 그건 정말 탁월한 선택이었지요. 그 아인 기타에 그렇게 매료된 거예요.

아이들은 우리 생각과는 항상 같지만은 않은 그들 나름의 본능과 비전을 따른다. 아이가 관심과 열정을 보인다면 악기를 바꾸는 것도 좋은 선택일 수 있다.

악기에 있어서는 아이의 관심을 따르는 것이 그 악기로 연주하면서 갖게 된 비전을 아이 스스로 최선을 다하면서 그리고 즐기면서 실현하도록 돕는 최선의 길이다. 아이는 이후 몇 년간 자신의 비전을 스스로 유지해야 한다. 물론 만족할 만한 수준에 도달하는 과정에 기복이 있을 수도 있다.

오보에나 바순, 프렌치 호른, 하프 등 일반적으로 잘 선택하지 않는 악기는 열 살 이상인 아이들에게 더 적합하다. 이러한 악기를 다루기 위해서는 다양한 신체의 근육을 확실하게 사용할 수 있는 능력, 체력, 특정한 자세로 무거운 악기를 계속 들고 있을 수 있는 힘 등이 필요하다. 비교적 나이 어린 아이들은 악기의 소리와 독특함에 끌릴 수 있다. 이런 경우, 단순한 악기를 연주하게 하거나 아니면 일반적인 음악교실에서 신체적으로 준비될 때까지 관심을 유지시키는 것도 좋은 방법이다.

피아노 교사이면서 하프도 함께 가르치는 스와도스는 "하프는 처음 악기를 연주하는 사람에겐 적합하지 않다."고 얘기한다. "언젠가 한번은 어떤 학부모가 내게 연락을 해 일곱 살 아이에게 하프를 가르쳐 달라고 했는데, 난 그때 피아노를 먼저 시작하고 3년 후 즈음에 하프를 배우는 것이 좋겠다고 조언했어요. 열 살이면 시작하기 아주 좋은 나이이지요. 이 나이에도 보통은 작은 크기의 하프로 시작하지요. 하프를 연주하기 위해서는 모든 근육을 조화롭게 활용할 수 있는 능력이 필요해요. 정말 많은 기교가 요구되지요. 악보에 따라 연주하는 것 외에도 생각해 봐야 할 것들이 무궁무진하답니다."

어떤 아이들은 악기를 직접 만져보고 연주해 보면서 자신이 그 악기를 얼마나 좋아하는지 깨닫게 된다(이 점이 바로 학교의 악기수업을 되살리기 위해 싸워야 하는 이유다). 래리 마린은 도시 빈민가의 한 중학교에서 밴드를 지도하는데 이 밴드부는 그 학교에 정말 필요한 존재이다. 밴드부 학생 중 여러 명은 행동에 문제가 있거나 학습에 장애가 있는 아이들이다.

어떤 아이들은 반짝반짝 윤이 나는 트럼펫처럼 특정 악기

에 정말로 매료됩니다. 그리고 나서 아이들은 "한 번 해보자."라
는 의욕을 갖게 되지요. 이 아이들에게는 무언가 새로운 것을 시
작한다는 것만으로도 아주 대단한 일입니다. 우리 밴드부에는
중학교 2학년인 한 여자아이가 있는데, 모두들 떠들고 돌아다니
기만 할 때 그 아인 아무도 귀 기울이지 않지만 교실 한 구석에서
트럼펫을 불면서 내가 가르친 것을 열심히 연습했답니다. 이건
정말 중요한 일이에요. 특히 부모에게 있어선 아이의 숨은 재능
— 아이의 재능과 어떤 특정한 것에 대한 애정 — 에 한 발짝 다
가설 수 있는 아주 소중한 기회가 됩니다. 만약 자녀에게서 이 같
은 모습을 발견했다면 반드시 키워주어야 합니다.

피아노

피아노는 여러 가지 이유에서 매우 특별하다. 최소한의 혹은
심지어 아무 기교 없이도 손쉽게 듣기 좋은 음을 만들어낸다. 가
장 친근하면서도 마음이 끌리는 악기이다. 누구나 한 번쯤은 자기
가 좋아하는 곡을 피아노로 연주해보려고 시도해봤을 것이다. 가
장 실용적이면서 가장 쉽게 배울 수 있다. 피아노를 배우면 특히
화성과 화음에 대해 잘 알 수 있게 된다.

그러나 피아노는 예상치 못했던 함정에 빠뜨리는 악기이기
도 하다. 기교를 완벽하게 익히거나 수준 높은 곡을 연주하기란
쉽지 않다. 합리적이면서도 아주 감각적으로 구성된 피아노 건반

과 듣기 좋은 선율로 인해, 대부분 부모는 바이올린 같은 다른 악기에 비해 아이들 연주에 별로 관여하지 않는 듯하다. 바이올린의 경우, 기교와 자세에서 매우 정밀함을 요구하기 때문에 선생님은 언제나 부모에게 아이들이 집에서 연습할 때에도 한시도 눈을 떼지 말고 감독해 줄 것을 요구한다. 또 다른 문제는 특히 최근에 많은 아이들이 크기가 작은 전자 키보드로 피아노 레슨을 시작한다는 점이다. 그러나 대부분의 전자 키보드는 음색도 다를 뿐만 아니라 건반을 두드리는 감각에도 차이가 있고 일반 피아노처럼 복잡한 화음을 만들 수도 없다. 더욱이 88개의 건반을 완벽하게 갖춘 키보드는 매우 드물다. 따라서 연주 수준이 높아지면서 학생과 선생님 모두에게 문제가 된다.

어떤 것이든 좋은 면이 있으면 나쁜 면이 있는 것처럼, 다른 악기에 비해서 많은 아이들은 먼저 피아노를 배우고 싶어 한다. 하지만 또 그만큼 많은 아이들이 피아노 레슨 받는 것을 그만두고 싶어 한다!

"단지 몇몇 아이들만이 피아노를 지속하지요."라고 스와도스는 말한다. "그렇다고 해서 아이들이 피아노를 싫어한다는 의미는 아니에요. 레슨을 받는 대부분의 아이들은 사실 부모가 원해서 시작한 경우가 많아요. 그래서 하프를 배우는 내 학생들과 비교해보면 스스로 동기를 갖고 있는 경우는 매우 적답니다. 그런 면에서 피아노 교사들이 아이들을 가르치면서 좌절을 경험하게 되는 것 같아요."

국립피아노재단의 교육 책임자이면서 오랫동안 아이들을

가르쳐온 브랜다 딜론은 자기 경험에서 알게 된 모순된 상황들에 대해 이렇게 얘기했다. "피아노 레슨을 너무 싫어했고 그래서 레슨을 그만두게 해달라고 졸랐었던 바로 그 부모가 자기 자녀에게 피아노 레슨을 시킵니다. 그리고 아이들 앞에선 결코 그런 적이 없었던 것 마냥 행동하지요. 하지만 왜 그들은 그들이 어린 시절 그랬던 것처럼 아이들이 레슨을 싫어하고 그만두고 싶어 한다는 것을 이해하지 못할까요?"

부모세대에서도 역시 피아노는 아이들이 가장 처음 시작하기에 매우 이상적인 악기로 인식되었다. 아무런 기술 없이 바로 아름다운 음을 낼 수 있으면서 곡조와 반주, 화음과 리듬, 그리고 오케스트라와 협연할 수 있는 정말 훌륭한 악기라는 똑같은 이유에서 피아노를 선택했다.

그러나 여전히 어려움은 있다. "피아노는 아이들이 배우기에 가장 외로운 악기일 수 있습니다."라며 딜론은 설명한다. "축구나 다른 운동 혹은 무용 같은 것을 생각해보면 어느 하나도 혼자서 하는 것은 없습니다. 오직 피아노 앞에 앉아 혼자 연습할 때를 제외하면 말이지요. 가장 이상적으로는 그룹 레슨과 개인 레슨을 병행하는 것인데, 그렇게 할 수만 있다면 완벽하지요."

딜론의 관점 — 다른 여러 피아노 교사도 이에 동의하는데 — 은 다음과 같다. "피아노 교육은 단지 몇 편 안 되는 연주곡을 익히는 것이 아니라, 삶 전체를 통해 다양한 음악적인 부분들로 확장될 수 있습니다. 어른이 되어서도 여전히 피아노를 즐겨 연주하는 사람들은 대부분 즉흥 연주를 하거나 즉석에서 악보를 읽어

내거나 혹은 조를 바꾸어 연주할 수 있습니다. 피아노를 배울 당시 선생님이 그런 부분에 많은 시간을 할애했을 것이라고는 생각하지 않습니다. 다만 어른이 되어서도 여전히 피아노를 연주하고 정말로 이를 즐기는 사람들만이 그런 기교들을 구사할 수 있다는 점이 신기할 따름입니다."

바이올린처럼 피아노 교수법도 지난 20여 년간 주목할 만큼 그 수준이 높아졌다. 스즈키 피아노교실의 그룹 키보드 반이나 그 밖의 유사 프로그램들은 피아노 연습에 사교적인 요소들을 가미함으로써 특히 어린 아이들이 배우는 데 도움을 준다.

취학 전 아이들과 유치원생

음악을 시작할 준비가 되었나

서둘지 말자. 자녀가 정말로 악기를 배울 준비가 되었는지 냉정하게 판단해 보아야 한다. 특히 아이가 정말 어리다면(네 살에서 일곱 살 사이의 아이라면) 더더욱 신경 써야 한다. 다음 내용은 음악을 시작할 때 자녀의 흥미와 호기심이 얼마나 강한지 판단할 수 있는 지표가 될 수 있다.

음악 듣는 것을 즐기며 음악에 맞추어 노래를 부르거나

리듬에 맞추어 몸을 움직인다.

정말로 좋아하는 노래, 연주곡이 있으며 자주 그 곡을 들

고 싶어한다.

\# 친숙한 곡이나 주요 부분들을 기억해서 따라 부르거나 그
대로 흉내 낸다. 예를 들어, 당신이 그 곡 일부를 흥얼거리
기 시작하면 아이는 이내 곡 전체를 완성해서 끝낸다.

\# 서로 다른 악기의 소리를 인식한다.

\# 어떤 특정 악기를 연주하고 싶다고 끈질기게 몇 달 혹은
심지어 거의 1년 동안 조르면서 자신의 열정을 지속적으
로 드러낸다.

매일 준비가 되었나

또 다른 측면에서 아이가 준비 되었는지 확인하자. 이 부분
은 어떤 면에서 사회성과도 관련이 있다. 다른 아이들과 함께 수
업 받으면서 집중할 수 있는지 그리고 아이들과 협력할 의지가
있는지는 중요하다. 아이들의 인지발달 정도는 개인에 따라 차이
가 있는데, 음악수업 중에 주어진 과제 중 어떤 것들은 이러한 인
지능력에 영향을 받는다.

\# 읽고 쓸 수 있으며 기호 등을 인식하는 걸 즐긴다(심지어 이
런 기술조차 스즈키 교실을 시작할 때에는 필요하지 않다).

\# 새로운 것을 배우는 데 자부심을 갖고 있다.

\# 주어진 과제를 완수하는 데 흥미를 갖는다.

\# 새로운 활동을 시작하는 데 필요한 여분의 집중력과 에너
지가 있다(학교과제, 운동, 그리고 그 외 다른 활동들을 하면서 동시에

음악을 할 경우).

매일매일 일정 시간을 음악에 전념할 수 있다.

신체적으로 준비 되었나

나이와 아이의 체격은 매우 중요한 요인이다. 처음 음악을 시작할 때 아이의 나이에 적합한 악기를 선택하는 것에 신중을 기해야 한다. 신체의 일부를 잡아당기거나 일부러 뻗치지 않고도 편안하게 악기를 잡고 다룰 수 있어야 한다.

대부분의 아이들은 특정 악기에 열정을 보이거나 혹은 쉽게 소리를 내는 악기(불기, 뜯기, 켜기 등)를 선호한다. 아이의 관심에 따르자.

악기연주는 다양한 근육을 고르게 발달시키고 운동감각을 키우는 데 도움이 된다. 하지만 아이의 신체적인 능력을 과대평가해서 혹사해서는 안 된다.

과제(손가락으로 현을 다루는 것, 악기를 바른 자세로 잡는 것)를 여전히 잘 하지 못한다고 해서 지금 좌절해서는 안 된다. 아이가 근육을 조화롭게 움직이고 손을 자유자재로 사용할 수 있을 때까지 몇 달 혹은 심지어 1~2년이 필요할 수도 있다.

일곱 살에서 열한 살 — 또 다른 이점

일단 아이가 일곱 살 정도가 되면 대게는 신체적으로도 더 강해지고 근육이나 운동기능도 골고루 잘 발달한다. 바로 이 나이에 아이를 음악에 충분히 노출해야 하는데, 그래야 악기를 시작해 보고 싶은 관심을 가지기 때문이다.

일곱 살에서 열한 살, 초등학교에 다니는 아이들은 일반적으로 다음과 같은 특징을 보인다.

#바라건대 지금껏 다양한 악기와 음악에 노출되었었다면

이제는 좀 더 확신을 갖고 악기를 선택한다.

#아홉 살이나 열 살 정도가 되면 목관악기(클라리넷, 플루트 등)

와 금관악기(코넷, 유포니움, 그리고 가능하다면 트럼펫과 같은 악

기)를 시작할 수 있다.

#초보자를 위한 밴드나 오케스트라에 참여할 수 있다.

#언제, 무엇을, 어떻게 연습할지 함께 결정할 수 있다.

#3학년이 되면 좀더 독립적으로 연습하고 레슨을 받는다.

#새롭게 시작한 일에 자부심을 가질 수 있을 정도로 충분

히 성숙하다.

열한 살 이후부터 십대 전반 — 여전히 늦지 않은 나이

아직도 결코 늦지 않았다! 이 나이의 아이들은 부모가 결정해서 시키기보다 거의 대부분 자기가 스스로 동기를 갖고 악기를 선택한다.

사실, 이 나이에 시작할 때 얻을 수 있는 이점도 많다.

> \# 테너 혹은 바리톤 색소폰이나 트롬본, 튜바 등 덩치가 크고 무거운 목관, 금관 악기를 시작하기에 적당한 나이이다.
>
> \# 갖가지 근육을 자유자재로 사용할 수 있고 인지능력도 발달해 배우는 속도가 매우 빠르다.
>
> \# 친구들의 긍정적인 영향에 자극 받을 수 있다. 이 또래 아이들은 친구가 새로운 기교로 기타를 치거나, 색소폰, 드럼 등을 연주하는 데 자극 받는다.
>
> \# 프렌치 호른이나 오보에, 바순, 비올라 등 잘 선택하지 않는 악기를 다루기에 신체적으로 볼 때 훨씬 더 적당한 나이이다. 이 악기들을 선택함으로써 연주할 기회도 더 많아진다.

마지막에 언급한 내용은 최근 많은 지역에서 부쩍 관심을 갖는 문제로, 이에 대한 한 가지 해결방안으로 '위기에 처한 악기들'endangered instrument이라는 프로그램이 만들어졌고 현재 미국 여러 지역으로 확산되고 있다. 학생들이 오케스트라, 관현악단 그리고 재즈그룹을 유지하는 데 필요한 악기들을 거의 선택하지 않자,

청소년 오케스트라를 포함해 모든 오케스트라 지도자들이 이에 위기감을 느끼고 대처하기 위해 만든 프로그램이다. 1990년 시애틀 청소년 오케스트라에서 이 프로그램을 시범적으로 시작했다. 목표는 두 가지이다. 더 이상 학교에서 가르치지 않는 악기수업을 중학생들을 대상으로 다시 부활시키는 것 그리고 이 수업을 통해 일반적으로 잘 선택하지 않지만 여전히 오케스트라에서는 없어서는 안 될 악기들을 가르치는 것이다. 이 프로그램은 성공했고 현재는 여러 가지 다른 형태로 청소년 오케스트라, 음악학교 그리고 관련 조직으로 확산되고 있다.

이러한 프로그램은 십대들에겐 굉장히 좋은 기회이다. 아이들은 자신이 '정말 필요한 존재임'을 확인할 뿐만 아니라 '남과 구별되는 자신'을 발견한다. 덧붙여, 특히 바순이나 프렌치 호른을 연주하는 아이들은 항상 자리를 놓고 경쟁해야 하는 플루트나 클라리넷 연주자와 다르게, 언제든지 학교 밴드부나 오케스트라에서 눈에 띄는 역할을 하게 되는데, 이것으로 아이들은 자기가 선택한 악기에 대해 더 많은 애정을 가지게 된다.

자녀가 몇 살 때 악기를 시작하든, 신체적으로 무리 없이 좋은 기술을 연마할 수 있는 최선의 방법에 대해 선생님과 상의해야 한다. 바른 자세를 유지하는 것, 목이나 등에 최소한으로 부담을 줄이는 것, 같은 동작을 반복해서 얻을 수도 있는 부상을 피하는 방법 등에 항상 주의를 기울여야 한다.

새로운 악기, 그 자체의 신기함 때문에 대부분의 아이들은 처음엔 흥분해서 연습에 몰두한다. 바이올린이나 피아노, 기타 같은 악기를 선택한 경우, 다른 아이들과 함께 레슨 받는 것도 나이 어린 초보자나 사교적인 아이들에게는 매우 좋은 방법이다(당연히 수업료도 적게 들 것이다). 우리 자신에게 그리고 자녀에게 모든 악기는 다 특별하다고 지속적으로 인식시켜야 한다. 바이올린이나 오보에 등 몇몇 악기의 경우, 좋은 연주기교를 습득하기 위해서 몇 년이 걸릴 수도 있다. 물론 어떤 악기이든 그 악기를 연주하기 위해선 틀림없이 넘어야 할 고비가 있다. 아이늘이 자기 악기를 숭요하게 여기고 잘 관리하도록 북돋아 주면서, 친근하면서 쓸모 있는 이 물건(악기)이 우리 가족의 삶을 풍요롭게 하고 가족을 하나 되게 만든다는 사실을 상기해준다.

과연 부모는 준비되었나요?

악기를 배운다는 것은 느린 속도로 서서히 진행되는 과정이다. 그래서 가족의 지지와 열정 그리고 그 경험 자체를 즐길 수 있는 의지가 필요한데, 그럼에도 때때로 좌절할 수 있다. 자녀가 이미 관심을 드러내면서 악기를 배우는 데 들떠 있다면, 이제 당신은 어떠한가?

기술적인 실수나 자세를 바로 잡아 줄 수 있을 정도로 부모 자신은 그 악기에 대해 충분히 알고 있나? 연습이나 레슨을 하루 일과의 일부로 받아들일 준비는 되어 있는가? 똑같은 곡을 수십

번 들을 각오는 되어 있는가? 딸아이가 튜바를 들고 다니는 일에 너무 힘들어 한다면 어떻게 해야 하나? 아이가 방해 받지 않으면 서도 또한, 이웃을 방해하지 않으면서 편안하게 연습할 수 있는 공간은 있나? 리틀리그♪에서 연주하는 밴드부의 단원이 되기 위해, 음악회나 음악 테이프를 찾아다니는 등 음악과 관련된 다양한 활동에 열정을 다 할 수 있나? 마치 리틀리그 경기에서 뛰는 아이를 향해 열성적으로 응원하는 것처럼 말이다.

부모로서 우리는 자녀보다 앞서 음악공부의 창의적이고 즐 거운 측면들을 발견하고 이를 유지해 줄 수 있어야 한다. 음악과 관련해서 부모의 개인적인 경험이 성공적일 수도 그렇지 않을 수도 있다. 하지만 이러한 경험 때문에 아이를 너무 힘들게 몰아세우거나 혹은 반대로 방치하지 말아야 한다. 음악 레슨이 지금까지 해오던 다른 과외활동에 단지 하나를 더한 꼴이 되어서는 안 되며, 연습이 그서 그런 지루한 일과로 전락해서도 안 된다. 여러분이 만약 애정을 갖고 때로는 재치 있게, 그리고 숨겨진 가치를 찾는다는 심정으로 아이와 함께 한다면, 아이들은 자기만의 고유하고 독특한 경험을 쌓아가면서 최선의 길을 걸을 것이다. 에리얼처럼 몇몇 아이들은 완전한 열정, 도저히 음악을 떠나서는 살 수 없는 그런 열정으로 음악을 배우지만, 어떤 아이들은 음악을 얼마나 좋아하든 관계없이 레슨과 연습을 부담스러워 할 수도 있다. 하지만 아이들의 음악성은 공연장이나 집에서, 혹은 친구들이나 선생님과 함께 연주하면서 놀라울 정도로 되살아난다.

♪ Little League ㅣ 미국의 유명한 아이들 야구경기

다음은 이미 일정 수준에 오른 재능 있는 아들과 연습문제로
여전히 고군분투하는 한 어머니의 얘기이다.

우선, 이게 도대체 누구의 바람인지 명확하게 밝혀야 해요.
이유야 어찌되었든, 자녀를 음악가로 키우고 싶은 부모의 소망일
수 있거든요. 자신이 예전에 이루지 못한 꿈 — 훌륭한 음악가가
되려 했던 꿈 — 을 아이를 통해 이루고 싶은 것이지요. 내 개인적
인 견해로는 이런 단순한 소망만으로는 앞으로 닥칠 큰 전쟁을
이겨낼 수도, 극복할 수도 없답니다.

혹 음악가가 되려 했던 부모의 꿈을 아이에게 고스란히 물
려주진 않았나요? 만약 그렇다면⋯ 이것 역시 아이의 꿈이 아닌
여전히 부모의 바람이에요. 부모의 역할은 아이가 자신의 꿈을
이룰 수 있는 유용한 도구를 주는 게 아닐까요? 아이들이 여전히
자신의 꿈을 모르고 있다면 이 난관을 어떻게 극복해야 할까요?

우리 아이의 선생님은 나와 아들에게 한 소년에 대한 이야
기 해주었어요. 이 아이는 열일곱 살이 될 때까지 레슨과 연습문
제로 부모와 싸우고 또 싸우고⋯ 드디어 어느 날 갑자기 아침에
일어나자마자 무엇에 취한 듯 결국 자신이 얼마나 바이올린을 사
랑하는지 깨달은 거예요. 그 이후로 모든 문제가 사라졌지요. 내
아들도 언젠가 그렇게 될 거라는 생각으로 버티고 있어요.

'처음부터' From the Top의 한 콘서트에, 유명한 바이올리니스트
죠슈아 벨 Joshua Bell이 특별 손님으로 참석했다. 평범한 티셔츠와

청바지 차림으로 모습을 드러낸 그는 연주를 마치자 자신의 재능을 키워준 가정환경과 선생님 죠셉 진골드 — 훌륭한 바이올리니스트 가문 출신이다 — 에 관해 얘기했다. "선생님은 언제나 나를 너무 강하게 내모는 우리 부모님을 경계하셨어요." 그러면서 어린 청중들에게 "하지만 여러분도 그런 부모가 정말 필요하답니다." 며 애정 있는 충고로 말을 맺었다.

재정적인 부분 — 얼마가 필요한가

언제 레슨을 시작하고 또 어떤 악기를 선택해야 할지 결정하는 데 영향을 미치는 또 다른 중요한 문제는 바로 예산이다. 일 년 동안 개인 레슨을 시킬 것인가? 아니면 동네 음악학원에서 두 학기 정도 레슨을 받게 할 것인가? 아이가 집에서도 연습할 수 있도록 피아노를 빌릴 것인가 아니면 구입할 것인가? 그렇게 하기가 너무 부담스러우면 플루트는 어떤가? 실제로 이런 문제 때문에 정작 레슨을 시작해 보지도 못하는 경우가 있다.

5장과 6장에서는 악기를 빌리는 경우, 구입하는 경우, 수업료, 악보가격, 교재, 그 외 부수적인 모든 경비에 대해 다룰 것이다. 하지만 한 가지만은 명심하자. 수업료나 악기 대여료는 정말로 지역에 따라 차이가 크다. 예를 들면, 뉴욕이나 보스턴, 샌프란시스코 같은 대도시에서는 일반적으로 개인 레슨일 경우 35분 1회에 35달러이다. 하지만 작은 도시나 외곽 지역의 개인 레슨 수업료는 30분에 평균 15~20달러, 45분에 30달러이다. ♪

♪ 역주) 우리나라 개인 레슨비는 초·중·고급 과정, 입시과정에 따라, 또 선생님이 학생인지,

모든 가정이 다섯 살 아이(여섯 살이라 하더라도)의 피아노 레슨을 위해 1년에 수백 달러를 쓸 만한 여유가 있는 것은 아니다. 하지만 악기를 배우려는 아이의 태도가 정말 신중해 보인다면, 음악학원이나 음악학교 입학준비 프로그램에서 제공하는 보조금이나 장학금제도 혹은 악기구입을 위한 대출 기회를 잘 이용할 수 있다. 이 외에도 많은 심포니나 관현악단들이 지역사업 차원에서 각 구역마다 자체 프로그램을 진행하고 있는데, 대부분은 악기교습 강좌도 포함되어 있으니 이것도 잘 활용할 수 있다. 여러분이 사는 지역에는 어떤 프로그램이 있는지 조사해보자(8장에서 이에 대해 다룬다). 살고 있는 지역 내에서 가장 좋은(그리고 경제적으로도 부담 없는) 악기를 대여 혹은 판매하는 곳을 찾아야 한다면 경험 많은 음악 선생님이나 다른 학부모 — 이미 오랫동안 아이가 음악 레슨을 받아온 경우 — 에게 물어보는 것이 좋다. 마음속에 예산을 가늠해 두고, 아이가 지금 악기를 시작하고 계속 배우는 데 어느 정도 질을 갖춘 악기가 적당한지 묻는다. 교사는 제조업체와 악기에 따라 어떤 차이가 있는지, 신경 써서 살펴봐야 할 점은 무엇인지, 무엇이 아이에게 가장 최선인지 상세한 정보를 줄 수 있을 것이다. 악기를 대여하고 판매하는 대부분의 스튜디오나 악기점들은 만약의 경우 다른 악기로 교환하는 데 인색하지 않다. 악기 구입 후 선생님이 그 악기가 아이에게 적당하지 않다거나 기준 이하라고 판단하여 바꿔야 되는 경우가 종종 있기 때문이다. 어떤 악기점에서는

Music Lessons

대학원생인지, 졸업자인지, 경력은 어느 정도 인지에 따라 천차만별이지만, 음악을 처음 시작하는 어린아이의 경우 보통 1시간당 3만 원~5만 원 선이다.

시험적으로 연주해보고 살펴볼 수 있는 기간을 주기도 한다.

악기를 구입하지 않고 대여하는 경우도 이점이 있다. 첫째, 처음 몇 개월 그 악기에 대해 주인의식이나 애착을 갖기 전까지 아이가 정말로 이 악기를 계속할지 살펴볼 수 있다. 둘째, 학생들을 위한 대여 악기는 대부분 저렴하다. 한 예로, 현악기나 일반적인 목관악기, 플루트나 클라리넷, 트럼펫 같은 금관악기의 경우 대여료가 1년에 대략 125~175달러이다.♪ 피아노는 보통 매달 50달러에서 60달러 사이이다.♪ 덩치가 큰 악기들, 즉 하프, 팀파니, 실로폰, 비브라폰, 마림바 같은 경우도 피아노와 비슷하다. 대부분의 악기점에서는 몇 개월 동안 대여한 후 구입할 수 있는 옵션을 제시하는데, 아이가 선택한 악기에 이미 편안하게 적응한 상태라면 이것도 한 번 고려해 볼만 하다. 어떤 음악학교에서는 정기적으로 학생들이 서로 악기를 교환할 수 있는 기회를 만들기도 한다. 이때 특히 바이올린 같이 덩치가 작은 악기는 인기인데, 그 이유는 아이들이 자라면서 체격에 맞추어 악기를 계속 바꿔야 하기 때문이다.

사실 우수한 질을 갖춘 악기를 구입하는 것은 일종의 투자이다. 경제적인 이유로 혹은 손쉽게 구할 수 있다는 점에서 아이가 질이 떨어지는 악기로 음악을 시작한다면 사실 그 순간부터 걸림돌이 될 수 있다. 신용 있는 악기 제조업체 셀마Selmer, 콘Corn,

♪ 역주) 우리나라의 경우, 대체로 월 5만 원 정도이며 악기의 종류 및 상태에 따라 편차가 있으며, 보증금이 따로 있기도 한다.
♪ 역주) 우리나라의 경우, 일반 가정용은 월 5, 6만 원 선에서 대여가 가능하다. 장기간 대여할 경우 소유권을 이전해주는 곳도 있다.

바흐Bach는 악기의 질에 따라 제조과정이 분리되어 있다. 학생용 악기들은 대부분 중간 정도의 가격에 전문가 수준의 질을 갖추고 있다. 학생용 악기라도, 질이 우수한 악기와 똑같이 기능도 같고 건반(키)의 수도 같고 그리고 크기도 같은, 하지만 조금 싼 재질로 만들어진 진짜 악기여야 한다(예를 들면, 나무 대신에 플라스틱으로 만든 클라리넷 등). 어떻게 만들어졌는지에 따라 어떤 악기는 몇 년 동안 아무 불편함 없이 편안하게 연주할 수 있다.

주변에 조언을 해줄 만한 전문가가 없다면, 너무 가격이 싸거나 혹은 이미 누군가 사용했던 악기는 경계하는 것이 좋다. 정확한 음을 맞추거나 연주하는 데 어려움이 있을 수 있기 때문이다. 혹은 비용을 많이 들여 수리해야 할지도 모른다. 평균 이상의 좋은 소리를 내기 힘들다면, 특히 초보자인 경우 그 악기를 연주하고 연습하면서 영감을 얻지 못할 것이다. 그러니까 자녀에게 시작 단계부터 좋은 질의 악기를 주는 것이 여러분에게도 이득이 된다. 좋은 소리는 아이에게 영감을 준다. 소리를 내는 것부터 아이를 힘들게 만드는 악기는 권하고 싶지 않다. 악기를 다루면서 앞으로도 계속 연주하고픈 마음이 들어야 한다. 덧붙여, 좋은 악기를 구입하면 그 질을 유지하기 위해 잘 관리하게 되고, 또 이후에도 어렵지 않게 다시 팔 수 있다.

각 분야의 뛰어난 연주자

다음 목록에서 제시하는 이름은 각 분야에서 탁월한 연주자로 인정받은 음악인이다. 동시대에 전설로 불릴 만큼 뛰어난 연주자들로 그들의 연주를 듣는 것만으로도 우리 자녀는 영감을 얻기에 충분할 것이다.

• 목관악기
· 클라리넷: 돈 바이론Don Byron, 베니 굿맨Benny Goodman, 우디 허먼Woody Herman, 리차드 스톨츠만Richard Stoltzman
· 플루트: 제임스 갤웨이James Galway, 장 피에르 람팔Jean Pierre Rampal, 폴라 로비슨Paula Robison
· 리코더: 미샬라 페트리Michala Petri
· 색소폰: 존 콜트레인John Coltrane, 조 루바노Joe Lovano, 조슈아 레드맨Joshua Redman, 소니 롤린스Sonny Rolins

• 금관악기
· 트럼펫: 모리스 안드레Maurice Andre, 루이 암스트롱Louis Armstrong, 마일즈 데이비스Miles Davies, 디지 길레스피Dizzy Gillespie, 윈튼 마살리스Wynton Marsalis
· 트롬본: 레이 앤더슨Ray Anderson, 슬라이드 햄튼Slide Hampton, 잭 티가든Jack Teagarden
· 관악대(브라스 앙상블): 캐나디안 브라스 퀸테트(Canadian Brass

Quintet, 캐나다 관악 4중주), 더티 더즌 브라스 밴드(Dirty Dozen

Brass Band, 12명의 관악밴드) 리버스 브라스 밴드(Rebirth Brass Band,

리버스 관악밴드)

• 현악기

· 바이올린: 대롤 앵거Darrol Anger, 조슈아 벨Joshua Bell, 레지

나 카터Regina Carter, 사라 장Sarah Chang, 힐러리 한Hilary

Hahn, 미도리Midori, 마크 오코너MarkO' Connor, 길 샤함Gil

Shaham

· 첼로: 마트 하이모비츠Matt Haimovitz, 요요마Yo Yo Ma

· 실내악단: 에로이카 트리오(Eroica Trio, 에로이카 삼중주), 퍼시

피카 쿼테트(Pacifica Quartet, 퍼시피카 4중주)

• 건반악기

· 피아노: 엠마누엘 액스Emanuel Ax, 조나단 비스Jonathan Biss,

듀크 엘링턴Duke Ellington, 블라디미르 호로비츠Vladimir

Horowitz, 에브가니 키신Evgeny Kissin, 오스카 피터슨Oscar

Peterson, 미쯔코 우찌다Mitsuko Uchida

• 타악기

싸이로 뱁티스타Cyro Baptista, 에블린 글레니Evelyn Glennie

악기들

악기만큼이나 마음을 끌고, 매혹적이며, 역사적인 물건은 없다. 자녀와 함께 어떤 악기를 연주할지 중요한 선택을 앞에 놓고 각 악기들을 찬찬히 살펴보고, 연주하는 것을 들어보고, 직접 소리를 내보면서 그 순간을 즐길 수 있다. 악기점, 콘서트, 박물관에 가보자. 일단 가서 이 풍성한 소리의 세계를 탐험해 보자. 예를 들면, 뉴욕 메트로폴리탄 예술 박물관은 각 방마다 악기들로 가득 차 있다. 전국의 많은 자연사 박물관 역시 다양한 문화와 역사적 배경을 가진 악기들을 전시하고 있다.

이번 장에서는 오케스트라를 구성하는 주요 악기들과 피아노, 기타, 하프 같이 단독으로 무대에 서는 악기들에 대해 소개할

텐데, 전통적으로 오케스트라 악보에 적혀 있는 순서대로 각 악기에 대해 살펴보려고 한다. 그래서 목관악기, 금관악기, 현악기, 타악기, 피아노 그리고 그 외 악기 순으로 설명할 것이다. 각 악기를 시작할 적합한 나이는 몇 살이며, 악기를 다루기 위해서 신체적으로 필요한 조건은 무엇인지 등 이번 장에서 담고 있는 상세한 정보들은 자녀들이 악기를 선택할 때 길잡이가 되어 줄 것이다.

목관악기

목관악기Woodwinds는 사실상 전세계 원시문화 어디에서나 발견되는 역사 깊은 악기이다. 그 옛날, 서로 다른 높이의 소리를 만들기 위해 갈대 속을 비워 바람을 불어넣거나 아니면 구멍 뚫린 동물의 뼈나 뿔을 이용하는 것보다 더 간단한 방법이 있었을까? 사실, 역사적으로 증명된 최초의 인공 악기는 3만 2천년 된 플루트이다. 새의 뼈로 만들어진 이 악기는 독일과 프랑스의 동굴에서 발견되었다. 우리 조상들은 의사소통할 때 혹은 동물을 유인하거나, 종교적인 의식을 거행하거나 또는 스스로 즐길 수 있는 오락물로 이 악기를 사용했다. 초기의 관악기는 작은 피리, 팬파이프, 리코더로 진화했는데, 그 후손 격인 클라리넷, 오보에, 바순처럼 모두 세로 방향으로 잡고 연주한다. 1780년까지 대부분의 규모 큰 유럽의 오케스트라에서 클라리넷을 찾아 볼 수 있었는데, 모차르트는 이 악기의 숨겨진 매력을 유감없이 발휘하도록 그에 걸맞은 곡을 작곡한 최초의 음악인이다. 비슷한 시기에 오케스트라에 맞는 플루트가 개발되었는데, 이때 마우스피스를 옆으로 뉘어서 바람을 불어넣으면 소리가 훨씬 강하다는 사실을 발견하였다.

목관악기는 오케스트라, 관악단, 실내악에 색채감을 더해주며, 특히 오케스트라와 재즈 연주무대에서 더 돋보인다. 목관악기 연주 경험이 더 많이 쌓일수록 학생들은 굉장히 다양한 연주 기회를 갖게 될 것이다.

리코더

노래 부르기 좋아하는 아이들은 리코더Recorders도 좋아한다. 상당수의 아이들이 처음 접하는 악기가 바로 리코더이다. 어린아이들이라도 쉽게 듣기 좋은 소리를 낼 수 있다. 리코더를 연주하면서 아이들은 자연스럽게 숨쉬기를 조절할 수 있게 되는데, 이렇게 익힌 기술은 더 다루기 어려운 악기, 예를 들면 다른 목관악기나 금관악기류를 연주할 때 필요한 폐활량이나 체력에 부담을 덜

어준다. 리코더는 또한 누구나 연주할 수 있는 가장 저렴한 '진짜' 악기이기도 하다.

리코더는 그 크기에 따라 소프라노에서 베이스까지 음폭이 넓다(대부분 학교에서 초보자용으로 가장 보편적으로 사용하는 리코더는 소프라노 리코더이다). 리코더는 기계적으로는 매우 단순한 악기이다. 연주자는 정확하게 음조(음의 높이)를 내는 방법을 익히는데, 밸브나 패드가 없어 아이들은 손가락을 구멍에 맞춘 다음 정확한 음을 내기 위해 적당한 세기로 숨을 내쉬어야 한다. 여러 명의 아이들이 함께 레슨 받기에 아주 이상적인 악기로, 많은 학교에서 음악시간에 리코더를 가르친다.

그렇다면 이 악기에서 얻을 수 있는 이점은 무엇일까? 일반적으로 작은 무리의 아이들이 함께 수업을 받기 때문에 아이들은 저마다 자신의 음과 다른 음이 어떻게 섞이는지, 다른 사람과 함께 연주한다는 것이 어떤 느낌인지 재빨리 익히게 된다. 동요같이 간단한 곡조를 아주 쉽게 배울 수 있다는 점도 초보자에게는 할 수 있다는 자신감을 키워주기에 충분하다. 그러나 안타깝게도 리코더는 대부분 초보자용 악기로만 여겨져 아이들이 실력을 갖추어도 도전할 만한 다음 단계의 곡을 찾기 어렵다. 사실 많은 리코더 전문 연주자들도 고대 음악♪에서 자기에게 맞는 곡을 찾아 자신만의 곡으로 개발한다.

나이: 6~8세(대부분의 경우). 7~10세가 가장 이상적이다.

♪ early music ┃ 중세 르네상스 시대의 음악

#주요 연주곡: 민요, 르네상스 음악과 바로크 음악.

#비용: 초보자용 소프라노 리코더 10달러, 질이 좋거나 희
귀 리코더의 경우 100달러까지 할 수 있다. ♪

플루트

현재 사용하는 금속 재질로 된 플루트Flute는 아름다운 소리
를 내는 선율 악기로, 독주할 때에나 또는 오케스트라 연주에서
독특한 소리를 내면서 전체에 음색을 더해준다. 마우스피스를 통
해 수평으로 숨을 조절하면서 한 번에 불어넣어야 소리가 난다.
이 때 숨을 아래쪽으로 내쉴 경우 소리가 나지 않는다(다른 목관악기도
마찬가지이다). 아이에게 병을 주고 병마개 부분에 입을 대고 수평으
로 숨을 내쉬도록 하면 소리가 나는데, 바로 그와 똑같은 원리이
다. 플루트는 세 개의 부분이 맞물려 구성되어 있다. 몸의 오른편
에 수평을 이루도록 악기를 든다. 플루트는 크기도 작고 가벼워
들고 다니기에 쉽다. 대부분의 초보자들은 일반적으로 처음에는
단순한 음을 듣고 그대로 따라서 연주하고, 몇 주 뒤 그 다음 단계
로 악보를 보고 연주하게 된다. 손가락을 사용해 음을 잡는 것은
리코더를 연주할 때와 유사하다. 이런 면에서 리코더를 연주한 경
험 있는 아이가 유리하다. 플루트로 악기를 시작할 경우 대게는
악보 읽기가 어렵지 않은데, 이 또한 이 악기의 장점이다.

목을 곧게 똑바로 세우고 플루트를 수평으로 잡고 왼쪽 팔을
편안하게 가슴에 댈 수 있으면 신체적으로 플루트를 연주할 준비

♪ 역주) 우리나라 리코더 가격: 초보자용 소프라노 리코더 1만 원 이상

가 된 것이다. 아홉 살이나 열 살이 되면, 플루트를 시작하기에 좋은 나이이다. 플루트의 머리 부분이 약간 구부러진 것도 있는데 덩치가 작은 아이들이 연주하기에 좋다. 그런데 자녀가 머리나 목을 비틀면서 힘겹게 연주하는 것처럼 보인다면 아직은 플루트를 연주하기에 신체적으로 준비되지 않은 상태이다. 왜냐하면 이러한 자세로는 아이가 연주하면서 자기 손가락을 볼 수 없기 때문이다. 이 악기를 연주하기 위해서는 대소근육을 조화롭게 이용하고 조절할 수 있는 능력이 필요하다. 그리고 이러한 능력은 레슨을 받고 연습하면서 점점 개발될 수 있다.

피콜로piccolo는 크기가 작은 플루트가 아니다. 플루트와는 전혀 다른 악기이다. 마우스피스도 플루트보다 작다. 그래서 공기를 잘 조절해서 불어넣는 것이 쉽지 않다. 그리고 키패드가 매우 작기 때문에 손이 아주 민첩해야 한다. 따라서 중급이상의 연주자에게 적합하다.

나이: 9~10세. 십대 전후 아이들이 시작하기에도 아주 훌륭한 악기이다. 큰 아이들은 그만큼 쉽게 배우고 진도도 빠르다.

비용: 초보자용 350달러, 중간 가격 500달러~1,500달러, 전문가용 3,000달러 이상. ♪

♪ 역주) 우리나라 플루트 가격: 초보자용 30~40만 원

리드

목관악기를 구성하는 큰 하위 집단이 바로 리드 악기류이다.
얇은 리드를 금속 마우스피스에 부착하고 공기의 흐름을 방해하
면서 강하고 크고 또렷한 소리를 만들어 낸다. 풀 이파리에 입을
대고 윙윙대는 소리를 내는 것과 다소 유사하다. 연주자가 숨을
내쉬면서 마우스피스에 부착된 리드를 울리고, 이 울림은 비어있
는 기다란 악기 몸체를 통과하면서 소리를 확장시킨다. 클라리넷
과 색소폰은 싱글 리드single reed 악기이다. 오보에와 바순(금속 재질로
되어 있지만 사실 목관악기류에 속한다)은 더블 리드double reed 악기로 두 개의
리드를 겹쳐서 사용한다. 그래서 악기를 연주하기 위해선 엄청난
폐활량이 필요하다.

클라리넷 | 플루트처럼 클라리넷Clarinet도 초보자에게 적합한
악기이다. 쉽게 듣기 좋은 소리를 내고 몇 주 안에 간단한 곡도 연
주할 수 있다. 몸 앞쪽에 세로 방향으로 악기를 잡는다. 그래야 자
기 손가락을 볼 수 있다. 아이들은 적은 노력으로도 커다란 소리
를 낼 수 있을 뿐만 아니라, 연주하는 옥타브에 따라서 감미롭고,
날카롭고, 때로는 둔탁하고, 오리처럼 꽉꽉 대는 다양한 종류의
폭넓은 소리들 만들 수 있다. 클라리넷은 고유의 손가락 체계에
따라 연주하며(다른 음을 내기 위해 특정 손가락으로 특정한 키패드를 덮는다), 양 손
을 동시에 조화롭게 사용할 수 있어야 한다. 클라리넷을 연주하는
학생은 색소폰을 쉽게 배울 수 있다. 손가락의 움직임도 유사하고
같은 원리로 소리를 내기 때문이다. 학생들은 대개 한두 달 정도

면 초보자를 위한 밴드나 관현악단에 참여해 연주할 수 있다. 클라리넷은 오케스트라, 관악단, 재즈연주에서 없어서는 안 될 다목적 악기이다.

나이: 9세 이상, 손가락을 펼쳐 쉽게 키를 잡고 완벽하게 패드를 덮을 수 있을 때. 십대 전후 아이들이 시작하기에 이상적인 악기이다. 이후 색소폰으로 바꾸기도 용이하다.

비용: 초보자용 250~350달러, 중간 가격 400~800달러, 전문가용 1,500~2,500달러. ♪

색소폰 | 1840년 아돌프 색스Adolphe Sax가 발명한 색소폰 Saxophone은 목관악기 중 가장 현대적인 악기이다. 크기는 8가지로 다양하지만, 일반적으로 알토, 테너, 바리톤 색소폰을 사용한다. 색소폰은 플루트나 클라리넷보다 무거워 대부분의 아이들은 더 덩치가 큰 호른으로 바꾸기 전까지 무게가 약 3kg(5파운드) 정도의 알토 색소폰을 사용한다. 이 악기는 힘이 있어야 하고 특히 많은 폐활량이 요구된다. 클라리넷이나 플루트를 배우다가 색소폰으로 바꾸기는 쉽다. 알토 색소폰의 경우 손가락 움직임이 플루트와 유사하고 소리를 내는 과정은 클라리넷과 비슷하다. 단지 마우스피스가 조금 더 크다.

재즈나 대중음악을 좋아하는 아이들에게 색소폰은 좋은 선

♪ 역주) 우리나라 클라리넷 가격: 플라스틱 재질 초보자용 40-50만 원, 목관 재질중급자용 100만 원 내외

택이다. 콘서트 밴드나 윈드 앙상블♪, 행진악대marching band, 심지어 청소년 오케스트라까지, 연주할 수 있는 기회는 무궁무진하다. 십대에 음악을 시작하는 경우 전형적으로 알토 색소폰을 선택한다. 소리도 크고, 눈에 띄고, 열심인 학생이라면 빠르게 실력도 향상될 것이다. 알토 색소폰을 배우는 것은 다른 종류의 색소폰이나 심지어 오보에나 바순을 연주할 때 좋은 기초가 된다.

> # 나이: 12세 이상, 신체적으로 충분히 이 악기를 다룰 수 있
> 는 힘이 있어야 한다. 정말로 연주하기 원한다면 이보다
> 좀 더 어린 나이에 시작해도 괜찮다. 재즈나 팝에 호감 있
> 는 십대라면 가장 이상적이다.
> # 비용: 초보자용 알토 색소폰 600~700달러, 중간 가격 1,200
> ~1,500달러, 전문가용 2,000달러 이상.♪

오보에 | 오보에Oboe는 소리가 감미롭고 부드럽다. 하지만 대규모의 오케스트라 연주 중에도 그 소리를 감지할 수 있을 정도로 독특한 음색을 갖고 있다('피터와 늑대'는 좋은 예이다). 주로 리코더나 클라리넷을 시작했던 아이들이 오보에만 표현할 수 있는 그 선율에 매료되어 악기를 바꾸곤 한다. 입술과 혀, 호흡을 잘 이용해 기술을 완벽하게 익혀야 하기 때문에 오보에를 배우는 학생은 이러한 도전을 잘 감당할 수 있도록 단단히 각오하고 인내해야 한다.

♪ wind ensembles | 관악기로만 구성되어 있는 악단
♪ 역주) 우리나라 색소폰 가격: 초보자용 알토 색소폰 70만 원 이상

손재주가 있다면 더 좋은데 왜냐하면 연주자들은 보통 자기만의 리드를 만들기 때문이다.

오보에는 좀 더 매끄럽고 부드러운 소리를 내는 덩치가 큰 악기인 잉글리쉬 호른과 같은 종류에 속한다. 하지만 두 악기 모두 초보자에게 권할 만하지는 않다. 오보에나 호른은 대중음악이나 재즈 무대에서만 드물게 사용된다. 하지만 이 악기들을 필요로 하는 오케스트라나 관악단도 많이 있다.

> # 나이: 13세 이상, 정말 연주하기 원하고 다른 악기를 연주
> 했던 경험이 있다면 좀더 어린 나이의 학생도 가능하다.
> # 비용: 초보자용 500달러 이상, 중간 가격 1,000~1,500달러,
> 전문가용 3,500달러 이상.♪

바순 | 바순Bassoon은 대략 그 크기가 약 150cm에 달하는 가장 큰 목관악기로, 나무 재질이 만들어 내는 부드러우면서도 둔탁한 낮은 소리로 다양한 분위기를 표현한다. 오보에와 마찬가지로 학생들은 대부분 독특한 음색과 모양에 빠져 이 악기를 선택한다. 좀 더 단순한 형태의 목관악기나 혹은 다른 악기를 다루어본 경험이 있는 학생이라면 배우기 더 유리하다. 어떤 학생은 두 번째 악기로 바순을 선택하는데 왜냐하면 플루트나 클라리넷보다 공연할 기회가 훨씬 더 많기 때문이다(독주할 기회도 많다).

♪ 역주) 우리나라 오보에 가격: 교육용 250~300만 원

바순은 크고, 기다랗고, 무겁기 때문에 이 악기를 시작할 수 있는 최적의 나이는 열세 살에서 열네 살이다. 아이들은 대부분 악기의 그 독특함에 끌려 자기의 의지로 바순을 선택하기 때문에 십대 때 처음 시작하는 악기로는 최고이다. 악기를 연주하는 동안 자신의 손가락과 키를 볼 수 없기 때문에, 손가락과 손이 충분히 크고 넓어야 한다. 물론 근육도 잘 사용할 수 있어야 한다. 오보에처럼 바순도 다른 소리와 전혀 혼동되지 않는 독특한 소리를 갖고 있어 오케스트라의 독주 부분에서, 심지어는 전체 오케스트라 연주에서도 그 소리를 쉽게 들을 수 있다. 바순은 또한 관악단이나 실내악단 연주를 특색 있게 만드는 악기이기도 하다.

    # 나이: 13세 이상, 악기를 다룰 수 있는 힘과 충분한 협응능력이 있으면서 이전에 목관악기를 연주했던 경험이 있다면 더 어린 나이에 시작할 수 있다.

    # 비용: 초보자용 2,000달러, 중간 가격 3,000달러 이상, 전문가용 5,000달러 이상. ♪

금관악기

금관악기Brass는 오케스트라에서 소리가 가장 큰 악기들로 구성되는데, 타악기 전체가 폭발할 듯한 굉음을 내도 이에 기죽지

♪ 역주) 우리나라 바순 가격: 500~1,000만 원 이상

않는다. 장중하면서도 의기양양한 소리를 갖고 있는 금관악기는 아름다우면서 반짝이는 모습으로 오케스트라에 색채감과 흥미로움과 박력을 더해준다. 중세기, 트럼펫과 색벗♪은 전통적으로 승리를 알리거나, 의식이나 축제 그리고 군대를 동원할 때 사용하였다. 지금도 여전히 재즈나 대중음악을 연주할 때 선두에 선다. 오케스트라의 든든한 버팀목이며, 행진악대나 재즈밴드, 콘서트 오케스트라 등 많은 연주에서 찾아볼 수 있다.

모든 금관악기는 큰 소리를 내야 하기 때문에 이러한 소리를 만들기 위해서는 힘과 격렬함이 필요하며, 따라서 아주 활동적인 아이들에게 금관악기는 자신의 에너지를 충분히 발산할 수 있는 훌륭한 기회가 된다. 작고 가벼운 악기(코넷)에서부터 주체할 수 없을 정도로 큰 악기(튜바)에 이르기까지 그 범위가 다양하기 때문에 나이나 체격에 따라 선택할 수 있는 폭이 넓다.

컵 모양의 마우스피스를 조절하면서 바람을 불어넣으면 마치 벌이 윙윙대는 것 같은 소리가 난다. 입술을 조이기도 하고 다소 풀기도 하면서 음의 높·낮이를 조절하는데, 피스톤♪이나 키, 혹은 트롬본에 부착된 슬라이드♪를 다루어야 한다. 금관악기는 제각기 관의 크기와 길이가 다르며 마우스피스의 모양도 다르다. 그래서 나름의 독특한 음질과 음폭을 만들어 낸다. 금관악기를 연주할 때에는 피스톤을 누르는 데 필요한 오른손의 세 개 손가락만 사용하기 때문에, 목관악기와 달리 다른 높이의 음을 내기 위

♪ sackbut ㅣ 초기 트롬본
♪ piston ㅣ 피스톤 벨브(piston valve)라고도 한다.
♪ slid ㅣ 음정을 바꾸기 위하여 폈다 오그렸다 하는 트롬본의 U자형 관

해 두 손을 동시에 균형 있게 사용하지 않아도 된다.

트럼펫

트럼펫Trumpet은 순간적으로 눈에 확 띄는 굉장히 외향적인 악기로, 높은 음역을 갖고 있기 때문에 오케스트라나 큰 규모의 재즈밴드에서조차 그 소리가 돌출된다. 그 크기로 보았을 때 아이가 처음 시작하는 악기로는 적합하지 않은데, 이 악기를 다루기 위해서는 충분한 체력과 호흡, 튼튼한 이와 잇몸이 필요하기 때문이다. 트럼펫과 코넷은 가장 작은 금관악기로 가장 고음을 낸다. 컵 모양의 마우스피스에 있는 구멍은 매우 작아서 그 구멍을 통해 공기를 불어넣어 소리를 내기까지 많은 시간과 노력이 필요하다. 트럼펫이 연주하는 부분은 가장 저음을 내는 금관악기류, 즉 트롬본이나 튜바에 비해 빠르고 강렬하다. 이 악기는 외향적인 성격을 가진 사람에게 적합하다. 하지만 내성적인 아이에게도 역시 좋은 악기이다. 아이는 이 악기에 도전하면서 자신을 드러내는 새로운 길을 모색하게 될 것이다. 트럼펫을 잘 다루기 위해서는 정말 많은 인내와 노력이 필요하다.

코넷cornet은 트럼펫을 불고 싶어 하는 여덟 살이나 아홉 살 아이들이 시작하기에 적당한 악기이다. 이 악기도 튼튼한 이와 잇몸이 필요하지만 트럼펫보다 가볍고 소리를 내기도 쉽다. 코넷을 연주할 수 있으면 다른 금관악기류는 쉽게 연주할 수 있다.

나이: 8~10살에 코넷으로 시작해서 11살 이후 트럼펫을 시

악기

작하는 것이 적절하다. 동기가 강하다면 아홉 살 정도에
시작하는 것도 가능하다.

\# 비용: 초보자용 300~400달러, 중간 가격 600~800달러, 전
문가용 1,000~2,000달러. ♪

프렌치 호른

프렌치 호른French Horn 은 트럼펫과 전혀 다른 소리를 낸다. 벨
벳처럼 부드럽고, 울림이 있으며, 슬프면서도 아름다운 소리이다.
이 악기는 오케스트라에서 가장 웅장한 악기 중 하나이다. 오보에
나 바순과 같이, 학생들은 프렌치 호른의 독특하면서도 아름다운
선율에 이끌려 이 악기를 선택한다. 하지만 이 악기는 연주하기
어려운 악기 중 하나이다. 심지어 트럼펫보다 어렵다. 다른 음 높
이를 만들기 위해서는 입술을 벌리는 정도에 변화를 주면서 앙
부쉬르(주법, 마우스피스를 무는 방법)를 달리해야 한다. 이 악기를 연주하
려면 정확한 곡조에 따라 음 높이를 구분할 수 있는 뛰어난 감각
이 필요하다. 왼손으로 세 개의 밸브를 조정하고 호른의 벌어진
부분 안에 오른손을 넣어 악기를 잡고 지탱한다. 프렌치 호른 연
주자는 오케스트라나 실내악단, 관악단 어디에서든 언제나 환영
받는다.

\# 나이: 특별히 다른 금관악기를 연주하다가 호른으로 바꿀
경우 열 살 정도면 가능하다.

♪ 역주) 우리나라 트럼펫 가격: 초보자용 30~40만 원 내외

트롬본

트롬본Trombone은 어쩌면 금관악기 중 가장 다목적으로 사용
되는 악기이다. 굉장히 표현이 풍부한 악기로, 무대나 곡에 따라
때로는 위엄 있게, 때로는 서정시를 읊는 듯 부드럽게, 때로는 아
름답고 매끄럽게, 어떤 때는 재치 있고 발랄하게 소리를 만들어
낸다. 악기에 장착된 슬라이드로 인해 악기는 마치 사람의 목소리
를 덧씌운 듯한 느낌을 갖게 되는데, 어떤 재즈 연주자들은 이 악
기를 통해 마치 자신이 직접 노래를 부르는 듯 연주한다. 바이올
린처럼 트롬본 연주자는 각 음을 감각적으로 익혀 정확하게 집어
내야 하기 때문에(이 경우 슬라이드를 부착한다) 음의 높낮이나 정확한 음
을 낼 수 있는 감각을 키우는 데 도움이 된다. 트롬본은 중세 이후
부터 거의 같은 모양을 유지해온 악기이다. 그래서 바로크, 르네
상스, 클래식, 팝, 재즈 등 고대 음악부터 현대 음악에 이르기까지
아주 폭넓게 사용할 수 있다.

　악기의 길이는 길지만 무겁지는 않다(슬라이드 때문에 길이가 더 길어
지는데 대략 150~180cm 정도이다). 오른쪽 팔은 슬라이드를 편안하게 잡고
조정할 수 있을 정도로 충분히 길어야 한다. 다른 금관악기와 마
찬가지로 트롬본을 배우는 학생은 컵 모양의 마우스피스를 통해
바람을 불어넣는데, 그 크기는 트럼펫 마우스피스보다 크다. 밸브

♪ 역주) 우리나라 프렌치 호른 가격: 200만 원 내외

가 없어 손가락을 사용하지 않아도 된다. 밸브 트롬본이 있긴 하지만 악기를 처음 시작하는 사람에게는 권할 만하지 않다. 오케스트라가 주 무대이며, 이 외에도 콘서트밴드, 행진악대, 작은 재즈악단, 또는 규모가 큰 밴드 등 어디에서나 트롬본은 우아하게 빛이 난다.

> # 나이: 10~11살 정도면 가능하다.
>
> # 비용: 초보자용 350~450달러, 중간 가격 600~800달러, 전
> 문가용 1,000~1,800달러. ♪

테너/바리톤 호른, 유포니움

테너나 바리톤 호른은 모두 작은 형태의 튜바이다. 금관악기를 처음 연주하는 초보자에게 매우 적당하다. 많은 연습과 노력이 요구되는 금관악기들을 연주하기 위해 시작하고 준비하기에 적당한 악기이다. 가볍고 연주하기가 편안하며 적은 폐활량으로도 큰 마우스피스를 통해 호른의 특징적인 음색, 즉 부드럽고 감미로운 소리를 낼 수 있기 때문이다. 오케스트라의 구성원은 아니지만 밴드에는 꼭 필요한 존재인, 악보도 대부분 매우 단순하다.

튜바의 친척 정도 되는 유포니움Euphonium은 테너/바리톤 호른을 연주한 후 바꿀 수 있는 적합한 악기이다. 테너와 바리톤에 비해 조금 더 힘과 호흡을 잘 조절해야 하지만 좋은 소리를 내는 것은 그다지 어렵지 않다. 유포니움은 아주 부드러운 음색을 소유

♪ 역주) 우리나라 트롬본 가격: 저가형 40-50만 원

한 표현이 풍부하고 서정적인 악기이다. 관악단에서 주로 활동하지만 경우에 따라서는 오케스트라 무대를 특색 있게 만들기도 한다. 하지만 대부분 관악합주단이나 금관악기 중심의 취주악단(브라스 밴드, brass band)에서 눈에 띄는 독주 악기로 무대에 선다. 트롬본 연주자는 유포니움도 연주할 수 있다.

나이: 10살 혹은 11살

비용: 초보자용 1,200~1,500달러, 중간 가격 2,500달러,
　　　전문가용 3,000달러 이상.

튜바

믿거나 말거나 튜바Tuba는 금관악기 중 가장 크고 가장 저음을 내지만, 피콜로나 트럼펫보다 연주할 때 덜 힘들다. 다른 금관악기류와 같은 방법으로 연주하는데, 마우스피스를 통해 바람을 불어넣거나 벌이 날아다니는 것 같은 윙윙대는 소리를 내면서 입술과 입의 위치를 바꾸면 된다. 악기 자체가 크기 때문에(연주자의 힘 때문이 아니라) 소리가 확대되면서 크고 깊은 소리를 만든다. 튜바는 그 무게와 중량으로 오케스트라의 금관악기 자리를 가득 메운다.

이 악기는 브라스 앙상블(brass ensemble, 금관악기 연주)을 특색 있게 만들기도 하고 아주 대규모의 오케스트라에 참여하기도 한다. 튜바는 초창기 재즈연주에서 유일한 금관악기로 매우 중요한 자리를 차지했었다. 그리고 이제, 다시 현대 재즈 무대로 돌아왔다. 튜바 연주자는 밴드나 오케스트라에서 항상 환영 받는다. 흔히 연주되는 악기는 아니기 때문이다..

나이: 13살 이상

비용: 초보자용 2,000~2,800달러, 중간 가격 3,000~3,500달러,

전문가용 4,000달러 이상. ♪

현악기

현악기Strings는 서로 생김새가 비슷비슷한, 가장 단순하게 만
들어진 악기이면서 동시에 완벽하게 연주하기 가장 어려운 악기
이다. 목관악기와 마찬가지로 대부분의 현악기도 고대시대에 기
원을 둔다. 하지만 세련된 형태의 바이올린과 첼로는 1500년대 중
반에 완성되었다. 네 개의 주요 현악기인 바이올린, 비올라, 첼로
그리고 더블베이스(콘트라 베이스라고도 한다)는 모두 같은 방법으로 만
든다. 기본적으로 나무의 다양한 부분을 이용해 속이 빈 상자 모
양의 몸통에 못을 사용하지 않고 단지 풀로만 악기를 완성한다.
네 개의 현은 악기의 머리 부분(스크롤, scroll)에 달려 있는 줄감개(페그,
peg)에 감겨서 악기 몸통에 난 소리를 만드는 구멍을 가로질러 다
른 편 꼬리 부분까지 곧게 뻗어 고정된다. 활로 현을 켜거나 손으
로 뜯어서 그 울림으로 소리를 내는데, 이 소리는 속이 빈 악기의
몸통을 통해 확대되고 공명된다.

♪ 역주) 우리나라 튜바 가격: 600만 원 내외 이상

매우 간단하게 들릴지 모르지만, 사실 우아하면서도 연주자의 감정을 잘 드러내는 이 악기를 배우는 과정에는 많은 도전이 기다리고 있다. 아이가 정확한 음을 잡는 데 도움을 줄 수 있는 밸브나 프렛♪이 없어 학생들은 음의 높낮이를 정확하게 감지해야 할 뿐만 아니라 정확한 음을 내기 위해서 손의 자세와 올바르게 활을 켜는 방법도 익혀야 한다. 현악기를 연주하기 위해서는 모든 근육을 함께 다 잘 사용해야 하고 집중력도 필요하고, 무엇보다도 아름다운 소리를 만들어 내려는 열망이 있어야 한다.

최선을 다해 헌신적으로 현악기를 연마한 학생들에게는 그만한 보상이 기다린다. 자기만의 독특한 소리를 얻고 굉장히 흥미로운 다양한 곡들을 익혀나가는 것은 현악기를 배우는 과정에서만 얻을 수 있는 엄청난 만족감일 것이다. 덧붙여, 현악기는 오케스트라나 실내악 등 다양하고 폭넓은 연주 기회를 선사한다. 이에 더해서 독주자로 무대에 우뚝 서려고 도전하는 사람에게도 기회는 많다. 컨트리음악의 바이올린 연주자(특별히 피들러fiddler라고 부른다)로, 재즈 바이올린 연주자로 새롭게 부상하는 마크 오코너Mark O' Connor와 앨리슨 크라우스Allison Kraus 같은 연주자는 아이들에게 영감을 심어주기에 충분하다.

바이올린

바이올린Violin은 모든 악기 중 개인의 감정을 소리로 잘 드러

악기들
167

♪ fret | 만돌린이나 기타 같은 악기에 부착되어 있는 지판(指板)의 표면을 나누는 금속 돌기를 말한다.

내는 악기이다. 현악기 중 가장 작으면서 가장 고음을 낸다. 바이올린을 배우는 경우 첫 단계부터 편안하고 바른 자세로 연주할 수 있도록 자세를 교정하는 데 많은 지도감독이 필요하다. 악기를 턱 아래에 고정하고 왼팔로는 지탱하면서 동시에 지판fingerboard을 눌러 음의 높낮이를 조절하고 그러면서 오른손으로는 활을 켜거나 현을 뜯는다.

바이올린은 몸으로 표현하는 악기이기도 하다. 아이들은 음악에 자신의 몸을 맡기고 리듬에 따라 마치 춤추듯이 연주하는데, 어떤 때는 꼭 발레 하는 것 같아 보이기도 한다. 바이올린은 아주 작은 크기로도 만들 수 있어, 작게는 표준 크기의 1/32부터 1/2까지 그 크기가 매우 다양하다. 그래서 아주 어린 나이에도 시작할 수 있다.

아이들은 바이올린 소리를 듣기 좋아한다. 왜냐하면 그 음폭이 아이들 목소리의 음폭과 비슷하기 때문이다. 악기를 연주하는 것은 마치 노래를 부르는 것과 유사하다. 자신의 악기로 자기만의 소리를 내는 것은 전적으로 아이들(연주자)에게 달려있다. 바이올린을 선택할 경우 아주 초보자일 때부터 현악단, 혹은 관현악단 등에 참여할 수 있는데, 이러한 기회는 아이들의 동기를 자극하기에 매우 좋다.

나이: 6살 이상, 스즈키 프로그램의 경우 4살부터 가능하다.

비용: 초보자용 250달러, 중간 가격 300~700달러, 전문가용 1,500달러 이상.♪

♪ 역주) 우리나라 바이올린 가격: 교육용 10만 원대에서 구매 가능

비올라

비올라Viola는 바이올린보다 크고 아주 부드러운 저음을 낸다. 처음 배우는 악기로 비올라를 선택하는 경우는 드물며, 아이들은 일반적으로 바이올린이나 다른 악기를 배우다가 열세 살, 열네 살 때에 비올라로 바꾼다. 종종 음악교사나 오케스트라 지휘자의 권유로 비올라를 선택하기도 하는데, 학교 오케스트라나 청소년 오케스트라에는 항상 비올라 연주자가 부족하기 때문이다. 그러나 비올라로 악기를 바꾼 대부분의 아이들은 벨벳처럼 부드러운 소리 그리고 너무도 정밀하고 정확하게 연주해야 하는 바이올린에 비해 훨씬 여유 있게 연주할 수 있는 다양한 곡들을 보고 그만 이 악기에 푹 빠져버린다. 바이올린처럼 폭넓게 선택할 만한 작은 크기의 비올라는 없다. 그래서 대부분의 학생들은 성인용 비올라를 사용한다. 아이의 체격이나 팔의 길이가 악기를 연주하기에 적당한지 고려해야 하는 이유가 여기에 있다.

나이: 처음 악기를 배우면서 비올라를 선택하는 경우 13살
  이 적당하다(아이의 체격에 따라 차이가 있다).
비용: 초보자용 300달러, 중간 가격 400~700달러, 전문가
  용 1,500달러. ♪

♪ 역주) 우리나라 비올라 가격: 교육용 20만 원 내외

첼로

첼로Cello는 현악기 중 초보자가 연주하기 가장 쉬운 악기이다. 어린 아이들에게 맞는 작은 첼로도 있다. 초보자에게는 여러 가지 이유에서 바이올린보다 첼로가 좋은 소리를 내기 쉽다. 일단 악기를 바닥에 고정시키고 연주자의 다리로 쓰러지지 않게 지탱한다. 손가락이 길고 뼘이 넓을수록 음을 잡아 정확한 소리를 낼 수 있다. 활은 다른 현악기에 비해 크고 다루기도 쉽다. 몸무게나 왼쪽 팔의 길이로 볼 때 성인용 첼로를 연주하기 위해서는 적어도 열세 살 정도는 되어야 한다. 첼로 곡들은 거의 바 음자리표(낮은 음자리표)이며, 초보자들로 구성된 오케스트라에서 사용하는 악보는 대부분 굉장히 읽기 쉽다.

첼로는 참 표현력이 풍부한 악기이며 아이들은 종종 그 극적인 연주소리에 감동하곤 한다. 독주, 오케스트라, 그리고 현악사 중주 등 광범위한 연주곡들을 갖추고 있다. 비록 다른 현악기에 비해서 연주하기 쉽다고 하지만 정말로 완벽하게 연주하기 위해서는 몇 년을 공들여 공부하고 연습해야 한다.

#나이: 5살 이상, 대부분의 첼리스트는 첼로를 첫 악기로 선택한 경우가 많다. 하지만 두 번째 악기로 선택할 수 있다.

#비용: 초보자용 500~600달러, 중간 가격 900~1,200달러, 전문가용 1,500달러 이상. ♪

♪ 역주) 우리나라 첼로 가격: 교육용 40~60만 원대

더블베이스

더블베이스(Double Bass; 콘트라베이스)는 오케스트라 중 가장 큰 악기이면서 가장 낮은 소리를 갖고 있다. 저음으로 곡의 리듬감을 충분히 살린다. 더블베이스 역시 1/10 정도의 작은 크기로 만들 수 있지만 악기를 세워 놓으면 그 키가 연주자보다 크다. 아이들은 이 악기를 지탱하고 다룰 수 있을 만큼 충분히 힘이 있어야 한다. 더블베이스는 선 자세로 연주한다(간혹 스툴에 앉아 연습할 때도 있다). 학생들은 보통 두 번째 악기로 더블베이스를 선택한다.

더블베이스 연주자는 바 음자리표(또는 베이스 음자리표) 악보를 쉽게 읽을 수 있어야 하는데, 더블베이스 악기 자체가 오케스트라를 지원하는 역할을 하기 때문에 대체로 악보가 복잡하지 않아 읽는 데 어렵지 않다. 이 악기는 재즈 연주처럼 더블베이스의 깊이와 특징을 여실히 드러낼 수 있는 작은 협주에서 오랫동안 거장으로서의 자리를 지켜왔다.

나이: 14살 이상, 대개 두 번째 악기로 시작하거나 혹은 재즈에 관심이 있는 학생들이 선택한다.

비용: 초보자용 1,000달러, 중간 가격 1,500~2,000달러, 전문가용 3,000달러 이상. ♪

♪ 역주) 우리나라 더블베이스 가격: 교육용 100만 원 내외

타악기

타악기Percussion 또한 태고 때로 거슬러 올라가야 그 기원을 찾
을 수 있는데, 그 시대 타악기는 신을 부르는 의식의 수단이면서
동시에 세속적인 의사소통 수단으로도 사용되었다. 계속 같은 리
듬을 유지하면서 북을 두드리거나 혹은 목적에 따라 가볍게 두드
리거나, 때로는 세고 힘차게 두드리면서 다양한 소리들을 만들어
내는 것은 어쩌면 아이들의 타고난 천성에 가까워 보인다. 영아기
아이들이 전형적으로 딸랑이, 트라이앵글, 마라카스♪, 나무 블럭
등을 두드리면서 소리 내는 것을 즐기는 것과 유사하다.

그러나 대부분 우리에게 가장 익숙한 타악기는 역시 드럼세
트이다. 록 밴드 한쪽에서 연주자가 갖가지 드럼 — 보통 베이스
드럼, 스네어드럼♪, 여러 개의 심벌즈와 톰톰♪으로 구성되어 있
다 — 을 모아놓고 연주하는 광경을 쉽게 떠올릴 수 있을 것이다.
좀더 덩치가 더 큰 타악기로 음의 고조를 표현할 수 있는 것으로
는, 실로폰, 비브라폰vibraphone, 마림바marimba 그리고 팀파니timpani가
있다. 다양한 타악기들은 오케스트라, 재즈, 팝에 사용되며 전 세
계 음악 앙상블에서도 빠져서는 안 될 악기이다.

드럼 등 타악기를 배우는 아이들은 더 포괄적으로 음악에 대
해 공부하게 된다. 전문 타악기 연주자들은 음악에 정통한 사람들
이다. 악보 읽기는 물론 위에서 언급한 음의 높낮이를 표현하는

♪ maracas ㅣ 쿠바의 민속 타악기
♪ snare drum ㅣ 작은 북
♪ tom tom ㅣ 인도나 아프리카에서 주로 사용하는 통이 기다란 북

타악기 연주도 공부한다. 소위 타악기의 장난감이라고 불리는 심벌즈, 공gongs, 트라이앵글, 나무 블록이나 레인스틱rain sticks으로도 너무나 매력적인 소리를 만들어 낸다.

드럼 종류와 타악기류는 활동적인 아이들, 심지어 한시도 가만히 있지 못하는 아이들에게는 최상의 악기이다. 드러머나 타악기 연주자들은 연주하는 동안 때로는 채sticks, 말렛♪으로, 때로는 손으로 악기를 계속 번갈아 가면서 두드린다. 물론 악보에 따라 박자와 리듬을 다양하게 구사하면서 동시에 다른 연주자들을 한시도 놓치지 않고 그에 맞추어 연주해야 하기 때문에 언제나 무척 바쁘게 움직인다.

드럼 세트

　# 나이: 9살 이상, 아이의 협응능력에 따라 차이가 있을 수

　　있다(보통은 스내어드럼으로 처음 시작한다). 드럼 세트를 연주할

　　경우 12살 이상이 적당하다.

　# 비용: 초보자용 250~500달러, 중간 가격 700~1,000달러,

　　전문가용 2,000달러 이상.♪

실로폰, 비브라폰, 마림바, 혹은 팀파니

　# 나이: 13살 이상, 일반적으로 드럼 혹은 키보드를 연주하

　　다가 바꾸는 경우가 많다.

♪ mallet ｜ 작은 채
♪ 역주) 우리나라 드럼세트 가격: 어린이용 드럼풀세트 40~50만 원

비용: 말렛을 사용하는 악기로 시작(비브라폰이 가장 비싸다),

초보자용 1,000~2,000달러, 중간 가격 1,600~3,500달러,

전문가용 2,500~5,000달러 이상

팀파니(한 쌍) 초보자용 3,500달러, 중간 가격 4,200~4,500달러,

전문가용 5,000달러 이상

독주용악기

피아노

수많은 건반, 그 다재다능함과 힘, 그리고 아름다움, 그래서 피아노는 수많은 어린이들을 매료시키고 자석같이 끌어당긴다. 피아노는 여러 가지 이유로 아이들이 처음 선택하는 가장 인기 있는 악기의 자리를 오랫동안 지키고 있다. 피아노라는 악기 자체가 듣기 좋은 소리를 내기에 이미 만반의 준비가 되어 있어 아이들은 곧 어떻게 피아노로 소리를 내는지 그 논리를 금방 알아채고 음에 맞추어 건반을 두드리기 시작한다. 악기의 특성상 그리고 구조상 광범위한 화음과 대위법♪을 다양하게 시도해 볼 수 있다. 이런 측면에서 나중에 다른 악기를 연주할 때에도 도움을 주는 최상의 악기이다. 하지만 손가락을 조화롭게 움직이면서 다양한 기교들을 배우고 동시에 조(단조, 장조 등)에 따라 악보를 읽어 내야 하는 어려움 등 점점 그 수준이 높아질수록 대부분의 아이들은 좌절을 경험한다.

♪ 한 번에 하나 이상의 음을 내는 방법

어떤 아이들은 네 살, 다섯 살에 시작하기도 하지만 대부분의 경우 여섯 살에서 여덟 살에 시작하는데, 사실 이 때에도 그 많은 기교를 동시에 익히기에는 여전히 버거운 나이이다. 성공적으로 피아노를 배우기 위해서는 집중력과 인내심 그리고 양 손을 조화롭게 사용할 수 있는 협응능력이 필요하다. 혼자서 연주하기 좋아하는 아이들, 피아노 리듬에 흠뻑 빠진 아이들이라면 몇 시간 동안의 오케스트라 협연에도 행복할 수 있고, 악보를 읽으면서 동시에 두 손을 함께 사용해 연주해야 하는 도전도 즐겁게 받아들일 것이다. 아주 초보자부터 대가에 이르기까지 각 수준에 따라 피아노 연주곡은 매우 풍부하며 다양하다.

키보드(건반)를 기본으로 연주하는 악기는 이 외에도 여럿 있다. 유서 깊은 악기인 하프시코드(harpsichord, 혹은 쳄발로), 클라비어 clavier, 오르간뿐만 아니라 최첨단 기술을 이용한 전자키보드와 신시사이저, 디지털 피아노 등이 있다. 대부분의 피아노 교사는 어쿠스틱피아노♪를 선호하는데, 왜냐하면 전자음을 만들어 내는 디지털 컴퓨터와 비교할 때 건반을 두드리는 감각이나 그 소리가 다르기 때문이다.

나이: 이른 경우 4~5살에 시작할 수 있지만 대부분 6살에 시작한다. 주로 재즈나 대중음악에 관심이 있는 경우 두 번째 악기로 피아노를 선택한다.

비용

- 스피넷♪: 저가 2,000달러, 중간 가격 3,000달러, 고가 3,500 달러

- 콘소울console 또는 스튜디어용(일반 크기의 피아노): 저가 2,500~3,000달러, 중간 가격 3,500달러, 고가 5,000달러

- 그랜드피아노: 저가 6,000달러, 중간 가격 10,000달러 이상, 고가 15,000달러 이상.♪

기타

클래식 기타의 기원은 류트♪라고 볼 수 있다. 나일론으로 만든 여섯 개의 줄이 소리를 울리는 구멍을 지나 나무 몸체 끝까지 뻗어 있는데, 이 줄을 뜯거나 퉁길 때마다 소리가 공명한다. 바이올린 종류와 다르게 기타의 목에는 프렛이 있어 음을 구분 짓는

♪ acoustic piano ㅣ 일반 클래식 피아노
♪ spinet ㅣ 소형 피아노
♪ 역주) 우리나라 피아노 가격: 일반 가정용 250~450만 원 선, 그랜드 피아노 650만 원 이상
♪ lute ㅣ 16세기 유럽을 중심으로 유행했던 발현악기로 통이 만돌린보다 조금 크다.

다. 작은 크기(1/4, 1/2 또는 3/4)로 만들 수 있기 때문에 어린아이들도 기타를 시작할 수 있으며 간단한 코드인 경우 쉽게 배울 수 있다. 독주용으로도 좋지만 반주하면서 노래를 부를 수 있어 변함없이 꾸준히 사랑 받는 대중 악기이다. 다른 악기를 배울 때와 마찬가지로 기타를 연주하기 위해서는 인내와 노력, 그리고 기타에 대한 애착이 있어야 한다. 록 앤 롤이나 블루스 혹은 대중음악에 관심 있는 아이들이 배우기에는 기타는 이상적인 악기로 아이들은 기타의 복잡한 주법을 배우는 데 열정과 노력을 다하게 된다. 꿈이 있고 열정이 있는 아이들이라면 록의 대가인 지미 헨드릭스Jimi Hendrix, 브라질의 유명한 기타리스트 로메로 루밤보Romero Lubambo, 클래식 기타의 대가인 안드레스 세고비아Andrés Segovia, 그리고 현대 플라멩코 예술가들로 알려진 집시 킹스Gipsy kings를 목표로 도전해 나갈 것이다.

나이: 6살 혹은 왼쪽 손가락을 쫙 펼친 채 어렵지 않게 악기를 잡을 수 있으면 가능하다.

비용: 초보자용 150달러, 중간 가격 250~400달러, 전문가용 1,000달러 이상. ♪

하프

하프Harp는 기타와 같이, 여섯 개 혹은 열두 개의 줄로 만든

♪ 역주) 우리나라 클래식 기타 가격: 12~13만 원 이상

것 등 다양한 종류가 있으며, 만돌린♪이나 우쿨렐레♪ 등 다른 악기들과도 관계가 있다. 민속하프나 작은 크기의 아이리시 하프부터 덩치가 큰 연주용 페달 하프에 이르기까지 그 종류는 매우 많다. 최근에는 오케스트라뿐만 아니라 독주회, 실내악, 심지어는 재즈 앙상블에서도 연주용 하프를 쉽게 찾을 수 있다.

아주 어릴 때 아이리시 하프나 민속하프를 시작했다면, 열 살 혹은 열한 살에는 연주회용 하프를 연주해보는 것이 좋다. 왜냐하면 이 나이 정도 되어야 하프 선율에 내재된 섬세함과 그 이상의 강렬함을 표현할 수 있기 때문이다. 훌륭한 아티큘레이션♪과 페달을 잘 조절하는 데 필요한 협응능력과 기교를 익히기 위해서는 많은 시간이 필요하다. 예를 들어, 현으로 맑고 분명한 소리를 내기 위해서는 손가락 전체를 계속 손바닥 쪽으로 끌어 당겨야 한다. 바른 자세를 유지하기 위해서는 팔 위쪽 부분이 강해야 한다. 왜냐하면 연주자는 바닥과 수평이 되도록 팔을 펼치고 팔목에는 전혀 힘을 주지 않은 채 일정한 모양으로 손가락들을 유지할 수 있어야 하기 때문이다. 페달하프는 반음계(크로매틱, chromatic) 악기로, 페달로 음의 높낮이를 조정한다. 또 다른 종류로는 레버하프가 있는데, 이 악기는 특별한 키를 연주하기 위해 레버(지레)를 사용한다.

아이가 하프를 배우기 원한다면 그 과정의 세세한 부분들,

Music Lessons

♪ mandolin ㅣ 류트 족에 속하는 발현악기로 작은 만돌라라는 뜻을 갖고 있다.
♪ ukulele ㅣ 4개 현으로 구성된 발현악기 일종, 류트 족에 속한다.
♪ articulation ㅣ 연속되는 선율을 세부 단위로 구분해서 각 부분마다 형태와 의미를 부여하면서 연주하는 방법을 말한다.

심지어 아이가 도저히 할 수 없는 부분까지도 하나하나 꼼꼼하게 검토하면서 도와주어야 한다. 무엇보다도 아이가 이 악기에 흥미를 보인다고 그 자리에서 당장 악기를 사는 것은 피하자. 부모가 해야 할 일은 먼저 아이가 악기의 진가를 제대로 인식하도록 도울 수 있는 연주자를 찾는 것이다. 레슨시간에 학생들은 선생님 악기를 사용할 수 있을 것이다. 만약 항상 하프를 운반해야만 한다면 부모의 도움은 절대적이다. 아이가 오직 레슨시간이나 학교에서만 악기를 사용할 수 있다면 매일 연습하는 데에 문제가 된다. 정말로 열심인 학생과 부모라면 이러한 과정을 받아들이고 이해하면서 나름의 방법을 찾아 볼 것이다. 하프뿐만 아니라 팀파니 연주자나 주체하기 어려울 정도로 덩치 큰 악기를 다루는 연주자라면 누구나 다 겪는 어려움이다.

나이: 민속하프의 경우 9~10살, 연주용 하프는 10살 이상

비용

- 민속하프: 초보자용 750~1,500달러, 중간 가격 2,000달러, 고가 4,500달러

- 페달하프 : 일반 가격 8,000달러, 고가 28,000달러 이상. ♪

♪ 역주) 우리나라 페달 하프 가격: 약 2,500만 원 이상

그 외 다양한 악기들

페니휘슬♪, 커주♪, 멜로폰♪ 그리고 하모니카 등은 모두 아이
들이 시작하기에 좋은 악기이다. 연주방법이 간단하면서도 함께
연주하기에도 좋아 아이들에게는 친밀하고 이상적인 악기이다.
이 악기들(혹은 민속악기)로 훌륭하게 연주되는 곡을 듣게 된다면 아
이들은 곧 음악의 세계에 빠져 이 간단한 악기를 연주하는 것을
시작해서 결국 나중에는 더 복잡하고 배우기 어려운 악기를 연주
하려는 열정을 갖게 될 것이다. ▤

♪ pennywhistles 혹은 틴 휘슬(tin whistle)이라고도 하며, 금속으로 만들어진 작은 크기의 악기
♪ kazoos ǀ 작은 피리
♪ mellophone ǀ 프렌치 호른을 단순하게 만든 형태로 주로 군악대에서 사용한다.

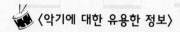

〈악기에 대한 유용한 정보〉

The Clarinet Pages - The Young People's Pages | www.woodwind.org/clarinet

International Clarinet Home Page | www.calrinet.org

International Double Reed Society | http://idrs.colorado.edu/

International Horn Society | www.hornsociety.org

Jazz for Young People | www.jale.org/educ/curriculum
온라인 재즈 교과과정으로 특히 어린이를 위해 재즈의 역사와 재즈 악기들
등 광범위한 내용을 싣고 있다.

The New York Philharmonic Kidzone | www.nyphilkids.org
뉴욕 필하모니의 어린이를 위한 웹사이트로 악기, 지휘자, 작곡가, 게임 등
재미나고 다양한 내용을 풍부하게 담고 있다.

SFS Kids - The San Francisco Symphony | www.sfskids.org
샌프란시스코의 어린이를 위한 탁월하면서 재미있고 정보가 가득한 웹사이
트이다.

The Trombone Page | www.missouri.edu/~cceric/

내 아이에게 맞는 선생님 찾기

내 아이에게 맞는 선생님 찾기

"내 아이에게 맞는 선생님을 찾는 것이 얼마나 중요한지 아무리
강조해도 충분하지 않다."

— 폴라 로비슨, 플루트 연주자

"아이들은 선생님을 좋아해야 한다."

— 이브 위즈, 기타 교사

"아이들에게 있어서 음악으로 가는 통로는 바로 선생님이다."

— 조나단 패트리즈, 트럼펫 강사

9월. 새 학기가 시작된다. 여러분과 여러분 자녀는 아마도 이번 가을에 무슨 악기를 시작할지 결정했을 것이다. 자, 화요일에는 축구, 목요일은 수영… 기타 등등! 일주일이 꽉 채워졌다.

하지만 음악 레슨을 시작하는 과정은 축구나 수영팀에 등록하는 것보다 훨씬 많은 시간이 필요하다. 무엇보다도 내 아이에게 맞는 선생님을 찾는 것은 새 학기가 시작되는 시점에서 가장 중요한 할 일 중 하나이다. 소문을 통해 훌륭한 선생님을 찾거나 근처에 좋은 음악학원이 있다면 그것은 행운이다. 그렇지 않다면, 마치 좋은 유치원이나 소아과의사를 찾는 것만큼이나 시간을 들여 철저하게 알아보고 검토하는 과정이 필요하다. 아이와 선생님의 관계, 만약 아이가 처음 음악 레슨을 받는 것이라면 특히 선생님은 아이의 음악교육 성공 여부를 좌우하는 핵심 열쇠이다.

이번 장에서는 자녀가 왜 음악을 공부하려는지 그 목적을 명확히 하고 관련 쟁점들을 다루면서, 우리 아이를 가르치게 될 선생님에게 질문할 내용들을 준비한다. 이러한 질문들을 통해 아이에게 맞는 선생님은 어떤 선생님이어야 하는지를 명확히 알 수 있다. 어떤 부모든 자녀가 선생님에게서 받을 수 있는 음악적인 영감의 폭이 줄어드는 것을 바라지는 않을 것이다.

내 아이에게 맞는 첫 선생님 찾기

여러분도 피아노 레슨이 싫어서 그만 둔 경험이 있는 그 많은 어른들 중 한 사람인가? 혹은 재미없다는 이유로 중간에 학교 밴드부를 그만둔 적이 있었냐? 음악 레슨을 받으면서 당신은 어떤 일들을 겪었었냐? 우리들 중 대부분은 이해심이 부족한 선생님 때문에 그만두기도 한다. 이런 선생님들은 대체로 아이가 연주하기 좋아하는 그 어떤 곡도 허락하지 않거나, 가르치는 방법이 너무 구식이거나 엄하고 딱딱하다.

아이에게 맞는 짝을 찾아 나서면서 어떻게 좋은 관계를 형성하는지 혹은 무엇 때문에 관계를 형성하지 못하는지 마음에 구체적으로 그려 보아야 한다. 너무 엄한 선생님(주로 이런 선생님은 "음악은 훈련이다"라고 생각한다) 혹은 아이에게 너무 많은 것을 요구하는 선생님("피아노를 잘 치려면 이런 성품을 갖추어야 해요"라고 말하는 등)은 아이들과 정말로 즐겁게 레슨시간을 보내지 못한다. 해당 악기를 전공하지 않고 훈련을 제대로 받지 않은 선생님을 만날 경우, 때때로 잘못된 기법들을 조언해 주기 때문에 초보자에게는 걸림돌이 될 수 있다.

우리 아이의 음악 선생님을 결정할 때 어떤 점들을 살펴보아야 할까? 두말할 것 없이 바로 '경험'이다. 연주에서 얻는 기쁨을 전달할 수 있는 능력, 빼어난 기교와 음악적인 민감함을 심어줄 수 있는 의지, 그리고 잘 계획된 순서에 따라 매력적인 많은 곡들을 소개하는 짜임새 있는 레슨, 이 모든 것은 바로 경험에서 비롯된다. 그러나 아마도 가장 중요한 것은 정말로 아이들과 함께하는 것을 즐거워하고 좋은 관계를 만들어 갈 수 있는 그런 사람을 찾는 것이다. 영국의 심리학자 존 슬로보더 박사의 한 연구에 따르면, 자신의 재능을 백분 발휘하는 뛰어난 학생들 대부분이 일류

연주자에게 받은 감흥
보다 어린 시절 자신을
가르쳤던 선생님에게
서 받은 개인적인 따스
함이 더 기억에 남는다
고 고백한다. 많은 사례
를 보면, 음악을 사랑하
고, 아이들을 사랑하고,
그리고 음악과 아이들
모두와 함께 소통할 수
있는 그런 선생님은 바
로 이웃집에 사는 나이 지긋하고 친절한 부인이 아니던가.

아이들은 저마다 제각각이다. 따라서 내 아이에게 맞는 교수
법이 무엇인지 잘 생각해 보아야 한다. 첫 선생님은 음악을 하는
것이 과연 무엇인지 아이들에게 기대와 흥미를 심어주어야 한다.
음악을 하는 것은 무엇엔가 집중하고, 실험해 보고, 소리의 위력
을 발견하고, 그리고 곡으로 하나의 이야기를 전해주는 것과
같다.

달크로즈나 오르프 슐베르크 등 일부 교수방법 혹은 학습방
법들은 교사에게서 어린 학생들과 즐겁게 놀 수 있는 능력을 끌
어내 아이들의 타고난 기질을 발견하고 접근할 수 있도록 훈련시
킨다. 개인 레슨을 받는 어떤 아이들은 교사가 전문 음악학교 방
식으로 가르칠 때 더 소질을 발휘한다. 많은 숙제, 많은 연습량, 빡

빡한 시간표에 잘 맞는 아이도 있는 반면, 좀 더 부드럽고 즐거우면서 융통성 있는 방식에 잘 따르는 아이도 있다.

일 대 일 개인 레슨이 잘 맞는 아이가 있는가 하면 또 어떤 아이들은 다른 아이와 어울릴 수 있는 학원방식에 더 영감을 받고 재미있어 한다(물론 비용도 더 저렴하다). 어떤 환경이 내 아이에게 가장 잘 맞을지 생각해 보아야 한다. 음악학원인지, 아니면 다른 아이들과 함께 어울릴 수 있는 스튜디오 형태인지, 아니면 가정에서 개인적으로 레슨을 받는 것인지.

왜 음악을 하는가

일단, 아이에게 순수하게 음악을 사랑하는 마음을 심어주는 것, 이에 더불어 왜 아이가 음악을 시작하는지 음악을 통해 바라는 우리의 목적에 대해 심각하고 주의 깊게 고려해보자. 예를 들어, 시간을 정해 연습하면서 조금씩 실력이 향상되는 과정을 통해 아이가 스스로 자신을 조절하고 훈련할 수 있는 능력이 향상되기를 바랄 수 있다. 트럼펫 교사이면서 밴드부를 이끌고 있는 래리 말린은, 지금껏 계속 아이들을 가르쳤던 이유가 아이들이 처음에는 하지 못하다가 배우고 연습하면서 결국 할 수 있게 되는, 즉 새로운 기술이나 기교를 익히게 되는 것을 보면서 겉으로 표현되지는 않지만 본질적이고 내적인 보상을 받기 때문이라고 말한다.

음악을 하면서 얻을 수 있는 또 다른 이점은, 집중력이 길어지고, 날카롭게 사물을 볼 수 있으며, 기억력도 좋아진다는 점이다. 아이들은 음악을 통해 일상에 필요한 삶의 기술을 배운다. 이것에 대한 연구가 최근 활발하게 진행되고 있는데, 특히 신경과학자나 심리학자들은 악기를 연주하는 것이 아이들의 학습능력에 어떤 영향을 미치는지 다양한 각도에서 연구조사 하고 있다. "나는 이 점에 대해 항상 여러 사람들에게 강조해 얘기해 왔지요. 음악공부는 읽기 같은 다른 학습영역에 그대로 영향을 미칩니다." 라며 말린은 말을 이었다. "뉴욕시에서 읽기 수준이 가장 높은 학교는 바로 특수음악학교예요. 이건 우연이 아니지요. 음악에 집중할 수 있는 아이들은 다른 영역에서도 좀더 효율적으로 집중할 수 있거든요."

자녀에게 알려주기 원하는 음악의 또 다른 측면이 무엇인지 신중하게 생각해보자. 선생님이 오직 클래식 음악만 집중해서 가르치기를 원하는가, 아니면 아이들이 좀 더 친밀감을 느낄만한 다른 형태의 음악(재즈, 팝, 민요, 컨트리음악)도 소개해 주길 바라는가? 선생님이 어떤 특정 기술(기교), 예를 들면 초견이나 즉흥연주♪에 집중하기를 원하는가? 국립피아노재단의 프로그램 책임자이면서 평생 피아노 교육에 몸 바쳐온 브랜다 딜론은, 음악은 아이들에게 악기를 다루는 기본 기술을 넘어서 다른 무언가를 줄 수 있다고 확신한다. "우리가 아이들에게 음악 레슨을 시킬 때 그 아이 삶을 위해 무엇을 줄 수 있을까? 나는, 어린 시절 레슨을 받고, 성인이 된 후에도 피아노를 즐겨 연주하는 어른들을 기능적인 음악인이

♪ 임프로비제이션(improvisation) ¦ 즉흥적으로 연주할 수 있는 능력

라고 부릅니다(음악의 기능적인 측면만 잘 습득한 사람들이지요). 대부분 그런 사람들은 악보를 즉석에서 바로 읽는 방법, 즉흥연주를 하거나 곡을 다른 조로 바꾸어 연주할 수 있는 방법들을 알고 있습니다. 기능적인 음악인이 되도록 철저히 교육받은 것이지요." 레슨을 하면서 아이들 나이나 수준에 맞은 음악이론이나 역사를 가르치는 선생님이야말로 순수하게 아이들에게 영감을 심어 줄 수 있다.

마지막으로, 예산 범위 내에서 그리고 아이들에게 무리가 되지 않는 선에서 레슨에 대해 구체적으로 결정해야 한다. 매일매일 학교에서 해야 할 일, 다른 과외활동, 숙제 그리고 우리 자신의 할 일 등 모두 세심하세 고려해야 할 요소이다.

자, 아이에게 음악을 시키려는 목적이 조금은 명확해졌다면, 이제 자녀에게 가장 이상적인 선생님을 찾는 과정에 도움이 될 만한 내용에 대해 나누어보자.

추천을 받는다. 친구, 학교 선생님, 학교의 음악선생님, 학교 방과 후 프로그램 담당선생님, 혹은 그 외에도 추천해 줄 수 있는 사람들이 있다면 물어본다. 입소문을 통해 훌륭한 선생님을 찾을 수도 있다. 그렇지만 다른 여러 정보를 참고하는 데에도 시간을 투자해야 한다. 가장 친한 친구가 자기 아이를 가르치는 선생님이 너무 좋다고 추천한다고 해서 그 선생님이 내 아이에게 꼭 맞는지는 알 수 없기 때문이다.

살고 있는 지역에 어떤 자원이 있는지 살펴보자. 일반 음

악학원, 음악학교, 또는 대학의 음악 프로그램 등에서 뛰어난 선생님을 찾을 수 있다. 혹은 가족이 함께 참여할 만한 프로그램 참고 목록 등을 활용할 수 있다.

지역의 심포니나 실내악단, 재즈 모임, 청소년 오케스트라에서 아이가 참여할 수 있는 교육 프로그램을 찾아본다. 일반적으로 이런 단체들은 선생님도 소개해준다.

음악과 관련한 국가 산하단체나 전문가조직, 협회 등에 문의해보자. 이런 단체의 지역사무소에는 도움이 될 만한 자료들을 항상 비치하고 있다.

악기점에 문의해본다. 참고할 목록이 있는지 아니면 이곳에서 직접 선생님이 레슨을 하는지 알아볼 수 있다.

업종별 전화번호부나 지역신문을 검토한다. 여러분이 거주하는 지역의 전화번호 책자나 광고 혹은 인터넷을 검색해보는 것도 아주 좋은 출발이다. 하지만 선생님의 자격증을 확인하거나 참고적으로 다른 전문단체에 그 선생님에 대해 문의하는 것도 잊지 말자.

일단 세 명에서 네 명 정도로 후보자를 좁혔으면 이제 각 사람에 대해 더 자세하게 알아볼 차례이다.

대면

드디어 우리 아이를 가르치게 될 선생님을 만나보자. 이때 특별하게 질문할 사항, 자격이나 경험, 가르치는 방향 등에 대해 물어볼 내용들을 미리 준비한다. 일반적으로 교사 자격증은 음악 학교나 대학 혹은 음악 스튜디오 등에서 쉽게 확인할 수 있다. 하지만 우리가 직접 확인해 볼 수 있는 방법도 있다. 선생님을 만나 얘기를 나누거나 학원에서 수업을 진행하는 모습을 지켜보거나 혹은 학원 담당자를 만나 정보를 얻을 수 있다. 제대로 자격을 갖춘 능력 있는 선생님이라면 이미 레슨시간이 꽉 차있는 경우가 많은데, 이런 경우 오히려 선생님 쪽에서 당신에게 몇 가지 질문할 수 있다. 음악과 관련된 아이의 경험이나 흥미에 대해, 음악에 대한 우리의 목적, 아이가 얼마나 많은 시간을 연습에 투자할 수 있는지, 우리는 얼마나 헌신적으로 아이의 음악교육에 정성을 쏟을 수 있는지 등이다. 그 다음 단계로 아이와 선생님이 만나 보는 것이 과연 가치 있는 일인지 판단하게 된다.

다음은 좋은 결정을 내리기 위해 우리 아이를 가르치게 될 선생님에게 질문해 볼 수 있는 내용이다.

선생님의 자격에 대해 질문한다. 몇 년 동안 아이들을 가르쳐 왔는지, 음악대학을 졸업했는지, 혹 다른 특별한 자격증을 소지하고 있는지.

어린 아이들이나 초보자를 가르쳐본 경험은 많은지.

이미 지금 가르치고 있는 아이들은 몇 명이나 되는지. 혹 35명이 넘는다면 이미 꽉 찬 상태이다. 선생님이 지나치게 일이 많지는 않은지 등을 주의 깊게 살펴야 한다.

전문 분야 : 가르치는 아이들의 연령대, 연주 실력, 지도 방법, 기대하는 연습량, 아이의 나이나 경험에 대한 민감함 등.

공연 기회 : 일 년에 몇 차례 콘서트나 리사이틀에 참여할 기회가 주어지는지.

음악 취향 : 레슨 중에 클래식 음악에만 집중하는 편인지 아니면 다른 종류의 음악들도 다루는지.

교재 : 어떤 특정한 교재를 사용하는지. 지도용 소프트웨어나 비디오, 혹은 전자기기도 사용하는지.

수업료(30분, 45분, 혹은 1시간 등 시간에 따라), 레슨을 취소할 경우는 어떻게 하는지.

선생님이 가르치는 방식에 대해서도 알아보는 것이 좋다. 가정에서 아이가 어떻게 연습해야 하는지 지침을 알려주는가? 어떻게 목표를 세우고 또 어떻게 평가하는가? 몇몇 음악학원이나 음악스튜디오에서는 분기별로, 정기적으로 아이의 향상 정도에 대해 리포트를 작성해서 가정으로 발송한다. 또 어떤 교사는 레슨과는 별도로 아이에 대해(향상 정도, 현재의 실력, 문제 등) 길게 전화통화 하는 것을 선호한다. 물론 그렇지 않은 교사도 있다. 학부모 면담에 대한 학원정책이나 교사의 개인적인 성향을 알아두는 것도 좋다.

음악학원은 전형적으로 가을에 학원을 개방하고 발표회를 여는데, 주로 이때 학부모와 면담하는 시간을 계획한다. 대부분의 개인교사나 음악학원에서는 한 차례 시범수업 기회를 주는데 이런 경우 수업료는 무료이거나 아주 일부만 받는다.

이때 보통 많은 것들이 드러난다. 바로 그 자리에서 선생님이 어떻게 아이를 대하고 관계를 형성하는지 보게 될 것이다. 또 교사의 태도(엄격한지, 편안한지, 다정다감한지, 다소 무뚝뚝한지), 그리고 아이에게 자신과 악기에 대해 어떻게 소개하는지 등을 볼 수 있다. 만약에 소문을 통해 교사를 구하게 되었다면 소문 내용 전부가 내 아이의 요구와 다 맞을 거라고는 기대하지 않는 것이 좋다. 한 친구가 산만한 자기 아들을 집중시키는 선생님에 대해 칭찬하고 추천한다면 이 친구에게는 사실 교사의 학력이나 경력 따위는 그다지 중요하지 않을 수 있기 때문이다.

때때로 환경을 바꾸는 것도 기대하지 않은 좋은 결과를 얻게 한다. 작년에 아들의 개인교사가 이사를 했다. 나는 새 바이올린 선생님을 찾아야만 했고, 결국 집에서 멀지 않은 학원에 아들을 등록시켰다. 그리고 단번에 모든 것이 더 좋은 방향으로 바뀌었다. 알렉스는 현재 많은 또래 친구들이 들락거리는 부산스럽고 떠들썩한, 그렇지만 음악으로 둘러싸인 환경에 있다. 남자 선생님을 선택했는데, 열 살짜리 남자아이에게 이보다 더 유익한 선택은 없었을 것이라고 생각된다. 알렉스의 새 선생님인 크리스는 젊고, 아이들 표현을 빌리자면 그야말로 '짱'이다. 그렇지만 이미 클래식 바이올린을 가르쳐온 지 수년째인 경험 많은 선생님이다. 크리스는 컨트리음악, 초기 재즈 스타일도 가르치는데, 이 점이 알렉스를 더 매료시켰다. 이제 알렉스는 누군가가 '등 떠밀어서' 억지로 연습하지 않는다. 아이가 이렇게 된다면 어느 부모든 한시름 놓지 않겠는가. 학원에서는 또한 다양한 형태의 공연 기회를 제공했다. 뿐만 아니라 아이들의 기량을 마음껏 뽐내고 자신감을 가질 수 있도록 원하는 아이들에 한하여 수준별로 비공식적인 연주회도 자주 열었다.

십인십색 — 다양한 사람이 공존한다

어떤 사람은 자신이 가르치기에 충분하다고 생각한다. 그래서 정식으로 훈련 받지 않은 상태에서 단지 용돈을 벌려고 레슨을 시작하는 경우도 있다. 열 다섯 살인 이웃집 남자아이는 동네 도서관에서 전단 붙이는 일을 하는 열아홉 된 대학생에게 기타 레슨을 받기 시작했다. 그러나 곧 그 여대생은 끔직한 선생님으로 드러났다. 제대로 훈련도 받지 않은 상태에서 자기 멋대로 아이를 가르치다 보니 쉽게 화를 내고 소리 지르는 등 학생을 주눅 들게 만들었고, 결국 남자아이는 그 이후로 다시는 기타를 잡지 않았다.

호평 받는 음악교육 프로그램에서 정식으로 클래식을 가르치는 선생님도 때로는 우려를 낳게 한다. 현재 열네 살인 엘리자베스는 여덟 살 때부터 명성 높은 음악학교 입학준비 프로그램에서 바이올린을 배우고 있다. 당시 그 학교에서 아이들을 가르쳤던 엘리자베스의 개인교사가 이를 추천했고, 곧 그 과정에 등록한 엘리자베스는 같은 선생님에게 계속 레슨을 받았다. 그러나 몇 개월이 지나면서 엘리자베스는 매일 울음을 터뜨렸다. "아이와 선생님과의 관계는 그냥 그것으로 끝이 난 것 같았어요." 엘리자베스 엄마의 얘기이다. "선생님은 '왜 활을 바로 잡지 못하지?' 하며 소리 질렀고 그때마다 그 애는 울음을 터뜨리곤 했지요. 그래서 아이에게 바이올린을 그만두고 싶으냐고 물었더니, 그 아이는 "아니오, 선생님을 바꿨으면 좋겠어요."라고 하더군요.

엘리자베스의 가족은 음악에 대한 경험이 전무했다. 그래서 명성이 자자한 선생님들과 유명 프로그램으로 구성된 음악학교의 그 고상하고 우아한 세계는 사실 완전히 별천지처럼 느껴졌다. 엘리자베스의 엄마는 프로그램 책임자에게 전화해서 다른 몇몇 선생님들의 레슨을 시범적으로 받을 수 있는지 묻고 일정을 잡았다. 그중 한 명은 매우 젊은 선생님이었는데 아이들을 가르친 경험은 많지 않았지만 순식간에 엘리자베스를 바꾸어놓았다. "새 선생님은 젊은 분이었어요." 엘리자베스가 그 당시를 회상하며 얘기했다. "예전 선생님은 아마도 새 선생님이 풋내기란 사실에 무척 화가 났을 거예요. 그 선생님은 마치 자기가 신이나 뭐 그런 것처럼 대우 받았거든요. 하지만 선생님이 남들에게 어떻게 평판을 받건 그건 우리들에게 중요하지 않아요. 우린 본능적으로 알아차리거든요. 난 정말 새 선생님이 좋아요. 선생님은 참 좋은 분이에요. 난 선생님이 무슨 말씀을 하는지 잘 이해할 수 있었어요. 항상 설명을 잘 해 주셨거든요. 그리고 선생님은 참 친절해요. 엄마

아빠도 선생님을 좋아하셨어요." 지금까지 엘리자베스는 여전히 그 선생님과 함께 음악을 공부하고 있다.

자격증이나 학력이 얼마나 중요할까? 음악에 관한 자녀의 목표에 따라 중요할 수도 있고 그렇지 않을 수도 있다. 개인교사의 경우 법적으로 특정 자격이나 학력을 꼭 갖추어야 하는 것은 아니다. 쉬운 예로 악기점에서 기타를 가르치거나 오랜 기간 아이들을 가르쳐온 누구보다도 경험 많은 이웃집 피아노 선생님이 더 좋을 수도 있다.

최근 미국에서는 음악교사 자격증을 갖추는 것이 추세인데, 특히 스즈키나 오르프 슐베르크, 코다이 등 특정 교수법은 각자 고유의 훈련과정을 거친 사람에게만 자격증을 수여한다. 많은 음악교사들이 국립음악교육협회와 같은 전문가 단체에 소속되어 있기 때문에 각 지역사무소에서 명단과 정보를 얻을 수 있다. 공립학교에서 정식으로 근무하는 음악선생님은 반드시 교사자격증이 있어야 하지만, 반면 시간제로 근무하는 음악선생님에게 요구하는 자격 요건은 차이가 많이 있으며 대체로 학교의 재량에 달려 있다.

슬로보더 박사가 앞서 언급했던 '이웃에 사는 친절하고 나이 지긋한 부인'이 바라건대 만약 음악학위를 가지고 있다면, 이건 정말 금상첨화이다. 포괄적인 음악훈련을 받아 조직적이고 체계적인 방법으로 아이들을 가르칠 수 있을 뿐만 아니라 그 많은 경험으로 민감하게 음악적 감성을 아이들에게 잘 전달할 수 있기 때문이다. 이런 선생님이야말로 정말로 우리 모두를 안심시킨다.

그렇다면 어떤 점을 경계해야 할까? 이미 스케줄이 꽉 찬 유명인 선생님, 여러분에게 "열 번만 레슨 받으면 기타를 칠 수 있어요."라고 장담하는 선생님, 혹은 여러분 자녀가 매우 재능 있다고 성급하게 얘기하는 선생님 등은 모두 심각하게 고려해 보아야 한다.

이제, 자격을 갖춘 선생님을 찾을 때 주의해야 할 몇 가지 주요 내용을 살펴보자.

음악 학위: 음악 학사학위는 대학을 졸업하고 음악 이론과 역사, 전공악기 발표회 등의 포괄적인 과정을 이수했음을 의미한다.

전공: 음악을 전공하는 경우 자기 전공악기 외에도 다른 분야도 함께 공부할 수 있다. 예를 들면, 음악교육, 지휘, 작곡 혹은 재즈 등.

교수법: 음악에 관한 관심이 커지면서 음악대학의 수도 함께 늘어나고 있으며 각 학교의 음악학과에서는 교수법에 대한 과정을 마련하고 있다. 이러한 과정을 통해 단지 젊은 연주자였던 학생들은 가르치는 자격을 갖춘 선생님으로 거듭난다.

교생: 대부분의 음악대학에서는 지도교수의 지도감독 아래 학생들에게 가르칠 수 있는 기회를 준다.

선생님으로서 전문 음악인: 대다수의 활동적인 전문 음악인들도 학생을 가르치는데, 그 중 일부는 다른 사람들에

비해 전문적으로 가르치는 훈련을 받았을 수 있다.

자, 이제 선생님을 결정했다면, 처음 몇 번만 아이가 레슨을 받을 때 뒤에 조용히 앉아 선생님이 가르치는 방식, 더 중요하게는 선생님과 아이가 어떻게 서로 관계를 형성해 가는지 지켜보는 것이 좋다. 이에 대해 먼저 선생님에게 양해를 구한다. 아이가 주의 깊게 선생님께 경청하고 레슨에 잘 참여하고 선생님 말을 잘 따르는가? 선생님은 아이의 관심을 잘 자극하는가? 선생님의 질문이 아이들의 호기심과 알고자 하는 욕구에 잘 부응하는가? 아이가 레슨 내내 흥분되어 즐거워하는가? 이것이 바로 여러분이 만들어 가야 할 가장 중요한 선생님과 아이의 관계이다. 음악선생님을 선택하는 것과 학교 선생님을 배정 받는 것을 비교한다면 여러분이 직접 할 일이 많다. 자, 가서 아이에게 매력적인 선생님을 찾아보자! 이브 위즈의 얘기이다. "학생은 선생님을 정말로 좋아해야 합니다. 이것이 바로 아이가 음악을 계속할 수 있는 유일한 길입니다."

갈팡질팡; 무엇을 선택할까

선생님과 아이의 서로 잘 맞는 부분을 찾아내는 것은 성공의 기초를 다지는 지름길이다. 레슨과 연습이 즐거운 하루 일과 중 하나로 자리 잡고, 연주를 통해 가족의 삶에 생기가 넘치게 될 것이다. 선생님을 찾는 과정에서 가장 크게 고려해야 할 부분 중 하나가 레슨을 받을 장소 — 가정, 스튜디오, 음악학원 등 — 이다.

가사일로 매일매일 바쁜가? 선생님이 집으로 와 주길 바라는가, 아니면 레슨 장소로 아이를 데리고 가는 것이 더 좋은가? 과거 십여 년 전에 비한다면 훌륭한 교육 장소를 선택할 수 있는 폭은 훨씬 넓어졌다.

이와 같은 문제에 선택할 수 있는 가능한 대안들을 제시해 본다.

가정에서 개인 레슨을 받는 경우

- 여전히 많은 수의 선생님이 아이 집에서 레슨을 한다. 특히 시작한 지 얼마 되지 않은 젊은 선생님의 경우 학생 수를 늘리기 위해 가정방문을 한다. 어떤 아이들은 익숙한 환경에서 자신의 기량을 더 잘 발휘하고, 부모 입장에서도 레슨을 직접 참관할 수 있고 굳이 그러지 않더라고 최소한 들을 수 있는 기회가 많아 좋다. 하지만 오가는 시간, 차편 등 그에 따른 경비로 레슨비가 좀더 비쌀 수 있다.

교사 집이나 스튜디오에서 개인 레슨을 받는 경우

- '국립 지역사회 예술학교 조합'에서 공인 받은 음악학원/학교. 이곳에서 아이들은 소규모의 악기교실과 실내악단, 혹은 음악이론 교실에 참여하게 될 것이다. 학교는 학생들과 공식, 비공식적인 발표회로 항상 분주하다. 전래대로 모든 연령대의 모든 수준의 아이들이 입학 가능하며, 친근하면서도 지지적인 음악공동체를 경험하게 된다. 이곳에서 가르치는 선생님들은 일반적으로 음악학위 소지

자이다.

- '뉴욕시 드럼 연주자 모임'과 같은 공동 스튜디오는 전형적으로 여러 선생님들이 모여 공동으로 장소와 기구들을 임대하고 전문학원 인증서를 공유한 후 아이들을 가르치는 형태이다. 이런 스튜디오에는 일반적으로 그룹 레슨, 악기 별 전문 강좌와 반이 개설되어 있다.

악기점에서 다양한 악기를 이용해 바로 그 자리에서 레슨을 하는 경우도 있다. 하지만 가르치는 수준은 일반적으로 음악학원/학교 — 교육적인 비전을 갖추고 있는 곳 — 에 비해 크게 못 미칠 수 있다.

줄리아드나 뉴욕시의 맨하탄 음악학교, 필라델피아의 커티스Curtis 연구소, 보스톤의 뉴잉글랜드 음악학교와 같은 음악(예술)학교에서는 오디션을 통과한 여섯 살에서 열아홉 살 사이의 중급 또는 고급 수준의 학생들에게 예술학교 입학준비 프로그램을 제공한다. 개인지도와 연주는 그 방면에 출중한 교사나 뛰어난 연주가가 직접 가르친다. 이 프로그램은 진지하게 음악인으로서 자신의 장래를 고민하는 학생들을 위한 매우 강도 높은 훈련과정으로 구성되어 있으며 따라서 일단 등록한 학생들은 이 과정에 전적으로 몸담고 많은 시간을 연습해야 한다. 입학준비 프로그램은 매우 비싸지만, 자격 있는 학생이라면 장학금을 신청할 수 있다.

단과대학이나 종합대학의 입학준비 프로그램. 우수한 음

대를 보유하고 있는 대학에서도 종종 자체 입학준비 프로

그램(음악학교의 예비프로그램과 같이 오디션을 통과해야 한다)을 운

영하거나 해당 지역 주민을 대상으로 일반적인 프로그램

을 제공한다. 각 수준에 맞는 레슨을 제공하고 음악교실

을 운영하는데, 수업료에 따라서는 교수의 지도감독 아래

교생이 가르치기도 한다.

지역 오케스트라 또는 예술협회에서 운영하는 지역사회

프로그램이 있다. 예를 들어, 암스트롱 음악학교나 오스틴

오페라 극단의 산하 지역단체들은 텍사즈주에 가장 먼저

생긴 지역 음악학교 중 하나이다. 클래식, 재즈 등 다양한

음악장르를 가르치고, 또 학교를 순회하면서 지역사회를

위한 특별한 오페라 프로그램을 제공한다.

지역사회의 다양한 음악학원/학교들은 능력 있는 교사진과 흥미로운 다양한 프로그램으로 점점 더 많은 사람이 찾는 매우 유용한 자원이 되고 있다. 예를 들어, '이스트만 지역 음악학교'는 뉴욕주 로체스터에 위치한 유명한 이스트만 음악대학에 뿌리를 두고 있다. 이스트만 대학의 교수진 중 일부 적극적으로 활동하고 있는 그 지역 현직 연주자와 학교 교육자들이 주요 교사진이다. 뛰어난 재량을 갖춘 교사들 모두 성심 성의껏 아이들을 지도한다. 매사추세츠주 '스프링필드 지역 음악학교'는 모든 연령대 아이들에게 맞는 질 높은 프로그램을 보유하고 있으며 그 지역의 이탈가능성이 있는 십대를 위해 혁신적인 프로그램도 운영

하고 있다.

　피아노처럼 혼자 레슨 받고 혼자 연습해야 하는 악기를 선택할 경우 특히 어린 아이들에게는 너무 외로운 경험이 될 수 있다. 음악학원에서 개인 레슨을 보완할 수 있는 적당한 프로그램을 찾거나 혹은 가정에서 받던 레슨을 지역의 음악학교나 다른 음악 프로그램으로 변화를 주어 레슨을 포기하려는 아이들을 구할 수 있다. 아이가 행복하게 계속 음악을 할 수 있도록 이렇듯 분위기를 바꾸어 주는 것도 좋은 방법이다. 아이에게 적합한 레슨 장소를 찾기 위해서 때로는 몇 번이나 새로운 곳을 시도할 수 있는데, 이는 아이의 음악적인 관심과 흥미를 더 발전시키기 위한 좋은 도전이 될 수도 있다.

수업료

　수업료는 지역에 따라 상당히 차이가 있다. 예를 들어, 뉴욕시나 보스턴, 샌프란시스코 등 대도시에서 개인 레슨을 받는 경우 평균 수업료는 30분에 30달러, 45분에 45달러 정도이다. 유명세가 있는 교사인 경우 한 시간 수업에 80달러 혹은 그 이상이 될 수도 있다. 이와 대조적으로 중소도시나 도시를 벗어난 외곽지역인 경우에는 개인 레슨 평균비용은 30분에 15~20달러, 45분 수업에 약 30달러 정도이다.

　지역 음악학원도 이와 유사하다. 보스턴에서 약 150km 정도 떨어진 매사추세츠주 서부의 '스프링필드 지역 음악학교'는 17주를 한 학기라고 할 때 30분 개인 레슨 비용이 23달러, 45분

수업은 35달러이다. 이 가격은 '이스트만 지역 음악학교'와 거의 유사하다. 텍사스주 오스틴에 위치한 '암스트롱 지역 음악학교' (오스틴 오페라악단 소속)는 18주를 한 학기로 해서, 개인 레슨인 경우 30분에 20달러이고, 소그룹 키보드 교실이나 스즈키 교실은 225달러이다. 어떤 학교에서는 버디레슨♪이라는 제도를 갖추고 수업료에 융통성을 주기도 한다. 명성이 높은 교사진과 다양한 프로그램에 참여할 수 있다면 이 정도의 수업료는 매우 합리적이고 매력적인 수준이다.

음악학교 입학준비 프로그램은 가장 비싸다. 전형적으로 개인 레슨과 이론수업, 각 아이에게 적합한 합주단에 참여하는 것, 그리고 과외로 특별한 기교를 배울 수 있는 시간 등을 모두 포함한다. 맨하탄에 위치한 매너스 음대Mannes College of Music의 입학준비 프로그램 학비는 한 학기 당 1,800달러이며, 맨하탄 음학학교 Manhattan School of Music는 개인 레슨 시간에 따라 차이는 있지만, 대략 2,230~2,630달러이다. 여기에 대학교수진 중 개인교사를 선택할 경우 과외로 더 비용을 부담해야 한다.

대부분의 음악학교와 입학준비 프로그램에서는 자격이 있는 학생들에게 장학금을 지원하거나 일부 학비를 면제해준다. 지역의 음악학교들도 가능하면 재정적인 이유로 중도에 그만두는 학생이 생기지 않도록 애쓴다. 몇몇 개인교사 역시 장래가 유망한 학생에게는 일부 수업료를 경감해 주기도 한다.

최근에는 다양한 지역사회 프로그램들을 찾아 볼 수 있다.

♪ buddy lesson | 선배 혹은 친구끼리 레슨을 해주는 것

일부는 공립학교를 통해 운영되기도 하고, 또 일부는 전통 있는 음악학교나 지역의 음악학교/학원들, 심포니, 실내악단 혹은 청소년 오케스트라에서 운영하기도 한다. 예를 들어, 뉴욕 연합오케스트라ISO; Interschool Orchestras는 오케스트라 단원 중 자격이 되는 학생들에게 무료로 개인 레슨을 해준다. 이 단체에서 하는 교사 인턴 프로그램은 주목할 만한데, ISO의 고등학생 단원과 악기를 처음 배우려는 학생을 연결해 주는 제도이다. 줄리아드는 뉴욕 시내 저소득층 지역에 위치한 초등학교와 자매결연을 맺고 줄리아드 학생들이 해당학교에 가서 무료로 개인이나 소그룹 레슨을 지도한다. 보스턴의 뉴잉글랜드 음악학교도 이와 유사한 프로그램을 갖고 있다. 혹시 우리 지역의 음악학교에서도 이 같은 프로그램을 운영하고 있는지 확인해 보자.

레슨 시간

초보자나 어린 학생의 경우 알맞은 레슨시간은 30분이다. 레슨을 계속 받아 온 아이들은 45분 정도면 바람직한데, 이 경우 주어진 시간을 채울 수 있도록 더 많은 교재가 필요할 것이다. 음악교사는 일반적으로 매우 헌신적이고 열정적인 전문가 집단임을 잊지 말자. 대부분은 시간에 매우 너그러워 다른 학생이 문을 두드리며 자기 차례를 재촉할 때까지 레슨을 계속한다. 우리 아들의 정해진 레슨시간은 45분이지만 자주 한 시간을 넘기는데, 그래도 아이는 시간이 어떻게 지나가는지도 모르는 것 같다.

2의 비용

수업료 외에 음악 레슨에 들어가는 다른 비용은 그리 염려할 것은 못 된다. 단지 전자악기를 제외한다면 말이다(신시사이저나 키보드, 앰플리파이어 ♪, 소프트웨어 등은 사실 그 가격이 천정부지이다). 아이의 선생님이 부차적으로 들어가는 것들에 대해서 얘기해주겠지만, 일반적으로 볼 때, 대략 30달러 정도는 교재 구입을 위해 준비해야 하고, 아이에게 영감을 심어주기 위한 CD나 테이프, 혹은 연주회 티켓 구입 등은 합리적인 수준에서 지출할 수 있다. 지역에 있는 자원을 활용하는 것도 좋은 방법이다. 대부분의 지역 도서관에는 음악 CD나 DVD, 혹은 악보를 구비하고 있어 대여가 가능하다.

아이의 학습 성향, 교사의 자질

사실 음악교사는 아이에게 음악을 일깨워주는 유일하면서도 생생한 모델이 된다. 따라서 교사는 다양한 과제를 최고 수준으로 해낼 수 있어야 한다. 선생님이 시범으로 연주하는 그 짧은 순간이 레슨을 더욱 활기차게 만들고, 아이는 그 아름다운 선율과 바른 자세와 정확한 음의 위치를 가까이서 주시하게 된다.

자녀가 일단 1년이나 2년 정도 레슨을 받아 왔다면 이제 음악이론을 시작하자. 그래야 아이는 서양음악의 유산 — 음악형식, 작곡, 음악의 시대적 구분과 그에 따른 음악형식의 변화, 음계가

♪ amplifier ｜ 재생장치 흔히 앰프라고도 한다.

무엇인지 등 — 에 대한 이해를 넓힐 것이다. 좋은 개인교사라면 레슨시간을 쪼개어 보충자료나 이론서적을 소개하거나 혹은 특별한 이론수업 시간을 마련할 것이다. 다방면으로 융통성이 있는 교사라면 작곡가와 그 삶에 대해 혹은 음악의 역사적 맥락에 대해(예를 들어, 미뉴에트는 춤곡이라는 사실을 알려줌으로써) 아이의 흥미를 일깨워 음악교육을 더 풍요롭게 만들 수 있다.

하지만 여전히 가장 중요한 요소는 뭐니 뭐니 해도 교사와 학생 간의 관계이다. 아이에 대해 민감한 선생님이라면 그 아이만의 독특한 학습 성향을 빨리 알아차릴 것이다. 아이가 완벽주의자이거나 충동적이거나 혹은 경쟁적이거나 그 외 어떤 경우라도, 자신의 실적을 위해 아이를 엄격한 일정에 맞추기보다는 아이의 한계 내에서 수업을 진행해 나갈 것이다. 레슨 받는 것이 너무 피곤하다고 아이가 불평한다면 교사는 오늘 레슨은 짧게 끝날 것이라고 하거나 혹은 아이가 좋아하는 곡부터 시작하는 등 아이를 가볍게 속일 수도 있어야 한다. 솜씨 좋은 교사는 산만한 아이의 주의를 돌려 레슨을 생산적인 시간으로 만든다. 에너지, 열정, 인내, 단호함, 융통성 그리고 심리적인 통찰력, 이 모든 것이 바로 음악교사가 갖추어야 할 자질이다. 피아노 연주의 대가이면서 선생님인 미나햄 프레슬러는, 음악을 가르치는 일은 "단호함과 자상함, 유머 사이를 끊임없이 왔다 갔다 하면서 각 아이의 필요에 따라 신중하게 태도를 바꾸는 것"이라고 표현한다.

만약 음악 레슨에 더 이상 진전이 없거나 아이가 심하게 레슨에 대해 불평하기 시작한다면 교사의 시각에서 그 과정을 되짚어 보는 것이 필요하다. 어떤 선생님은 높은 기대치를 갖고 아이들이 그 수준에 도달하도록 함께 노력해주길 바란다. 또 어떤 선생님은 기교나 기대하는 연습량에 대해 좀더 느슨한 태도를 가진다.

부모의 강요에 못 이겨 레슨을 받으면서 전혀 연습하려고 하지 않는 학생을 이끌어 갈 수 있는 교사가 있을까? 물론 있다. 경험 많고 창조적이며 인내심이 깊은 많은 선생님들이 바로 그런 사람들이다. 호의적이면서도 융통성을 갖고 가르치면서 결국에는 아이들을 굴복시킨다. 이런 선생님은 아이들이 음악을 통해 즐거움을 얻고 기본적인 음악성을 키우면서 악기를 배우는 것이 자신에게 도대체 어떤 의미가 있는지 알아나가길 바란다. 서로 완전히 다른 두 유형의 선생님, 그리고 그 두 유형 사이에 존재하는 또 다른 수많은 유형의 선생님들은 음악교육의 세계에서 각자 나름의 역할을 하고 있는 것이다.

내 아이는 내가 가르친다

사실, 우리 부모가 바로 아이의 첫 음악선생님이다. 아이에게 노래를 불러주고, 허밍을 하고, 함께 춤을 추고, 함께 손뼉을 쳐주었던 첫 번째 선생님이 바로 부모 자신이다. 그 중에서도 음악을 공부한 부모라면 자녀를 직접 가르칠 수도 있는데, 만약 집에 악기가 구비되어 있고 엄청난 인내심 있으며 아이에게 맞는 적절한 교수방법을 알고 있다면, 가능하다.

음악교육을 받은 많은 부모들이 자기 자녀를 가르치면서 교사로서의 첫 발을 내딛게 되는 일화는 많다. 대부분 악기에 대한 아주 기초적인 기교를 가르치면서 부모와 선생님의 역할을 동시에 해낸다.

바이올린 교사이면서 '애정으로 배우기To Learn with Love' — 음악과 어린이 그리고 자녀 양육에 대한 교육적이면서 영감이 풍부하고 재치가 넘치는 지침서 — 의 저자인 윌리엄 스타와 그의 부인은 여덟 명이나 되는 자녀를 모두 직접 가르쳤다. 스타의 막내아들은 아침마다 아빠가 면도하는 동안 변기뚜껑 위에 서서 연습하곤 했는데, 왜냐하면 이 시간 말고는 아빠와 단 둘이 있을 시간이 없기 때문이었다. 스타의 경우는 정말 극단적인 사례로, 대부분의 부모는 단지 자녀가 한 명뿐이라도 소리치지 않고 연습시키기는 것이 거의 불가능한 듯 하다.

정식 기타 교사이면서 열두 살 아들의 비공식적인 바이올린 선생님이기도 한 이브는 "아니오, 난 생각이 달라요."라고 말한다. 이브는 아들의 연습에 매우 적극적으로 관여한다. "내 생각에 한 사람만큼은 나쁜 역할을 맡아 주어야 해요. 교사는 '이 방식대로 해야 한다!'고 단호하게 얘기할 수 있는 유일한 사람이지요. 그러면 집에서도 그렇게 하도록 도와주어야 해요. 중요한 건 아이를 지지하고 도와주어야 한다는 점이에요. 선생님이 원하는 걸 이해하고 연습하는 아이는 거의 없거든요."

샘 아미돈은 컨트리음악 부분에서 전도유망한 뛰어난 바이올린 연주자이다. 그의 부모는 모두 버몬트에서 음악을 가르치는 교육자로 전국을 순회하면서 초등학교 선생님을 대상으로 교사훈련 세미나를 연다. 샘의 아버지 피터는 아들 샘을 3년 동안 가르쳤다. 그리고 샘이 악보 읽기를 배워야 할 시기가 되었을 때 다른 사람에게 그 역할을 넘겨주었다. 그 이유에 대해 피터는 "아이에게 악보 읽기를 가르치면서 우리 둘 다 힘겨운 좌절감을 맛봤지요."라고 했다.

하지만 사실 피터는 아들에게 단순히 음악 레슨이 아닌 그이상의 더 가치 있는 것을 준 셈이다. 샘의 가족이 살고 있는 버몬트는 보통의 소도시들과는 다르게 지역 전체가 음악으로 활기가넘치는 도시였다. "어디를 가든지 음악이 흘러나오는데 그건 정말 값진 일이지요." 피터의 얘기이다. "샘은 어릴 때부터 우리 거실에서 사람들이 노래 부르고 모든 종류의 악기로 다양한 형태의음악을 연주하는 걸 들으면서 자랐지요. 피터가 아는 모든 사람들이 다 악기를 연주할 수 있었으니까요."

많은 가족들이 그렇게 해왔듯이, 여러분도 자녀와 함께 무엇을 할 수 있을지 경험하면서 자신만의 방식을 찾아야 한다. 만약부모가 어떤 악기에 정통하고, 충분히 인내할 수 있으며, 즐겁게아이를 가르칠 수 있고, 또 매일 아이의 연습을 확실히 챙겨 줄 수있다면, 원하는 대로 아이를 가르쳐도 좋다. 하지만 아이의 실력이 향상되면서 아마도 부모의 역할은 단지 매일 성실하게 아이의연습을 챙기는 것으로 제한될 것이며, 그렇게 유지하기 위해서도 요령과 전략이 필요함을 깨닫게 될 것이다. 유명 음악학교에 다니는 학생들을 대상으로 조사한 슬로보더의 한 연구에 따르면, 거의 모든 부모들이 아이의 레슨이나 연습에 아주 적극적으로 관여하고, 아이가 어릴 때부터 매 순간 순간마다 기초를 다지기 위해 연습하도록 지도하고 감독한다는 것을 알 수 있다.

학생들은 부모가 연습하라고 강요하지 않았다면 아마도 그렇게까지 연습하지 않았을 것이라고 말한다. 플루트 연주의 대가인 폴라 로비슨은, 자신이 어린 십대 소녀였을 때 아버지에게 음악가가 되고 싶다고 얘기하자 아버지는 그녀에게 "그래 좋아. 하지만 앞으로 내가 네 연습은 꼭 챙길 거라는 사실만큼은 명심해라. 지금과 다른 건 바로 그거 하나뿐이다."라고 말씀하셨다고 한다. ▤

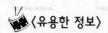

〈유용한 정보〉

American String Teachers Association(ASTA, 전미 현악기 교사협회)
| www.astaweeb.com
각 주와 지역별 개인 음악교사에 대한 정보를 담고 있다. 이 단체는 또한 특
정 지역이나 학교의 현악기 프로그램을 지원하고 있으며, 이외에도 교사워
크샵, 학생들을 위한 경연대회, 각종 음악관련 대규모 회의도 주체한다.

Music Teacher National Association(MTNA, 전미 음악교사 협회)
| www.myna.org
이 단체는 미 전역의 초등학교부터 대학교에 이르는 모든 음악교사를 지원
한다. 각 지역사무소의 연락처, 교사에 대한 정보를 제공한다.

National Association for Music Education(MENC, 전미 음악교육 협회)
| www.menc.org
학교의 음악프로그램과 관련된 매우 가치있는 사이트이다. 지역의 사무소
와 그 외 다른 유용한 정보와도 연결되어 있다.

National Guild of Community School of the Arts(NHCSA, 전미 지역예술학교
조합) | www.nationalguild.org

National Piano Foundation(국립피아노재단) | www.pianonet.com

연습, 연습 그리고 또 연습

"연습하지 않으면 용돈은 없어!"

"연습하지 않으면 TV는 못 본다!"

"연습하지 않으면 새 컴퓨터 게임은 생각하지도 마!"

"하지만 연습하면 용돈을 올려줄게. 연습만 하면 이번 주말에 영화 보여줄게. 연습만 잘 하면 메신저를 사용할 수 있게 해줄게. 연습만 하면… 연습만 하면….'

귀에 익숙한 구절들 아닌가? 행복하게 그러면서 성공적으로 음악을 배우는 데 있어서 연습은 여전히 가장 넘기 힘든 장애물이다. 또 부모와 자녀 사이에 가장 민감한 부분이기도 하다. 하지만 악기를 훌륭하게 연주하고 아이들 스스로 음악에 대한 동기를 갖도록 성취감과 만족감을 주는 가장 근본적인 열쇠는 오직 연습밖에 없다. 무엇을 연습하고, 어떻게 연습하고, 얼마나 연습하고, 그리고 어떤 요소가 있어야 생산적으로 연습할 수 있는지 안다면 무의미하게 침체되어 있는 연습을 활기차고 생산적으로 바꿀 수 있을 것이다. 연습은 또 진도가 느려 좌절하고 낙담해 있는 아이들을 눈에 띌 정도로 실력을 향상시켜 신나게 연주할 수 있도록 만드는 길이기도 하다. "엄마, 보세요! 나 이 곡 처음부터 끝까지 연주할 수 있어요!"라고.

그렇다면 왜 연습은 여전히 악전고투하지 않으면 안 되는 문제인가? 흥미를 갖고 행복하게 연주하던 아이를 강압에 못 이겨 억지로 연습하도록 만드는 요인은 무엇이며, 어떻게 이를 피할 수 있을까? 이 질문에 대답하기 위해 잠시 뒤로 한 발짝 물러나 스스로에게 다음 내용을 질문해보자. 도대체 왜 연습을 해야 하나? 연습한다는 것은 무엇을 의미하나?

연습이란

연습은 재미로 악기를 연주하거나 새로운 악기에 대해 탐구하거나 혹은 귀로 들으면서 어설프게 찔끔찔끔 곡조를 맞추는 것 — 사실 대부분의 아이들이 꽤 즐겁고 자연스럽게 이런 활동에 집중하지만 — 그런 것과는 차원이 다르다. 연습, 그러니까 특정

한 방식으로 곡 전체
나 일부분을 완벽할
때까지 반복하는 행
위는 사실 자연스럽
게 그리고 자유롭게
악기를 탐험하는 아
이들의 성향과는 완
전히 반대된다. 솔직
히 말하면, 악기를
연습하는 것과 운동
선수가 기술을 연마

하는 것은 꽤 많은 유사점이 있다. 두 가지 모두 익숙하지 않은 것
을 익숙하게, 어렵고 힘든 것을 쉽고 능숙하게 만들기 위해 일정
한 시간을 규칙적으로 투자하면서 끊임없이 반복하는 과정이다.
연습이란, 트롬본을 갖고 5분 동안 내내 마우스피스를 통해 낮은
음을 내거나 일정하게 안정된 음을 길게 연주하도록 노력하는 것
을 의미한다. 연습이란, 거의 무의식적으로 손가락이 물 흐르듯이
움직일 때까지 곡의 일부분에 필요한 기교를 매일매일 여러 차례
반복하는 것을 말한다. 연습이란 장단조의 음계나 에튀드를 연주
하면서 동시에 아름다운 선율을 만들어내야 하는 것을 의미한다.
또한 악보 읽는 것, 20분 동안 바이올린과 활을 바른 자세로 잡고
있거나, 몸을 앞으로 굽히지 않은 채 똑바로 피아노 앞에 앉아 있
는 것을 의미한다. 연습은 신체적, 지적 그리고 심지어는 자신을

연습, 연습 그리고 또 연습

표현할 수 있는 기술을 익혀 음악을 살아 움직이는 생명체로 만드는 과정이다.

아이의 나이나 음악적 경험과 상관없이, 효과적으로 연습하기 위해서는 온전하게 목적에만 초점을 두고, 동시에 기술적이면서도 창의적인 접근을 해야 한다. 음악선생님은 아이가 편안한 자세로 악기를 다루면서 음을 정확하게 낼 수 있도록, 그리고 음악에 대한 이해를 넓힐 수 있도록 일관된 활동계획과 그에 필요한 곡들을 준비해야 한다. 연습은 곡의 세세한 부분들을 집중해서 신경 쓰고, 결국 이런 부분들이 모여 하나의 곡을 완성하고, 궁극적으로는 소리를 통해 연주자 자신을 표현할 수 있게 되기까지 이어지는 연속적인 과정이다.

음악과 악기에 대해 깊은 애정과 남다른 관심이 있는 아이들에게조차 연습은 매우 힘든 과정이라는 사실을 회피할 수 없다. 연습은 "이건 꼭 해야 해." 혹은 아이의 등을 슬며시 떠밀면서 끝내 하도록 강요하는 다른 어떤 일상보다 훨씬 더 많은 것을 요구한다. 아이에게 방을 치우라든가, 수영레슨을 받으라고 하든가 아니면 축구연습에 참여하도록 하는 것과는 다른 문제이다. 악기를 연습하는 것은 종종 학교 숙제보다 더 큰 집중력과 지적인 능력을 요구하기도 한다. 최상의 방법은 밥을 먹거나 이를 닦는 것처럼 연습을 하나의 일상적인 일과로 만드는 것이다. 아이와의 싸움을 빗겨 가고, 언젠가는 반드시 경험하게 될 좌절감을 아이가 스스로 극복하도록 돕기 위해서는 지금부터 여러분 스스로 유용한 방법과 책략을 갖추어야 한다.

이브 위즈는 결정적인 순간에 게임을 승리로 이끄는 경험 많은 선생님으로서, 또 친구처럼 함께하는 음악인인 부모로서 아들이 연습을 하면서 겪는 어려움을 지켜보고 동참해 왔다. 이브와 아들 조나단 모두 연습에 대해서는 확실히 순간적이고 돌발적이었다. 하지만 가족들이 이러한 두 사람을 도와주었고 조나단이 네 살 때 레슨을 시작하면서부터 연습의 체계를 잡아왔다. 처음에는 아침에 5분, 저녁에 5분 연습하는 것으로 시작했다. 그리고 지금은 학교에 가기 전 1시간, 그리고 저녁식사 후 1시간 연습한다. 연습내용은 전적으로 아이의 결정에 따른다. 어떤 때에는 아침에 클래식 곡을 연습하기도 하고 또 어떤 때는 재즈를 연습하기도 한다. 조나단은 연습하면서 어떤 스트레스나 무리함, 부모와의 다툼도 없었고, 당연히 이 꾸준한 연습을 통해 의심할 여지 없이 탁월한 젊은 음악인으로 자라났다. 최근 조나단은 작년 한 해 동안 몇 차례 전문적인 공연무대에 선 이후로 하루에 2시간씩 기꺼이 연습에 투자한다. 그리고 난이도가 높은 기교를 완벽하게 익히고, 즉흥연주를 할 때 느끼는 그 짜릿한 도전들을 즐긴다. 연습은 분명 조나단의 하루 일과로 자리 잡은 것이다. "연습의 체계를 잡아야 해요." 이브의 조언이다.

가장 중요한 것은 연습을 하루 일과 중 하나로 만드는 일이에요. 아무리 강조해도 지나치지 않죠. 아이에게 "꼭 이것을 해야 해."라고 말하는 데 겁내지 말아요. 혹시 그런 식으로 강요해 아이의 열정, 음악과 악기에 대한 애정을 망치기라도 하면 어쩌나

하는 여러분의 심정을 전 십분 이해해요. 하지만 또 다른 측면에서, 아이가 레슨을 받고 성실하게 연습하면서 자신의 실력을 쌓아간다면 아이는 음악을 더 즐기게 될 거예요. 왜냐하면 아이는 연습을 통해 마침내 그 곡을 완벽하게 연주하게 될 테니까요. 만약에 아이가 정말로 원하지 않는다면 아무리 당신이 노력하더라도 아이의 태도를 되돌릴 수 없지요. 그렇지 않다면 아이들은 결국 따라오게 될 거예요.

아이들은 정해진 일과와 일정한 경계가 필요해요. 조나단의 친구 피터는 내 학생이기도 한데, 피터 엄마가 나에게 와서, "글쎄, 피터가 조나단만큼만 재능이 있다면 나도 하루에 2시간씩 연습시킬 거예요."라고 하더군요.

하지만 그건 문제의 핵심이 아니에요. 아이가 아주 어릴 때부터 연습을 시키고 연습시간을 하루 일과로 만드는 게 바로 중요한 문제지요. 우리 가족이 네 살인 조나단에게 연습을 강요할 때만해도 조나단이 어떻게 될지 아무도 생각하지 못했어요. 우리가 아는 것은 오직 한 가지, 바로 조나단이 음악을 좋아한다는 사실이었죠. 제 생각엔 모든 아이들이 음악을 좋아해요. 어떤 부모는 "맞아요, 하지만 우린 아이가 원할 때에만 연습시킬 거예요. 절대 강요하지 않을 거예요. 아이에게도 자신이 선택할 권리가 있잖아요."라고 말하지요. 하지만 그건 아무 도움이 되지 않아요. 아이들은 엄마와 아빠가 자신에게 '무엇'을 '언제' 해야 하는지 얘기해 주길 바라죠. 거기에서 안정감을 얻거든요. 그런 다음 그 경계 안에서 아이들이 자유롭게 선택하도록 하는 거예요. 곡의 순서를 정한다든지, 몇 번 반복해서 연습할지 등은 아이들이 정하도록 놔두세요. 이렇게 애기할 수도 있어요. "그래 좋아, 네가 연습시간을 정해도 좋다. 하지만 그 시간은 하루도 빠짐없이 지켜야만 하는 네 연습시간이라는 것을 잊지 말아라."

연습은 신체적인 그리고 지적인 문제해결 과정이기도 하다. 신체적으로는, 바른 자세와 손의 위치를 유지하면서 장시간 앉거나 서 있어야 하는 문제, 음의 높고 낮음을 정확하게 연주해야 하는 문제, 그리고 긴 음을 한결같이 유지 해야 하는 문제 등을 해결해야 한다. 지적으로는, 새로운 리듬을 익히는 것에서부터 한 곡을 완전히 연주하는 것에 이르기까지 해결해야 할 문제의 범위가 더 광범위하다. 아이가 몇 살이든 상관없이 이 같은 문제를 해결했거나 혹은 이러한 문제에 부딪쳤을 때 아이의 말을 귀담아 들어주고 칭찬하거나 좋아하는 간식을 주는 등 상을 준다면 아이는 더욱 꾸준히 연습할 것이다.

나이에 따라, 수준에 따라

연습은 아이의 나이와 수준에 따라 그 의미가 달라진다. 바이올린을 배우는 다섯 살짜리 아이에게 연습은 하루를 통틀어 10분이면 충분하다. 활을 바로 잡는 법 또는 리듬을 정확하게 연주하는 것이 아마도 연습의 주요 내용이 될 것이다. 연습이라는 의미가 아무리 광범위하더라도, 어쨌든 아이는 '연습'이라는 단어를 듣기 시작하면서 하루 일과 중에는 반드시 연습이 자리하게 될 것이다. 지금 막 트럼펫을 배우기 시작한 열한 살 아이에게 연습은, 다른 것 중에서도 특히, 하루 5분 동안 마우스피스를 이용해 소리 내는 방법을 익히는 것을 의미한다. 전통적인 방식에 따라 레슨을 받는 아이에게 연습은, 악기의 기초를 배우면서 동시에 악보 읽는 법을 배우는 것이다.

선생님이 매주 무엇을 기대하는지 아이들이 명확하게 이해할 수 있도록 해야 한다. 그리고 교사는 분명하게 아이가 무엇을 얼마나 연습해야 하는지, 필요에 따라 몇 번을 반복해야 하는지 알려주어야 한다(때로는 뒤에 앉아서 아이가 잘 연습하고 있는지 지켜보기도 해야 한다). 대부분의 아이들에게는 더 명확하고 세부적으로 알려주는 선생님일수록 좋다. ― 예를 들면, 몇 번 반복해서 연습해야 하는지, 몇 소절을 연습해야 하는지 등. 이런 선생님은 부모의 부담을 덜어줄 것이다. 좋은 선생님이라면 민감하게 각 아이들의 성격, 학습형태, 집중할 수 있는 시간, 그 밖의 다른 요구사항(예를 들면, 학교숙제나 운동, 개인적인 문제 등)을 고려해서 아이가 감당할 수 있는 선에서 연습량을 정해 줄 것이다. 피아노를 배우는 아이에게 일주일의 연습량은 새로운 곡 중 여덟 소절을 익히고 매일 5분 동안 악보를 읽는 것이 될 수 있다. 그리고 다음 일주일은 그 곡의 첫 페이지 전체를 좀더 잘 연주할 수 있도록 다듬는 것이다.

학부모, 교사 그리고 아이, 이 셋이 함께 가기 위해서는 연습해야 할 요소들을 명확히 해야 하는데, 아이들에게 중압감을 주지 않으면서도 스스로 연습할 만큼 즐겁고 재미난 것을 찾아내는 것은 여전히 가장 큰 도전이다. 특별한 음악공책을 준비해서 과제를 적어주자. 연습할 내용을 개발하자. 어려운 악절을 일부분 담고 있지만 전반적으로는 연주하기 쉬운 곡 기교를 연습할 수 있는 곡 그리고 반드시 아이가 정말로 좋아하는 곡을 항상 포함해야 한다. 아이의 말도 귀담아 들어야 한다. 만약 과제가 아이에게 심하게 좌절감을 주거나 혹은 아이의 기운을 꺾을 만큼 과하게 많을 경우, 아이가 불만을 터뜨리는 것은 오히려 당연하다. 이런 문제에 대해 선생님과 얘기 나누는 것을 주저하지 말자.

학교나 집에서 해야 할 일 등으로 인해 연습이 아이들에게 부담이 될 수 있다는 점도 항상 염두에 두어야 한다. 아이가 음악 이외에 운동이나 다른 취미활동에 참여하고 있나? 그렇다면, 아이가 우선순위를 정할 수 있도록 도와주어야 한다. 아이들이 모든 것을 다 잘 해낼 것이라고 기대하거나 자기만의 시간을 달라고 끈질기게 요구할 것이라고는 생각하지 말아라. 공연 리허설을 준비하면서 축구연습과 학교숙제, 그 밖에 다른 활동들을 함께 병행해야 한다면 지금 이 순간 여러분은 아이와 함께 무엇을 우선순위에 두고 또 무엇을 잠시 쉬어야 할지 결정해야 한다. 만약 자녀가 음악 그리고 그 외 활동들을 모두 정말로 즐긴다면, 아이가 감당할 수 있는 시간 내에서 선생님과 아이가 어떻게 하면 연습과 그 과제를 지속할 수 있는지 방안을 찾아보아야 한다.

어떤 교사는 일반적인 곡을 연주하면서 기교를 가르친다. 주어진 곡을 통해 아마도 아이는 새로운 손가락 주법과 건반을 익히는 기교를 배우게 될 것이다. 또 어떤 교사는 첫 단계부터 아이들에게 기교를 익히는 연습곡들만 줄곧 시키기도 한다. 아이에 대한 기대치나 하루의 일상들은 나이가 들고 실력이 향상하면서 함께 바뀌게 마련이다.

아이가 성장하고 음악적으로 세련되어질수록 아이의 동기 역시 변한다. 음악적으로 무언가 성취했거나 혹은 개인적으로 무언가 이루었다면 아이들이 스스로 자신감을 가질 수 있도록 스티커나 초콜릿을 주는 것도 좋은 방법이다.

격려

연습은 대부분의 아이들에게는 스스로 감당하기에 너무도 벅차고 가혹한 짐이다. 음악교사이면서 작가인 신시아 리차드는, "일주일에 단 한번 선생님을 만나는 것만으로는 음악에 대한 관심을 유지하기에 충분하지 않으며 정확히 연습했다는 것을 확인하기에도 충분하지 않다."라고 조언한다. 어린 아이들에게 그저 "가서 연습해."라고 얘기하는 것은 아무 의미가 없다. 이런 방식은 지난 세대, 아니 그 이전 세대부터 대부분의 부모들이 취해온 태도인데, 그 결과 사실 많은 재능 있는 아이들이 음악을 그만두었다. 아이들에게는 단지 그 순간만이 의미 있을 뿐이다. 지금 이 규칙적인 연습이 앞으로 어떤 의미를 가질지 이해하는 아이들은 거의 없다. 심지어 바로 지금 이 순간 성취감을 맛보더라도 연습을 통해 얻게 될 장기적인 결과는 이해하지 못한다.

그러면 어떻게 해야 하나? 먼저, 아주 기본적인 양육방식을 다시 확인해 보자. 예를 들어, 부모로서 내가 해야 할 일이 무엇인지, 내가 성취하고자 하는 더 큰 목표들은 무엇인지 확인해야 한다. 아이가 음악적으로 그리고 자기 자신을 스스로 개발할 수 있도록 격려하고, 일정한 경계선을 정해 그 안에서만큼은 아이가 선택하고 누릴 자유를 보장하자. 그리고 최대한 격려하고 지지하자. 자녀들이 연습시간을 자신에게만 집중하는 특별한 시간으로 여길 수 있어야 한다. 어린 학생들은 단지 부모와 단 둘이서 일정 시간을 보낸다는 자체만으로도 특별하게 생각할 것이다. 이로써 연습을 아주 지루한 일상 중 하나가 아닌 재미있는 시간으로 여기게 된다. 우리는 분명 아이가 연습을 통해 무언가 확실하게 향상하는 모습을 보길 원할 것이다. 그러면서 다른 한편으로는 아이가 연습을 심각하게 받아들이지 않고 부담 없이 놀이처럼 즐기길 원할 것이다. 예를 하나 들어보자. 우리 집 개는 청력이 아주 민감한데, 아들이 바이올린으로 이상한 음을 낼 때 종종 앞발로 자기 귀를 막는 것이었다. 이 사실을 발견한 후, 아이는 우스꽝스러운 음을 내는 대신 정확하게 음을 잡으려고 애쓰기 시작했다.

항상 침착하고 야단치거나 벌주지 않으면서, 그러나 단호하고 친절하도록 여러분의 태도를 유지해야 한다. 아이들에게 상을 주는 보상체계를 만드는 것도 가능하며, 우리가 감히 감당할 수 없는 아이의 어떤 행동을 다루는 것에도 두려워하지 말자. 중요한 것은 연습을 하루 일과로 유지하면서 간혹 어떤 날은 다른 때보

다 그 시간이 더 생산적이고, 그리고 아이에게 훨씬 즐거운 시간
이 되기를 기대하는 것이다.

연습을 하루 일과로 — 유아에서 십대까지

모든 아이들에게 적용할 수 있는 하루 일과를 어림잡아 만들
기란 거의 불가능하다. 여기에서는 몇 가지 요령만 제시할 텐데,
그 중 일부는 정말로 나이 어린 아이들에게 잘 적용할 수 있을 것
이다.

같은 장소에서, 같은 시간에, 매일 연습할 수 있도록 한다.
   그렇게 하기 어렵다면, 매일매일 일정을 짜는데, 다른 활
   동들과 조절해야겠지만 가능하면 아이가 너무 피곤해 하
   기 전에 연습할 수 있도록 계획한다.

연습할 수 있는 특별한 장소, 공간을 확보한다. 불필요하
   게 아이를 산만하게 만들거나 다른 집안 일로 인해 들락
   거리는 일이 없는 그런 장소가 적당하다.

주간 연습 과제와 그 주에 매일매일 해야 할 과제를 정하
   고 되풀이해서 연습한다.

아이가 무엇을 연습했는지 표시할 수 있는 아이들이 좋아
   하는 화려한 색상의 도표나 연습달력 같은 것을 만든다.
   아이가 잘 했을 경우 스티커나 별 모양을 붙인다.

\# 아주 작은 것에도 청찬을 아끼지 않는다. "정말 활을 바로 잡고 있구나!", "한 번도 쉬지 않고 이 부분을 끝까지 다 연주했네!" 등.

\# 목표를 달성하기 위해 때로는 게임 등을 활용한다. ("자, 여기 모여 있는 인형들에게 네 연주 실력을 좀 보여줘 봐.")

\# 연습곡에는 재밌고 즐겁게 연주할 수 있는 곡을 항상 포함시킨다. 재즈나 비틀즈 노래 등 아이의 동기를 자극할 수 있는 곡이면 어떤 것이든 가능하다.

\# 위협하거나 처벌하는 행동은 삼간다.

\# 한 달에 한 번 다른 큰 상과 바꿀 수 있는 작은 보상체계를 만든다. 예를 들면, 스티커 20개를 모으면 작은 장난감을 살 수 있는 것 등.

연습을 일상으로 만드는 것은 초등학교 고학년 아이들에게도 매우 중요하다. 하지만 십대 전후 아이들에게 적용하기 위해서는 훨씬 더 복잡한 체계가 필요하다. 아홉 살짜리에게 일주일에 한 번 아이스크림을 사준다던가 자질구레한 조그마한 장난감을 사주는 것은 별로 효과가 없다. 이 나이 아이들에게는 대충해서는 안 된다. 예측할 수 있는 보상은 아이에게 아무 동기도 주지 못하기 때문이다. 한편, 보통 십대들은 스스로 악기를 선택한 경우가 많다. 아마도 과거 처음 그 악기에 관심을 가졌을 때에는 너무 어려서 연주하는 것이 불가능했지만 지금은 신체적으로 자라 악기를 다룰 신체적인 조건을 충족하게 되고, 그래서 지금 이 악기를 시작한 것일 수도 있다. 스스로 선택한 악기에 대해 남다른 열정이 있겠지만 여전히 연습을 하루 일과로 만드는 작업은 필요하다. 십대 역시 자신의 연습에 영향을 줄 만한 변수를 찾아내기 위한 도움이 필요하다.

참여

아이들의 음악 실력을 키우는 데 정말로 도움이 될 수 있는 부모의 역할은 세세하게 많이 있다. 여러분이 음악을 공부했든 악기를 연주할 수 있든 없든 그건 중요하지 않다. 매사추세츠에서 피아노와 하프를 가르치는 펠리스 스와도스는 이 문제에 대해 다음과 같이 강조한다.

연습에 대해서 여러 차례, 진짜 여러 번을 반복해서 얘기해야만 하는 학부모들이 있지요. 대부분 그런 부모들은 자신이 얼마나 바쁜지 또 얼마나 시간이 없는지 강조하면서 자기 입장만 애써 변명한답니다. 글쎄요, 저도 이해할 수 있어요. 하지만 하루에 단지 10분 혹은 15분도 못 낼 정도로 그렇게 바쁠까요? 그 짧은 시간만 아이와 함께 앉아 단지 연습하는 걸 지켜보기만 하면 되는데 말이지요. 내 학생 중 한 작은 여자아이가 있는데 이 아이는 지난 3년 동안 여러 차례 선생님을 바꿔가면서 피아노 레슨을 받아 왔습니다. 하지만 여전히 악보 읽을 줄을 몰라요. 3년 동안 내

내 전혀 달라진 게 없었고 그래서 그 애가 읽을 수 있는 악보는 단지 C, D 혹은 E장조뿐이지요. 난 아이에게 초견방법을 알려주기 시작했어요. 관련 책을 가지고 매 레슨마다 함께 공부했지요. 그리고 아이에게 매일매일 연습하라고 일러주었어요. 또 그 애 아빠에게 전화해서 여러 차례 "단지 하루에 몇 분이라도 좋으니 아이와 꼭 함께 악보 읽는 것을 연습해주세요. 그냥 아이와 함께 앉아 있으시면 됩니다."라고 부탁했지요. 더구나 그 아이 아빠는 피아노를 칠 줄 아시는 분이었어요.

그리고 2년이 흘렀어요. 아이는 지금도 여전히 악보를 잘 읽지 못합니다. 왜냐하면 그 동안 아이에게 관심을 갖는 식구가 아무도 없었으니까요. 제가 그 애 아빠에게 이 문제를 상의하면서 아마도 레슨을 받지 않는 것이 나을 것 같다고도 제안했죠. 하지만 그는 "그렇지만 레슨은 그 애에게 참 중요한 일이에요."라고 말하더군요. 때로는 도대체 부모들이 마음속에 무엇을 생각하고 있는지 알 수가 없어요. 그 애 아빠는 음악을 한다는 것은 정말 의미 있는 일이고 자신의 인생도 풍요롭게 해주었다고 생각할 거예요. 그러니깐 이 의미 있는 일을 자기 아이도 지속하길 바라는 거겠지요. 하지만 이 아빠는 아이를 위해서 그 의미 있는 일에 자기 시간을 할애하지 않았지요.

연습하게 만드는 요인들은 이 밖에도 많이 있다. 빠른 속도로 실력이 향상되는, 이미 음악에 적응이 된 아이들은 음악을 하면서 어쩔 수 없이 부딪치게 되는 문제나 도전도 맞서서 곧장 해결하려고 한다. 문제를 피하거나, 저녁을 먹고 난 뒤에 하겠다고 한다거나 내일로 미루지 않는다. 이 아이들에게 이 같은 도전은 즐거운 일이다. 이러한 열정과 동기는 우리에게 좋은 지침이 된다.

용기를 가져라. 많은 저명한 연주가들조차 어린 시절을 회상하면서 자신은 이미 잘 하고 있는데 왜 계속 연습해야 하는지 이해하지 못해 화가 났었다고 고백한다. 연습을 정말로 좋아하는 아이들도 있다. 겉으로 보기에는 매일 연습하지 않고 혹은 그날 연습 분량을 끝까지 마치지 않을 때도 있지만 말이다.

프렌치 호른을 연주하는 타마라는 자기 자신만의 소리에 몰두하는 경험을 있는 그대로 즐긴다고 한다.

어렸을 때 난 그저 마우스피스에 입을 대 보면서(소리를 내는 것이 아니라) 많은 시간을 들여 내게 맞는 호른을 찾았지요. 그리고 연습을 통해 내 입술을 마우스피스 모양에 맞추면서 드디어 소리를 낼 수 있게 되었어요. 매일 연습한 건 아니지만 한번 시작하면 선생님이 내게 말해준 모든 부분을 끊임없이 반복해서 연습했지요. 이런 작은 노력들이 모여 언젠가는 오케스트라에서 연주하게 될 거예요. 특별히 장·단음계를 오가면서 연주하는 걸 즐긴답니다. 한 음표에서 다른 음표로 바뀌는 그 흐름이 전 정말로 좋아요. 그 흐름을 타면서, 수 없이 존재하는 많은 다양한 음들을 옮겨 다니면서 다른 소리 만들어내는데, 그건 정말이지 너무 멋진 일이에요.

여기서 우리는 한 가지 힌트를 얻을 수 있는데, 타마라가 자신의 소리를 만들어가면서 거기에 푹 빠진 것처럼, 우리의 자녀가 악기를 연주할 때 어떤 점을 정말로 좋아하는지 주의 깊게 살펴봐야 한다는 점이다. 우리는 종종 이를 간과한다. 또 한 가지 타마라의 사례를 보면 특별한 아이들만이 음계에 따라 연습하는 걸 즐기거나 끝까지 기분 좋게 연습을 마치는 것이 아니라는 사실이다. 아이들 수준에 맞게 매일 연습시간과 장소를 정해 준다면 수많은 타마라가 존재할 수 있다. 아이들은 음악에서 즐거움을 얻고 또 그런 자신을 존중하게 될 것이다.

열 명이면 열 명의 아이들이 모두 다르다

타마라 같은 학생들은 스스로 도전하면서, 때로는 남들에게 이러한 도전을 자랑하면서("내가 얼마나 빨리 연주하나 한번 들어볼래?"), 기교 연습에서 재미를 찾는다. 하지만 어떤 학생들은 기교를 연습하는 게 너무 지루하다는 이유로 싫어한다. 그래서 이런 연습을 힘겨워한다. 아이들은 모두 제 각각이다. 따라서 각 자녀에게 맞는 색다른 전략과 독특한 방법을 사용할 수 있어야 한다.

여기에서 잠시 엘리자베스와 마르크의 예를 살펴보자. 두 아이 모두 현재 열네 살로 아주 어릴 때(다섯 살, 그리고 여섯 살) 바이올린을 시작했다. 엘리자베스는 바이올린 연주에 매우 열정을 갖고 지난 몇 년간 수준 높은 음악학교의 입학준비 프로그램에서 훈련을 받아 오고 있는데, 누구의 강요 없이 스스로 하루에 몇 시간씩 연습한다. 마르크는 여섯 살 때 스즈키 바이올린을 시작했다. 그리고 지난 몇 년간 미국 북동지역의 청소년 경연대회에서 여러 차례 우승하면서 유망한 바이올린(특히 컨트리음악 부분) 연주자로 인정받고 있다. 두 아이 모두 기회가 닿을 때마다 전문가와 함께하는 연주회에 참여해왔는데, 엘리자베스는 지역 심포니에 초대손님으로, 마르크는 바이올린(fiddle; 컨트리음악) 페스티벌과 지역 공연에 초대손님으로 연주한 바 있다. 현재로선 음악적인 경력을 쌓는 데 누가 자신을 전적으로 헌신할지 판단하기 이르다. 하지만 연습에 대한 이 학생들의 태도만큼은 확실히 다름을 알 수 있다.

엘리자베스는 매일 하루에 두세 시간 연습하는데, 엘리자베스 엄마는 그 아이가 연습하지 않는 날이면 매우 불행해 보인다고 말했다. 부모 모두 음악을 공부했다거나 음악 하는 집안에서 자라지 않았기 때문에 가족 모두에게 음악은 함께 배우는 과정이었다. 작년부터 학교에서 내주는 숙제 양이 늘고 이를 마치는 데 많은 시간이 필요하게 되었다. 그러자 엘리자베스는 정신이 맑을 때 가장 먼저 해야 하는 것이 연습이라는 사실을 깨달았다.

지금 연주하고 있는 곡은 하루에 최소한 2~3시간은 연습해야 되는 곡이에요. 하지만 학교숙제를 마치기 위해서 연습만 밀어붙일 수 없었지요. 간혹 학교숙제가 9시가 넘어 끝나면 그 다음날은 정말로 피곤했어요. 학교에서 돌아온 직후에는 그래도 힘이 남아 있으니까 연습을 먼저 하기로 했지요. 솔직히 피곤할 때에는 숙제를 하는 편이 연습하는 것보다 훨씬 쉬우니까요.

여전히 엘리자베스는 모든 과목에서 A를 받는 학생이면서, 다른 열네 살 소녀들과 마찬가지로 친구들과 함께 지내고 그 또래의 취미생활을 즐긴다. 엘리자베스는 다른 사람들이 자신을 바이올린만 아는 이상한 괴짜로 볼 때면 화가 난다고 한다. 콘서트를 마치고 다른 두 명의 십대 연주자와 함께 인터뷰했던 일을 떠올리면서 말했다. "다른 한 명은 나처럼 그저 평범한 생활을 즐기는 십대였어요. 또 다른 아이는 그렇지 않았는데, 인터뷰 기사는 그 아이에 대한 얘기로 내용을 마치더군요. 사람들은 우리가 그저 바이올린, 바이올린, 바이올린만 알고 전혀 다른 생활은 하지 않는 세상 물정 모르는 멍청이라고 생각하고 싶어 하는 것 같아요. 난 친구도 많고, 또 많은 친구들을 만나죠. 나처럼 음악을 하는 아이들, 그 애들도 마찬가지로 여러 다른 것들을 하면서 하루를 보내지요. 축구같은 운동이나 다른 취미활동을 하면서 말이에요. 모두 방과 후에 각자 자기가 좋아하는 일들을 하죠. 내 나이 때 하고 싶어 하는 것들이요."

아주 간단하지만 엘리자베스의 예는 많은 부모에게 음악교육은 절대로 아이에게 고통스러운 것이 되어서는 안 된다는 사실을 일깨워 준다.

하지만 마르크는 매우 다른 줄거리를 갖고 있다. 마르크 역시 매우 유능하고 전망 있는 어린 음악인이다. 그렇지만 보통아이들과 마찬가지로 연습하는 것을 좋아하지 않는다. 마르크의 부모는 모두 음악에 조예가 깊은데, 엄마는 기타를, 아빠는 베이스를, 그리고 마르크는 바이올린을 연주하면 그 즉시 훌륭한 가족밴드가 된다.

마르크의 엄마는 자신이 어릴 때 경험했던 뜻하지 않은 함정을 마르크가 피할 수 있도록 스스로 자신을 훈련하면서 음악에 집중할 수 있기를 바란다. 엄마가 어렸을 때 그녀의 부모는 연습해야 한다고 강하게 얘기하지 않았는데, 그래서 마침내 음악 레슨을 그만두게 되었고 그 일을 여전히 후회한다.

1년 만에 클라리넷을 그만두고, 2년 동안 플루트를 했지만 역시 그만두고, 피아노는 6개월 만에 그만두고, 기타는 두 번 레슨을 받고 그만두었어요… 난 모든 것을 중간에 그만두었지요. 부모님은 당시 그런 내 행동에 별로 관여하지 않으셨어요. 저에게는 연습에 대한 충분한 동기가 부족했지요. 결국 끈질기지 못한 내 성격에 좌절하고 만 거예요. 그래서 지금은 마르크에게 끈질김과 집요함을 심어주고 싶어요.

여전히 연습이란 문제로 갈등이 있었지만 연주 실력이 점차 상급자 수준으로 향상되면서 마르크 엄마는 3년 전에 좀 더 나은 음악학교로 바꾸었고 마르크는 더 많은 것을 요구하는 선생님을 만나게 되었다. 그때부터 연습하지 않으려는 마르크의 태도는 본격적인 문제로 떠올랐다.

마르크는 새로운 선생님과 스즈키 상급자 과정부터 시작했는데 당시 그 애 기교로는 도저히 따라잡을 수 없는 수준이었어요. 사실 예전에는 이런 어려움을 교묘하게 모면할 수 있었는데, 이유는 뛰어난 음률 감각을 갖고 있는 마르크가 음악적으로 표현하는 데에도 남달랐기 때문에 보통 선생님들은 기교가 조금 부족하더라고 이를 덮어 주었거든요. 결과적으로 마르크는 기교를 습득하는 데 소홀했지요. 그래도 여전히 사람들은 "와, 대단한데." 라고 늘 칭찬했어요. 새로운 선생님은 마르크의 이런 점에 주의를 기울여 단단히 다잡아 나갔지요. 참 힘든 과정이었지만 마르크의 연주 실력은 놀랄 만큼 달라졌어요. 선생님은 정말로 높은 수준까지 마르크를 끌어 올려 주었지요.

마르크는 그런 선생님에 대해 불평하지 않았어요. 아마도 선생님을 따르고 좋아하는 것 같아요. 물론 선생님도 마르크에게 대단히 지지적이에요. 마르크는 지금까지 한 번도 연습에 충실한 적이 없었어요. 그건 이미 오래된 문제예요. 협박도 하고 상도 줘보고 어떤 때는 그 애가 좋아하는 것을 미끼로 유혹해 보기도 하면서 우리 부부는 할 수 있는 방법은 모두 동원했지요. 한번은 연습만 잘 하면 전자 재생장치electric pickup — 컨트리음악을 연주할 때 필요한 장치 — 를 사주겠다고 약속했어요. 마르크는 언제나 질질 끌려왔지만 결코 음악을 그만두겠다고 말한 적은 없지요. 어떤 때 보면 상을 주는 것보다 위협하는 방법이 효과적인 것 같아요. 연습하지 않으면 컴퓨터를 못 한다고 했거든요. 그랬더니 연습하더라고요. 그래서 이후로는 주말마다 컴퓨터를 할 수 있게 되었지요.

하지만 그 아이 마음 속 깊은 곳에서는 자신이 음악을 원한다는 사실을 아는 것 같아요. 우리는 그저 주변을 맴돌 뿐이죠. 한 번은 "엄마가 널 연습하도록 몰아붙였으면 좋겠니?"라고 묻자 그 아이는 단번에 "그럼요."라고 대답하더군요. 그래서 제 스스로에게 묻기 시작했지요. "난 정말 아이를 연습시키길 원하나? 아이와의 이런 전쟁이 과연 가치 있을까?" 이건 정말, 정말, 정말로 쉽지 않은 문제예요.

반면에 마르크는 공연을 매우 즐긴다. 아마도 호들갑스러운 사람들이 마르크를 그렇게 만들었을지도 모른다. "그 아이에게 가장 많이 동기를 부여하는 것은 관중의 칭찬과 갈채지요." 마르크 엄마의 얘기이다. "마르크는 좋은 연주자예요. 하지만 연주자로서의 수명이 짧을까봐 그게 걱정이지요. 연습하는 데 시간을 투자하지 않거든요."라면서 말을 이었다.

정말로 연습해야 한다고 인식할 때에는 ─ 공연이나 대회 등 ─ 진짜 열심히 연습한답니다. 하지만 "네가 지금 당장 연습하지 않으면 주말 내내 연습해야 할 거야."라고 강요하거나 윽박지르는 말은 정말 달가워하지 않지요. 선생님이 마르크에게 요구하는 것들은 대부분 쉽지 않은 기교들이에요. "새끼손가락에 좀 더 힘을 실어야 해." 또는 "엄지손가락은 이만큼 구부리고." 등등 많은 노력과 집중력이 요구된답니다. 그렇다고 해서 내가 심하게 다그치면서(마치 그 애 머리에 총부리를 겨누듯이) 연습을 시작하게 하면, 그런 경우는 거의 100% 역효과만 생기죠.

제가 아는 거라곤 어릴 때 레슨을 받으면서 부모님이 강제로라도 절 연습시키지 않았기 때문에 그래서 중도에 쉽게 그만 둬 버렸다는 사실이에요. 이런 경우는 정말 많지 않은가요? 하지만 진짜 성공한 음악인이 자기 부모에 대해서 "내 바람은 엄마가 그렇게 심하게 연습시키지 말았어야 했다는 거야. 그래서 지금 이렇게 훌륭하게 연주할 수 있다는 사실이 너무 화가나."라고 말하지는 않지요.

엘리자베스와 마르크의 사례를 보면서 우리는 연습에 대해 여러 가지 다른 측면들을 발견할 수 있다.

엘리자베스같은 아이는 분명 많지 않다. 하지만 바이올린 연주에 대한 그 아이의 열정은 연습을 삶의 일부분으로 만들었다. 엘리자베스 엄마는 바이올린이 없었다면 아마 그 아이는 무척 불행했을 것이라고 얘기한다. 이 사례를 통해 우리는 악기에 대한 열정을 고무시키는 것이 연습으로 이어지는 핵심 열쇠임을 깨닫게 된다.

악기를 완벽하게 다루거나 클래식 음악을 완전하게 연주하는 것과 연관해서 볼 때 마르크의 음악적 재능은 그다지 특별한 것 같지 않다. 하지만 음악을 시작했던 그 순간부터 악기를 수월하게 다루면서 그 악기를 통해 자신을 표현하는 능력은 아마도 타고난 것 같다. 유감스럽게도 마르크는 여전히 매일 연습하려고 하지 않는다. 하지만 십대에 접어들면서 자신의 실력을 향상시키려는 욕구는 이제 스스로 찾아야 한다. 마르크의 엄마는 연습시키는 역할에 이미 신물이 나있다. 아마도 지금부터 마르크의 실력을 향상시키기 위해서는 전략을 바꾸어야 할 것 같다.

만약 컨트리음악 연주가 정말로 마르크의 음악적 열정과 일치한다면 언젠가 실력을 향상하기 위해 무엇을 해야만 하는지 깨닫게 될 것이다 — 아마도 지금과는 다르게 연습에 매진할지도 모른다. 예를 들어, 고전적인 컨트리음악에서는 바이올린 연주자들이 다른 클래식 연주자가 하듯이 혼자서 연습하지 않는다. 대신 다른 연주자들과 함께 연주하는 데 수많은 시간을 쏟아 붓는다.

마르크의 일화에서 배울 수 있는 가장 큰 교훈은, 자녀의 음악 레슨에 대한 접근방식은 아이들이 자라면서 함께 진화해야 한다는 점인데, 특히 아이가 십대 전후가 되었을 때 더욱 이 점을 심각하게 고려해야 한다. 일곱 살짜리 아이에겐 질적으로 의미 있는 시간이 열한 살 아이에게는 고통이 될 수 있기 때문이다. 연습하는 동안 부모가 관여하는 것은 아이 나이가 두 자리 수가 되면서부터 줄여나가야 한다. 이미 연습이 하나의 일상으로 자리 잡았다면 아이들은 단지 들어 주기만 바랄 것이다. 더 이상 연습하는 주변을 어슬렁거리는 것은 바람직하지 않다. 몸이 별로 좋지 않다거나, 부주의하게 연습하거나, 혹은 갑작스런 걱정거리 등으로 연습을 미루게 되는 날도 있을 것이다. 아이들을 격려하고 기회를 주도록 노력해야 한다. 그리고 일상에서 우리가 시도할 수 있는 영역을 찾아 꾸준히 연습하는 모습을 보여줌으로써 아이들에게 실제적인 역할 모델이 될 수 있다면 이보다 더 좋은 방법은 없을 것이다.

보상과 달콤한 유혹 그리고 정직한 칭찬

보상이든 뇌물이든 어떤 형태이든 효과적일 수 있다. 하지만 진짜 중요한 것은 결국 언젠가는 이런 것들에서 아이를 떼어 놓아야 한다는 점이다.

조나단의 엄마 이브는 뇌물이 ― 이브는 노골적으로 이 용어를 사용했는데 ― 정말로 진짜 효과가 있었다고 얘기한다.

많은 부모들이 이 방법에 동의하지 않는다는 걸 잘 알고 있어요. 대부분 "어떤 것을 위해 언제나 아이들에게 뇌물을 줄 수는 없죠."라고 말하지요. 하지만 우리 부부는 매우 작은 것들을 이용했어요 ― 사실 이것만큼은 뇌물로 사용하지 말아야지 했던 것까지 비열하게 써먹고 말았지만요 ― 그것은 바로 아이가 좋아하는 과자류였지요. 아이가 네 살이었을 때 선생님은 아이 바이올린 활 위에 그 애가 좋아하는 체리맛 사탕을 올려놓고 만약 활을 똑바로 잡고 수평으로 유지하면 그걸 먹을 수 있다고 했지요. 이 레슨 이후로 연습이 끝나면 과자를 주는 것으로 이어졌어요. 그런 다음부터 주변에 있는 과자나 사탕, 초콜릿을 모두 치웠는데, 이유는 정말로 보상으로서 가치가 있으려면 아이가 평소 쉽게 구할 수 없는 것이어야 하거든요.

그런 후 우리 부부는 연습일정표를 커다랗게 만들었지요. 매일 아이가 연습할 때마다 스티커를 하나씩 붙이고 30일이 지나면 작은 장난감을 사주었어요. 작은 목표와 큰 목표—그게 중요한데, 큰 목표만 세우는 건 정말 효과가 없어요. 반면에 작은 목표만 있다면 아이가 앞으로 무언가 기대하는 것을 그만두게 되지요. 그리고 지금, 우리에게서 이 모든 과정은 지나갔습니다.

솔직하게 칭찬하는 것도 또 다른 간단한 보상이 될 수 있다는 사실을 기억했으면 좋겠다. 연습 도중 잘못된 점을 지적하는 데 주저하지 말자. 하지만 기억해야 할 점은 다른 좋은 점도 찾아 함께 칭찬하는 것이다. "부모가 아이를 연습시키기 위해서는 민감한 균형감각이 필요해요." 이브의 얘기이다. "세세한 모든 부분을 비판해서는 안 돼요. 아이가 얼마나 당신을 화나게 만들든, 연습까지 끌고 가는 데 아이와 얼마나 심하게 싸웠든 그건 뒷전으로 하고 우리가 할 수 있는 칭찬거리를 찾아야만 해요. 그저 '활을 잡은 자세가 좋은데.'라고 얘기하는 것만으로도 충분하지요."

엄마와 아빠가 자신이 노력하고 실력이 향상되는 것에 얼마나 기뻐하는지 아이들에게 알리는 것은 매우 중요하다. 다음 내용은 이미 초콜릿 등을 뇌물로 여기지 않는 아이들이 스스로 마음 잡고 연습하도록 만드는 간단한 요령이다. ▊

만약 방과 후 활동이 매일매일 다양하다면 아이가 가장

잘 집중할 수 있도록 일정을 재조정하는 것이 필요하다. 예를 들면, 어떤 아이들은 과격한 운동 직후 연습하기 어려워하는 반면, 또 어떤 아이들은 전혀 상관없을 수도 있다. 악기를 연습하는 것은 때로 학교숙제보다 더 많은 지적인 노력이 요구되기 때문에 아이의 우선순위에 따라 가장 먼저 연습 일정을 잡는 것이 좋다.

짧게 두 번 연습하는 것이 길게 한 번 연습하는 것보다 더 생산적일 수 있다. 저녁식사 전 10분간 기교연습을 하고 저녁식사 후 후식을 먹은 다음에 20분간 곡을 연습하는 방식이다.

아이의 실력이 향상될수록 아이가 스스로 연습시간을 정하고 또 혼자 연습할 수 있는 곡 일부분을 결정하게 한다.

다양한 활동들로 보상한다. 연습 직후에 20분간 컴퓨터를 할 수 있게 하는 것도 한 예이다. 어느 정도 시간을 두고 얻을 수 있는 보상(즉, 한 달간 연습을 잘 했을 경우)도 가능한데, 아이가 계속 졸랐던 일들, 예를 들면 함께 영화를 보거나, 볼링장에 가거나, 자전거를 함께 타는 것 등을 보상으로 활용할 수 있다.

〈추천 도서〉

Canter, Lee. *Homework Without Tears*. New York: HarperResource, 1993.

Nathan, Amy. *The Young Musician's Survival Guide*. New York: Oxford University Press, 2000.

Richards, Cynthia. *How to Get Your Child to Practice ⋯ Without Resorting to Violence*. Orem, UT: Advance Arts & Music, 1985.

Romain, Trevor and Elizabeth Verdick. *How to Do Homework Without Throwing Up*. Minneapolis, MN: Free Spirit Publishing, 1997.

자, 이제 시작이다

1970년 초, 뉴욕시에 사는 아나벨라 프래저는 열 살 된 아들의 클라리넷 선생을 찾고 있었다. 유명한 어린이 전문 클라리넷 교사는 단번에 프래저의 청을 거절하면서, "대부분의 아이들은 연주에 참여하면서 쉽게 자기 악기와 음악에 푹 빠지게 되지요. 하지만 당신 아들이 다니는 학교에는 오케스트라가 없잖아요. 물론 뉴욕시에서 오케스트라를 운영하는 학교는 몇 안 되지만요." 프래저의 아들이 다니는 학교는 재정 문제로 허덕이는 공립학교가 아닌 매우 명성 높고 유명한 사립학교였다. 그녀는 그 즉시 학교에 당당히 찾아가 교내 오케스트라에 대해 확인했다. 그러자 교장 선생님은 이렇게 되물었다. "당신이 시작하는 게 어때요?"

그리고 그녀는 그렇게 했다. 이런 일에는 전혀 경험이 없었지만, 처음으로 선두에 나서서 아들 학교와 그 외 다른 사립학교 몇 곳을 연결해 함께 오케스트라를 만들기로 했다. 소문은 빠르게 퍼졌고 공립학교까지 동참해서 일이 크게 확장되었는데, 이것이 바로 오늘날 그 유명한 '뉴욕 학교연합 오케스트라' ISO: InterSchool Orchestras of New York이다. 프래저는 거의 하룻밤 자고 나면 하나씩 없어지는 식으로 무자비하게 전국에서 학교의 악기수업이 왜 사라지게 되었는지 재빨리 깨달았는데, 바로 가혹한 예산삭감 정책 때문이었다. 공사립 학교의 밴드나 오케스트라의 황금시기는 이미 끝이 났다. 1970년대까지 뉴욕시 전체 중 단지 17% 미만의 학교에서만 악기수업이 있을 뿐 대부분 학교에서는 음악시간조차 없었다. 그 외 도시들 역시 그 수치는 유사했다. 1980년대까지 이 수치는 계속 떨어졌다.

ISO는 현재 32년을 맞이하고 있다. 지금까지 ISO를 거쳐 간 학생들만 수천 명에 달한다. 그리고 어린이를 위한 클래식음악 교육의 독보적인 모델로서 여러 차례 수상한 바 있다. 이 단체는 초보자를 위한 오케스트라 두 개와 중급자를 대상으로 한 오케스트라 하나, 그리고 상급수준의 오케스트라가 두 개 있고, 실내악과 타악기합주단도 운영한다. ISO오케스트라 중 세 개는 졸업생들이 지도하는데, 이들은 연주자로서 또 음악 교육자로서 두 가지 경력을 동시에 매우 열심히 추구해온 사람들이다.

ISO의 복합다중적인 구조는 다른 청소년 오케스트라와 유사하다. 시애틀 청소년 심포니, 그레이터 트윈시티 청소년 오케스트라Grater Twin Cities Youth Orchestra 그레이터 달라스 청소년 오케스트라 Greater Dallas Youth Orchestra를 포함한 조직들은 유사한 프로그램으로 각자 다른 수준의 여러 학생들에게 많은 이익과 기회를 제공한다. 전형적으로 아이들은 초등학교 2학년 정도에 오케스트라 연주를 시작해 중학교, 고등학교를 거치면서 더 수준 높은 상급자 오케스트라의 연주자로 자란다. 아이들과 학부모는 하나의 공동체를 형성한다. 그리고 함께 우정을 쌓아 나간다. 초보자인 아이들은 1년 내내 개최되는 다양한 콘서트와 이벤트를 통해 자신보다 나은 실력을 갖춘 학생들의 연주를 듣게 되는데, 많은 아이들이 이러한 기회를 통해 더욱 열심히 해야겠다는 동기를 다진다. 특히 친구가 상위 반으로 옮겨 갔을 때 더욱 자극을 받는 것은 당연하다.

사명, 그리고 실현 가능성

현재 미국에는 규모별, 지역별, 활동 범위 별, 또 재원에 따라 혹은 어떤 기존 단체에서 파생되었느냐에 따라 400~600여개에 달하는 청소년 오케스트라가 있다. 최소한 이 중 200여개의 오케스트라는 '미국 심포니오케스트라 연맹'에서 파생된 것으로, 이 단체는 미국의 다양한 심포니오케스트라를 전문적으로 후원하고 있다. ISO와 같이 일부는 독립단체이다. 또 어떤 청소년 오케스트라는, 세인트 루이스 심포니, 샌프란시스코 심포니, 클리브랜드 오케스트라 같은 전문 오케스트라에서 분화된 형태이거나 혹은 그런 기존 조직과 강력하게 제휴를 맺은 형태이다. 일부는 학교나 대학과 연계하기도 한다. 온전히 자생하여 학부모가 운영하는 단체도 있다. 1980년대 초부터 엄청난 수의 새로운 오케스트라가 생기기 시작했다. 여러 단체들이 기존의 오케스트라 외에 새로운 오케스트라와 합주단을 만들고 공립학교, 특히 도시 저소득층 지역을 중심으로 이미 사라진 악기수업을 보완하는 방편으로 해당 지역의 수많은 아이들에게 음악 프로그램을 제공하였다.

ISO와 같은 학부모 중심의 수많은 단체들이 만들어졌는데, 필요에 따라 해를 거듭하면서 많은 전문가들이 이 단체에 합류하게 되었다. 주축이 되는 학부모들은 가능한 경우 최고관리자와 직원들을 고용해 지휘자와 개인교사, 음악선생님들을 서로 연계하고 조정, 관리하는 역할을 맡기기도 한다. 이들 역할 중 가장 중요한 부분은 무엇보다도 운영재원을 모금하는 것, 관련 분야에 정통하고 단체를 잘 운영하는 것이다. 하지만 여전히 학부모의 역할은 크다. 자원봉사자로 다양한 역할을 하면서 관심과 노력을 쏟는 것은 단체를 성공적으로 이끄는 핵심요인이다. 교사의 자리를 메우는 전문 자원으로서, 또 재원을 마련하고 지원하는 주요 운영자로서, 뿐만 아니라 아이들에게 간식을 주고, 애쓰는 아이들에게 미소로 보답하고, 오가는 차편을 제공하는 모든 일을 학부모가 감당한다. 하지만 무엇보다도 가장 중요한 것은 각 가정에서 아이들이 연습하도록 지지해 주는 역할이다.

대도시든 시 외곽이든 농촌지역이든 상관없이 초급에서 상급에 이르기까지 모든 청소년 오케스트라는 기본적으로 같은 사명을 갖고 있다. 악기를 연주하는 청소년들의 음악적 기량을 키우고 클래식 음악에 대한 이해를 넓히면서 오케스트라에 참여할 수 있는 기회를 주는 것이다. 악기수업을 유지하는 학교 학생들에게 청소년 오케스트라는 보완적인 수단일 뿐이지만 여전히 많은 아이들에게 청소년 오케스트라는 연주에 참여하는 유일한 기회이자 통로이다. 또 아이들은 이러한 기회를 통해 자신의 음악의 폭을 더 넓힐 뿐만 아니라 지역 전체가 참여하는 행사를 통해, 그리고 다른 밴드나 오케스트라와 함께 연주하면서 새로운 사회적인 경험을 쌓게 된다.

오케스트라의 단원이 되어

어떻게 이런 청소년 오케스트라를 찾을 수 있나? 과연 내 아이는 오케스트라에 참여할 준비가 되었을까? 그렇다면 이것은 어떻게 알 수 있을까?

"가장 안타까운 일은 누군가가 '이런 단체를 찾기 위해 몇 년을 소비했어요' 라고 하소연하는 것을 들을 때지요." ISO의 상임지휘자 앤 맥키니의 말이다. "대부분은 소문을 통해, 혹은 우리가 지역에 공연을 나가거나 지역 학교에서 음악 프로그램을 시작하면 그제서야 알고 찾아오지요."

많은 학생들이 친구, 지인, 혹은 음악선생님을 통해서 오케스트라에 참여하게 된다. 그리고 이미 활동하고 있는 또래 아이들의 경험을 들으면서 강한 자극을 받는다.

최근에는 인터넷 덕분에 이런 비영리단체에 대한 정보를 쉽게 얻을 수 있다. 미국 심포니오케스트라 연맹 홈페이지에 들어가면 청소년 오케스트라 단체의 웹사이트로 이동할 수 있으며, 각 웹 사이트는 또 다른 청소년 오케스트라에 대한 정보 및 다른 유용한 홈페이지와 연결되어 있어 손쉽게 이용할 수 있도록 만들어 놓았다. 거의 모든 청소년 오케스트라는 자체 홈페이지를 운영하고 있으며 이곳을 통해 참여 방법과 오디션, 연주 수준, 리허설 일정, 공연, 특별 이벤트 등에 관해 상세하게 알 수 있다.

청소년 오케스트라에 가입하기 위해선 대부분 오디션을 통과해야 한다. 하지만 모든 단체가 그런 것은 아니다. 어떤 아이들은 오디션이란 얘기에 다소 겁을 먹을 수도 있겠지만, 실상은 완전 반대이다. 오디션을 주관하는 전문가들은 대부분 오디션 분위기를 부드럽게 만들면서 오히려 아이들을 격려한다. 결국 아이들은 이 과정을 거치면서 자신을 공식적으로 드러내는 경험을 하게된다. 흔히 두세 명의 교사나 지휘자 앞에서 연주하는데, 이러한 경험은 아이들의 음악적인 측면뿐만 아니라 사회기술을 익힐 수 있는 좋은 기회이기도 하다. 아이들은 자신을 침착하게 다스리면서 자신감을 갖고 할 수 있다는 확신을 얻게 된다.

오디션에서 요구하는 특별한 음악적 기교는 각 단체에 따라서 그 수준이나 내용이 매우 다양하지만, 일반적으로 초급 오케스트라인 경우 엄격하지 않은 편이다. 따라서 부모에게나 자녀에게나 오디션에 대한 부담을 떨쳐버리는 편이 좋다. 대부분 초급 수준의 오케스트라는 지원 학생이 최소한 1년 정도 해당 악기를 연주해왔고 지금도 레슨을 받고 있기를 기대한다. 오디션에서 시험관들은 그 아이 수준에 해당하는 짧은 악보를 주고 그 자리에서 바로 읽고 연주하라고 할 것이다. 그리고 나서 대부분은 준비한 두세 곡을 연주할 기회를 준다. 또 리듬을 즉석에서 제대로 표현하고 음계를 정확하게 읽을 수 있는지 물어 볼 수 있다. 음의 강약과 악센트, 기본적인 연주기교도 익숙해야 한다. 시험관은 오디션 받는 아이의 나이와 얼마나 긴장하고 있는지도 고려할 것이다. 오케스트라에 참여하게 되면서 앞으로 아이가 계속 자신의 실력을 개발하고 자신감을 갖게 될지 판단하는 것이다. 시험관은 새 학생 뿐만 아니라 기존의 오케스트라 단원들도 정기적인 오디션을 통

해 다음 수준으로 나아갈 준비가 되었는지 판단한다.

　초보자를 위한 오케스트라는 보통 다양한 수준과 다양한 연령대의 아이들이 모여 구성한다. 이런 단체는 지역 전체에서 고르게 참여하길 바란다. 그래서 오케스트라에서 원하는 아주 기초적인 수준만 갖추었다면 아이를 돌려보내는 경우는 거의 없다. 어떤 단체는 일정한 기간을 두고 새로 참여한 학생이 오케스트라 단원이 된 것에 잘 적응하고 자부심을 갖고 있는지 확인한다.

　그러면 얼마나 많은 시간을 투자해야 할까? 대체로 일주일에 한 번 리허설을 하는데, 초보자인 경우 한 시간 정도, 고급 수준의 오케스트라는 두 시간 정도이다. 그리고 1년에 세 번에서 네 번 정도 콘서트를 연다. 학생들은 단지 리허설에 참여하는 것뿐만 아니라 자신이 맡은 부분을 집에서 연습해야 한다. 그렇다면 평소보다 많은 시간을 더 할애해 연습해야 하나? 초보자급 수준에서는 아이가 새로운 곡을 배웠을 경우 하루에 20~30분 정도 더 연습해야 하는 게 일반적이고, 중급 이상인 경우 곡의 복잡한 정도에 따라서 혹은 학생이 콘서트에서 독주를 하게 되는지에 따라 다르지만 아마도 매일 평소보다 최소한 30분 이상은 더 연습해야 한다.

오케스트라 단원으로 활동하는 것이 아이들에게 또 다른 짐이 되어서는 안 된다. 이런 점에서 개인 레슨과 병행하는 것이 바람직하다. 일반적으로 개인 레슨 선생님은 아이의 흥미를 자극하는 어떤 새로운 것을 시작했다는 자체만으로도 만족해 할 것이다. 또 오케스트라에서 선정한 새 곡을 연주하는 데 필요한 새로운 기교를 익히는 것도 기꺼이 도와줄 것이다. 이 곡을 연주하기 위해서는 매일 연습시간을 어떻게 활용해야 하는지 지침도 제시해 줄 것이다.

많은 아이들이 이러한 도전을 받아들이고 이해한다. 3년 째 ISO에서 프렌치 호른을 연주하는 타마라는 다음 가을학기부터 중급자 오케스트라에 합류하게 되었다고 스스로 아주 자랑스러워한다. 타마라는 현재 중학교 2학년으로, 그 아이가 다니는 학교는 매우 유명한 사립학교임에도 불구하고 시각예술시간은 있을지언정 음악시간은 없다. 따라서 ISO는 타마라에게는 완벽하게 자기 수준에 맞는 연주를 할 수 있는 유일한 기회이다. 그래서 지금까지 ISO 활동을 매우 즐기고 있다. "난 오케스트라를 사랑해요. 다른 악기에서 울려 퍼지는 소리를 듣는 것이 좋답니다. 그저 오케스트라 자리에 앉아 있는 것만으로도 행복해요." 그러면서 타마라는 다음과 같이 얘기한다. "내가 어떤 소리를 만들어낼지, 또 다른 악기와 섞이면서 어떤 소리가 될지 감히 상상할 수 없다는 것 자체가 나에겐 하나의 도전이고 자극이에요. 그게 너무 좋아요. 그 느낌은 마치 미로에 빠져드는 것과 같은데, 너무나 재미있기 때문에 나중에는 그 미로를 빠져 나오는 것조차 싫어지지요." 오케스트라에서 활동하면서 타마라는 내년에 그 도시에서 가장 뛰어난 예술음악 고등학교에 입학하기 위해 훨씬 더 열심히 연습해야겠다는 동기와 자신감을 얻었다.

음악적인 경험 이외에도 청소년 오케스트라의 사회적 가치는 정말 대단하다. 함께 연주하면서 아이들은 협동심과 즐거움을 얻을 뿐만 아니라 운동 팀에서 발견할 수 있는 동지애 같은 것도 고무된다. 아이들은 리허설, 공연, 여행, 콘서트 후 축하연 등을 통해 꾸준히 자신들의 우정을 쌓아간다. 서로 다른 나이, 다른 배경, 다른 지역에서 온 아이들은 서로 관심을 갖기에 충분하다. 어떤 아이들은 이 모임에 참여하기 위해 정말 먼 거리도 마다하지 않는데, 한 시간 이상 전철을 타고 오거나 또 어떤 경우는 한 시간 이상 차를 타고 온다.

청소년 오케스트라는 아이들이 꾸준히 악기를 배울 수 있도록 돕는 결정적인 요소가 되기도 한다. 아이들은 다른 또래 아이들과 함께 불만을 터뜨리고 때로는 크게 웃어대면서 연습 스트레스를 떨치고 서로 격려하는데, 결국에는 스스로 자신들이 대단히 멋진 일을 하고 있다고 느끼게 된다. 한 선배가 등에 악기가방을 메고 스케이트보드를 타고 리허설에 도착하는 모습을 보면서, 혹은 어떤 선배가 지휘자와 서로 농담을 주고받는 것을 보면서 스스로 자신들도 멋지다고 느끼게 된다. 또 공연을 위해 밤늦게까지 학교에 남아있거나, 카네기 홀, 할리우드 볼, 워싱턴 시내의 케네디 센터 등 문화적으로 정말 영감이 담긴 장소에서 공연하는 경험은 아이들이 스스로 자부심을 갖기에 충분하다.

몇몇 청소년 오케스트라는 유럽축제에 참여하기도 하고 혹은 다른 나라의 청소년 오케스트라와 문화적인 교류를 갖기도 한다. 예를 들면, 달라스 같은 외곽 지역에서 클래식 음악을 듣는 것은 보편적이지 않다. 사실 역사적으로 호평 받는 심포니 오케스트라와 세계적인 수준의 관악기 심포니로 유명한 지역이었지만 클래식 음악은 현재 의미 있는 자료로서 가치 있을 뿐이다.

"아이들은 굉장한 기회에 노출되어 있는 거예요." 그레이터 달라스 청소년 오케스트라Greater Dallas Youth Orchestra의 상임 지휘자인 찰스 무어는 이에 대해 다음과 같이 언급했다.

우리 아이들은 세계를 여행합니다. 독일, 폴란드, 프랑스 등을 다녀왔는데, 그 나라에서 음악은 그네들 문화 중 최고로 중요한 부분이지요. 그런 나라들은 우리가 사는 지역보다 훨씬 음악을 소중하고 가치 있게 여겨요. 우리 단체는 달라스 심포니와 매우 가까운 관계지요. 달라스 심포니 단원은 우리 아이들의 멘토이면서 지도교사랍니다. 우리 콘서트에도 참여하지요. 그리고 매년 달라스 심포니의 지휘자가 우리 콘서트에 초대손님으로 참석합니다. 아이들과 달라스 심포니 단원은 멘토와 멘티로 짝이 되

어 관계를 유지해왔고 앞으로도 계속 이렇게 함께 해줄 거라고
믿어요.

이러한 과정을 통해 학생들은 학교에서 배운 것보다 훨씬 광
범위하고 넓은 음악세계를 경험한다.

그레이터 달라스 청소년 오케스트라는 1972년 학부모와 교
사 그리고 달라스 음악공동체music community 구성원들이 함께 만든
단체이다. 처음에 35명의 학생으로 구성된 한 개의 오케스트라로
시작해서, 현재는 여섯 살에서 열아홉 살 아이들 약 4백여 명으로
구성된 6개의 오케스트라를 운영하고 있다. 어린 현악기 연주자
들을 위한 여름 실내악 캠프도 후원한다. 지금은 아이들을 모집하
는 데 아무 문제가 없다. 오히려 완전히 그 반대이다. 밀려드는 아
이들을 위해 새로운 반을 운영하려 하지만 언제나 그렇듯이 그럴
만한 재원이 부족하다. 또 이 단체가 포괄하는 대도시에 소재한
각 학교 간의 격차를 메우기에도 재원은 늘 충분하지 않다.

달라스에 있는 이 조직은 동부 해안 지역의 오케스트라 조직
들에서 나타나는 지역적 격차를 메우는 데 성공했다. "우리는 텍
사스의 모든 행진악대marching band의 중심에 서 있습니다." 무어의
얘기이다.

이 거대한 밴드 조직은 시 외곽 지역에 사는 청소년들에게
는 분명 굉장히 멋진 기회이지만 사실 주요 도시의 밴드부들만큼
실력이 뛰어나지 않습니다. 그래서 우린 학교에 오케스트라 프로

그램이나 밴드부가 없는 학생들을 위해, 혹은 행진악대에서 단순히 활동하는 것 이상으로 신중하게 음악을 꿈꾸는 청소년들을 대상으로 무언가 그 아이들에게 맞는 색다른 것을 주려고 애써 왔습니다. 밴드부 지휘자들 모두 단체를 이끄는 데 전력을 다하고 있습니다. 우리가 또 역점을 두고 있는 대상은 학교에 가지 않고 집에서 공부하는 아이들입니다. 이 아이들 역시 음악이라는 세계에서 한 발짝 물러나 있는 집단입니다. 이건 새로운 시도인데, 제가 이곳에 온 이후로 지금까지 또 하나의 흐름으로 자리 잡고 있습니다. 그 부모들 역시 아이들에게 합주할 기회를 주기 위해 우리 같은 단체를 찾고 있었습니다.

주의 사항(충고 한 마디) | 청소년 오케스트라 혹은 유사한 합주단에 참여해서 활동하는 것이 많은 아이들에게 긍정적인 경험이 되는 것은 분명하지만 자기가 사는 지역에서 아이에게 꼭 맞는 단체를 찾기란 쉽지 않을 수 있다. 예를 들면, 자녀가 아직은 중급이나 고급 단계가 아닌데 단체에서 원하는 수준이 분명히 초급 이상이라면, 꾸준히 연습하고 특히 그 오케스트라에서 연주하는 곡과 유사한 곡들을 계속 반복해서 연습하면서 다음 해를 준비하는 지혜가 필요하다.

또 다른 주의 사항 | 모든 오케스트라 선생님들이 아이들에게 오케스트라에서 연주할 곡을 집에서 개인적으로 연습해야 한다고 강요하지는 않는다. 따라서 자신이 연주할 부분을 이미 다 익

힌 아이는 아직 익숙하게 연주하지 못하는 다른 아이들이 연습하고 있을 동안에 자기 자리에 그저 멍하게 앉아 있게 되는데, 이것 역시 아이들에게는 고역이다. 한 학부모는 이런 점에 대해 별로 달갑지 않게 생각한다. "내 아들은 오케스트라 연주는 지루하고 함께 연주하는 단원들은 자신에게 자극이 되지 못한다고 불평한답니다. 아이는 이미 그 곡을 연주하는 데 필요한 기교를 익힌 상태라 더 이상 그 애에게 도전이 되지 못하는데 다른 아이들은 그 내용을 지금 배우고 있거든요. 그래서 그 부분을 연습할 동안 내 아인 그저 한 구석에서 멍하니 앉아 있대요. 그건 아이에게 고문이나 마찬가지에요." 또 토요일 하루 종일을 오케스트라 활동에만 할애한다는 사실 자체가 이 가족을 더 힘겹게 한다. "4중주나 3중주가 아이에게 더 맞을 것 같아요."라며 그 애 엄마가 말을 이었다. "내 아들과 비슷한 수준과 의욕을 가진 아이들과 함께 연주하는 게 더 좋을 것 같아요. 그러기 위해선 무언가 새로운 것을 찾아 나서야 합니다. 제 바람은 아이가 오케스트라 대신에 실내악을 할 수 있게 되었으면 하는 거예요."

만약 여러분이 부모로서 이러한 상황에 처해 있다면, 특히 학교에 음악 프로그램이 없어 오케스트라가 아이에게는 다른 아이들과 함께 진짜 음악을 연주할 수 있는 유일한 기회라면, 더더욱 다른 선택의 여지가 없는 현 상황에서 어떻게 해야 할지 좌절감을 느낄 것이다. 부모는 아이의 지지자가 되어야 한다. 아이가 지속해서 즐겁게 동기를 갖고 참여하면서 다른 아이들과 함께 연주하는 데 전념할 수 있도록 환경을 만들고 지지해 주는 옹호자가 되어야 하는 것이다.

또 다른 기회들

학교를 벗어나 지역에 음악 프로그램을 제공하려는 노력들은 부족한 홍보 전략과 시간, 인원 등으로 언제나 그 목적을 달성하는 것이 쉽지 않다. 큰 도시의 많은 학교들도 다양한 수준에서 참여할 수 있는 방법과 그 가능성에 대해 모르는 듯하다. 여기에는 악기를 처음 시작하는 것에서부터 이미 있는 수업을 보완할 수 있는 프로그램에 이르기까지 그 범위가 광범위한데도 말이다. ISO와 같은 단체들이 매우 부족한 예산 내에서 살아남기 위해서는 창의적이면서 자원을 동원할 수 있는 능력이 필요하다. 이런 단체들은 서로 필요한 부분을 교환하거나 혹은 지역의 단체들과 유대를 형성하면서 지역의 다양한 필요를 충족하기 위해 새로운 방안들을 강구한다. 또 전문가에게 음악을 배우려는 지역 청소년들에게 적절한 프로그램을 제공하기 위해 항상 애쓴다.

아이들이 음악을 시작할 수 있도록 그리고 계속 지속할 수 있도록 끊임없이 창의적인 방안을 배양하는 온실과도 같은 기능을 하는 게 바로 이런 단체들이다. 그 대표적인 예가 바로 시애틀 청소년 오케스트라의 '위험에 처한 악기' 프로그램이다(4장 참조). 1942년에 창설된 이 심포니는 1990년 두 개 중학교에서 이 프로그램을 시작했다. 목적은 두 가지이다. 첫째는 더 이상 악기수업을 하지 않는 중학생들에게 다시 악기를 시작할 수 있도록 돕는 것이고, 둘째는 심포니 오케스트라에서는 없어서는 안 될 악기이지만 많은 이들이 배우기를 꺼려해 그 결과 거의 찾아보기 어려운 악기들을 아이들이 선택해서 배울 수 있도록 격려하는 것이다. 여기에 속한 악기가 바로 바순, 오보에, 트롬본, 튜바, 프렌치호른, 비올라, 그리고 콘트라베이스(더블베이스)이다.

이 프로그램의 성공으로 시애틀 전역의 중학생들이 이 악기들을 배우게 되었다. 전형적으로 학생들은 첫 해에는 무료로 악기를 대여 받고 무료로 레슨을 받는다. 그리고 이듬해, 그 대가로 시애틀의 여러 오케스트라 중 한 곳에 배치되기 위해 오디션을 받는다. 이런 방식은 곧 다른 청소년 오케스트라뿐만 아니라 여러 지역의 음악학교(학원)와 다른 단체로 퍼져나갔다. 크고 분명하게 청소년들을 향해 "우린 네가 필요해."라고 외치는 이 프로그램은 분명 청소년들에게는 굉장한 기회였다.

또 다른 범상치 않은 단체로는 '뉴저지의 세대 간 오케스트라'가 있다. 이 단체의 특징은 세대를 넘어 어른과 아이가 짝이 된다는 점이다. 약 11년 전 몇몇 비올라 연주자와 음악교육자들이 머리를 맞대고 만든 이 프로그램은 어른과 아이를 오케스트라라는 하나의 공통 장으로 불러 모아 음악을 배우고 기교를 익힘과 동시에 연령을 초월해 서로 교류할 수 있는 기회를 제공한다. 이것이 바로 이 단체의 사명이다. 미국의 문화에서 가족이라는 울타리를 뛰어넘어 이렇듯 세대 간에 교감하는 것은 정말 흔치 않은 일이다. 현재 이 단체는 대략 100여 명의 단원이 세 개—초급, 중급, 고급 수준 — 의 오케스트라로 나뉘어 활동하고 있고, 그중 상급수준의 연주자들은 실내악을 구성해 공연을 한다. 이 오케스트라는 누구나 다 환영이다. 가장 어리게는 초등학교 1학년 어린이로부터 80세가 넘은 단원에 이르기까지 정말 다양한 사람들이 모여 있다. 연령과 세대, 그리고 서로 다른 경험과 수준들이 하나로 모여 굉장히 특별하고 유일한 오케스트라를 만든 것이다.

"우리 단원 중에는 기자도 있고 선생님도 있고, 정말 직업이 다양하지요. 서로 다른 사람들이 서로 다른 일터에서 리허설을 하기 위해 모인답니다. 우린 지금까지 어른과 아이들 사이의 균형을 잘 유지하면서 지속해 왔어요. 심지어 모집하는 데 별다른 노력을 기울이지 않고도 말이지요." 현재 상임 지휘자로 활동하는 수잔의 얘기이다. 수잔에게는 열두 살 된 딸이 하나 있는데, 그 아이는 벌써 3년째 이 단체에서 활동해오고 있다.

딸 아이는 이 단체를 정말 좋아해요. 우린 정말 한 가족으로, 모두 음악을 사랑하지요. 딸은 지난 3년간 이런 분위기에 둘러싸여서 자랐어요. 그 아이 수준이라면 지금이라도 당장 '뉴저지 청소년 오케스트라'에서 활동할 수 있을 거예요. 하지만 딸아이는 이 오케스트라를 선택했어요. 이유는 덜 경쟁적으로 음악을 즐길 수 있기 때문이지요. 난 감히 이렇게 말하고 싶군요. 우리 중 가장 나이 많은 단원이 최고의 숙련자라고요. 그들은 사실 더 많이 연습한답니다. 아이들은 악기를 연주하는 것과 학교 일, 운동, 그 밖에 다른 활동과 균형을 맞추기 위해 항상 애쓰면서, 또 때론 힘들어 하지요. 우리 단체는 정말로 엄청난 것을 제공한다고 생각해요. 서로 다른 나이의, 서로 다른 일을 하고 있는 사람들이 함께 모여서 다 같이 무언가 특별한 것을 배우면서 해가 거듭할수록 각자의 음악성도 개발하니까 말이지요.

한편, 지역사회 음악프로그램이나 청소년 오케스트라는 소외된 학생들과 다양한 공동체의 관심을 끌어내기 위해 지속적으로 노력해 왔다. 디트로이트의 스핑크스 기관은 아프리카계 미국 청소년과 스페인계 청소년들을 위해 클래식 음악의 영향력을 넓히고 알리는 데 주력해 왔다. 이 단체는 다양한 프로그램을 지원하고 있는데, 충분히 음악수업을 받지 못하는 학생들을 위한 악기수업이나 음악감상 프로그램 등이 이에 포함되며, 또한 나이 어린 아프리카계 미국인과 라틴계 음악인들을 위해 멘토 관계를 발전시켜 그 아이들이 자신의 경력에 맞는 아주 결정적인 무대에서 그들의 역량을 가시적으로 드러낼 수 있도록 돕고 있다.

그리고 눈에 띄는 젊은 클래식 음악인들을 위한 라디오 공개 방송인 '처음부터 From the Top'는 멘토십 프로그램으로 나이 어린 학생들이 전문 음악인들과 함께 공연할 수 있는 기회를 제공하고 있다.

실력이 쌓이면서

실력이 쟁쟁한 아이들이 모인 상위급 청소년 오케스트라의 오디션은, 물론 전반적으로 동지애와 한 팀이라는 열정이 바탕에 깔려 있지만 여전히 학생들 스스로에게는 서로 경쟁의식을 가질 수밖에 없다. 오디션을 치르는 과정은 실제 오케스트라 문화를 체험하는 서두에 불과하다. 각자의 장점과 할 수 있는 기량에 따라 앉는 자리가 정해진다. 정말로 오케스트라가 어떻게 유지되는지 깨닫게 되는 체험 교육인 셈이다. 여전히 다 함께 최고 수준으로 연주하는 걸 목적으로 하되 수석이 되고 선두를 이끌기 위해서는 과외로 무엇이 필요한지 경험하게 되는 것이다.

전국을 통틀어 최고 수준의 몇몇 청소년 오케스트라는 전통 있는 음악학교의 연주 수준과 비교해도 손색이 없는 수준 높은 공연을 한다. 아무리 지역의 청소년 오케스트라가 누구에게나 개방되어 있고 누구나 환영하는 곳이라 하더라도, 단원이 되는 것은 만만치 않다. 한 예로 현재 41년째 맞이하는 '뉴욕 청소년 심포니 오케스트라'는 전국적으로 아주 뛰어난 청소년 오케스트라 중 하나로 이 오케스트라의 단원이 되는 것은 쉽지 않다. 뉴욕에 인접한 3개 주에서 열세 살에서 스물세 살 사이의 청소년을 선출하는데 대부분은 고등학생들이다. 1년에 세 차례 카네기 홀에서 공연을 하며, 이때 재능 있는 젊은 작곡가의 작품도 함께 연주하게 되는데 이처럼 신선한 곡을 선발하고 연주하기 위해서 수차례에 걸쳐 심사하고 사정한다.

"이곳에서 활동하는 아이들은 모두 동기가 굉장히 강해요." 수석 지휘자 베리 골드버그의 말이다. "아이들을 몰아치고 우격다짐한다고 그렇게 되진 않을 거예요. 아이들 스스로 그렇게 하길 원해야만 하지요. 아이들은 자신을 전문가로서 대우하고 다루어주길 원하지요. 그래서 우리 역시 기대치를 높입니다. 도전하게 할수록 아이들은 더 잘하니까요. 우린 아이들이 계속 이 길을 걷게 될지 스스로 결정하게 만드는데, 사실 그중 몇 명은 중간에 떨어져 나갑니다. 평생 음악과 함께 할 것인지 결정하기에 최적의 환경이지요."

이 단체와 견줄만한 또 다른 탁월한 단체는 바로 로스앤젤레스의 '미국 청소년 심포니'로, 도시지역의 공립학교를 대상으로 적극적이고 광범위하게 프로그램을 운영하고 있다. 대다수 상위급 청소년 오케스트라는 학생들(음악학교나 전문적인 지도를 받지 못한 학생들)에게 뛰어난 수준의 연주를 경험하게 하고 그 이후 대부분 각자 자연스럽게 주니어 오케스트라로 합류한다.

재즈에 대하여

클래식 음악을 공부하다가 재즈의 길을 발견한 학생들이 많이 있다. 물론 그 반대의 경우도 있다. 재즈의 영감과 역사 그리고 재즈의 본질인 즉흥연주는 아이들, 특히 십대를 매료시키기에 충분하다. 재즈밴드의 전통은 미국 전역의 고등학교에서 재즈를 배우는 것으로 크게 진보했고, 특히 지금 11년째 맞고 있는 엘링턴 고등학교 재즈밴드 경연대회를 통해 눈에 띄는 결과들을 목격할 수 있다. 링컨센터가 개발하고 지원하는 이 대회는 사실 경연대회 이상의 의미를 갖는다. 이 대회를 통해 학기 내내 재즈 관련 전문가들이 멘토가 되어 아이들을 지도하고 이 대회에 참가하는 미국 전역의 수천 개의 밴드는 엘링턴 교과과정을 이수하게 된다. 즉, 이 대회는 단지 듀크 엘링턴이라는 작곡가를 기리기 위한 것만이 아니다. 각 재즈밴드가 나름의 독특한 자신만의 소리를 창조하는 음악성과 음악가 정신에 초점을 두고 있다. 매년 대회에서 최종 15개 팀을 추리는데, 그 과정까지 약 20만 명의 학생들이 이 대회를 통해 듀크 엘링턴 음악을 연주하게 된다. 가장 최근 선출된 최종 팀들은 워싱턴 주, 텍사스, 위스콘신, 오하이오 그리고 뉴욕 주를 포함한 전국의 다양한 고등학교 출신이다.

나만의 스타일 만들어가기

자녀의 학교에 악기수업이 없을 경우 학부모는 어떻게 할 수 있을까? 우선 공통된 관심을 갖고 있으면서 함께 할 수 있는 다른 학부모를 찾아야 한다. 그리고 어떤 자원들을 활용할 수 있는지 확인한다. 많은 학교의 '교사와 학부모회'에서는 자체적으로 비정규직인 음악교사를 고용하기도 하고, 또 부분적으로 쉬는 시간이나 방과 후 활동을 활용해 리코더 클럽이나 기타교실을 운영하기도 한다. 몇 해 전 한 남자에 관한 이야기를 읽은 적이 있다. 홍콩심포니의 바이올리니스트였던 이 남자는 뉴욕의 퀸스에 있는 딸아이의 초등학교에 음악교과가 없다는 사실에 충격을 받고, 당장 악기점에 가서 작은 크기의 바이올린 50개를 구입해 스즈키 바이올린 프로그램을 스스로 시작했다. 바이올리니스트 로베르타 과스파리는 동부 할렘 초등학교에서 현악기 프로그램을 시작했고 이후 이 프로그램은 '오퍼스 118 할렘음악학교' ♪가 되었는데, 현재 대도시 빈민가에 거주하는 수백 명의 학생들에게 현악기 레슨과 관현악프로그램을 제공하고 있다. 영화 '심혼의 음악Music of the Heart'은 과스파리의 성공적인 노력을 소재로 만들어진 것이다.

또한, 잘 알고 지내는 아이의 친구나 그 부모들과 함께 가정에서 소규모 실내악을 구성할 수도 있다. 그리고 어떤 음악을 함께 만들어 낼 수 있을지 시도하는 일도 자신만의 음악 스타일을 만드는 데 도움이 될 것이다.

♪ http://www.opus118.org

자신이 속한 공동체가 아이들을 위한 밴드나 오케스트라에 관심과 요구가 충분하다고 판단되면, 그 지역에 이미 활동하고 있는 지역 오케스트라나 실내악을 찾아가 도와달라고 부탁할 수도 있다. 오늘날 예술단체나 비영리조직은 서로 운영자금을 확보하는 데 경쟁적이기 때문에 현존하는 음악단체의 지원을 촉구하여 하나의 교육 프로그램으로 출발하는 것도 좋은 방안이 될 수 있다. 아마도 이런 식의 협력방식에 쓰일 수 있는 개발되지 않은 자원이 있을 가능성은 높다. 어떤 재원을 활용할 수 있을지 지역의 예술협회에 문의하거나, 함께 일할 공동의 관심을 갖고 있는 열정적인 사람을 찾아볼 수도 있다.

오케스트라나 밴드 같은 합주형태가 모든 아이들에게 다 유익할 수만은 없다. 더욱이 서로 다른 수준의 아이들을 억지로 한데 묶을 수도 없다. 예를 들어, 텍사스 주의 타일러 시는 달라스에서 무려 150km 정도 떨어진 외진 곳으로, 이 지역에도 오케스트라가 있다. 물론 이 오케스트라 소속의 청소년 오케스트라가 있지만 도심의 단체와 비교할 때 여전히 수준급 연주자(학생)를 소화하기에는 역부족이다. 그래서 항상 수준을 향상시키기 위해 애쓰고 있다. "우리 오케스트라에 참여하기 위해 타일러 시에서 매주 먼 거리를 차를 타고 오는 몇몇 학생이 있어요." '그레이터 달라스 청소년 오케스트라'의 지휘자 무어의 말이다. "이와 비슷한 상황에 처해 있는 지역이 많이 있을 거예요. 우린 이런 경우를 '정말 헌신적인 통학거리'라고 말하죠. 하지만 그 지역에도 청소년 오케스트라를 지원해 온 작은 규모의 오케스트라들이 있을 거예요. 만약

자, 이제 시작이다

그런 단체에 참여한다면 훨씬 많은 것을 얻을 수 있을지도 모르죠. 이 작은 지역 단체는 누군가가 찾아와 함께 한다는 것 자체에 참 기뻐하고 고마워 할 거에요. 도시의 큰 오케스트라에서 상상할 수 없는 하나됨, 한 가족 그리고 진한 소속감을 갖게 될 거예요. 그렇게 되면 여러분 자녀는 자신이 정말 가치 있는 소중한 것을 하고 있다고 느끼게 되겠지요."

American Symphony Orchestra League(ASOL, 미국 심포니 오케스트라 리그)
| www.symphony.org
"Youth Orchestra Handbook"과 "Youth Orchestra Profile Survey"를 발행한
다. 이 책자는 새로운 음악교육 관련 단체나 향후 그러한 조직을 준비하는
단체를 위한 유용한 정보를 담고 있다.

American Youth Symphony Orchestra(미국 청소년 심포니오케스트라)
| www.ayso.org

Directory of Youth Orchestra on the Web | www.metroyouthsymphony.org
메트로폴리탄 청소년 심포니가 주최이다. 100여개 이상의 미국, 국제 청소
년 오케스트라와 연결되어 있다.

Essentially Ellington | www.jalc.org
Jazz at Lincoln Center Education Department.

자, 이제 시작이다.

265

이 책을 마치면서, 신화를 현실로

아리스토텔레스는 어린이를 위한 음악교육의 가치에 대해 깊이 생각했다. 그리고 종종 그 가치의 우선순위가 완전히 뒤바뀐다는 사실을 발견했다. 우리는 일반적으로 음악을 공부하는 것이 왜 유용한지에 대해 질문하곤 한다. 아이들 교육을 논할 때 왜 음악이 빠져서는 안 되는 것일까? 음악은 정말 여러 면에서 유용하며 따라서 많은 부분에서 도움이 된다고 말한다. 하지만 그는, 사실 이 대답은 완벽하게 틀렸다고 말했다. 정말로 바른 답은 "음악을 공부하는 그 자체만으로 의미 있다."이다. 아리스토텔레스는 "우리는 아이들을 위해 단지 유용하거나 꼭 필요한 것을 제공하는 것이 아니라 완전한 자유인으로 아이들을 성장시키는 데 가치 있는 것을 제공해야 한다."라는 믿음에 근거해, 음악은 교육의 또 다른 모습 중 하나라고 힘주어 얘기했다. 물론, 아리스토텔레스가 얘기하고자 했던 내용에는 소년뿐만 아니라 모든 어린이들을 포함한다. 그의 기본적인 논점은, 음악은 아이들을 더 완전한 한 인격체로 키우는 데 도움이 된다는 점이다. 신체적인 협응능력과 조절능력, 정신력, 감성의 민감함과 표현력, 인도주의 등 모든 영역을 조화롭게 발달시킨다. 그리고 이러한 과정을 거치면서 다른 분야에서도 유능해진다. 우리가 아이들에게 음악을 가르치는 이유는 실용적이거나 유용해서가 아니라 완전한 인간으로 성장시키기 위해서이다.

만약 우리가 음악에 깊이 관여하고 관심을 두고 있다면 아마도 우리 중 누군가는 이미 본능적으로 이 사실을 깨달았을 것이다. 아이의 인생에 음악이 미치는 가치와 말할 수 없이 깊이 있는 영향력을 발견할 수 있다. 음악교육을 강화하고 심지어 모든 교육의 중심에 두어야 하는 이유가 바로 여기에 있다.

우리 문화가 음악을 삶의 일부분이 아닌 소비지향적인 방향으로 변질시키면서, 교육에 음악을 꼭 포함시켜야만 하는 정당성을 더 확신하게 된다. 가장 우선적으로 학교에 질 높은 음악교육을 회복시켜야 한다. 둘째로, 생생한 음악을 창조하고 청취하는 데 진심으로 관심을 갖고 있는 사람들을 위해서 우리만의 음악문화를 시도하고 되살려야 한다.

다행스럽게도 최근 음악에 대해 새롭게 연구한 결과로 얻어진 풍부한 자료와 정보들은 부모와 교육자, 예술 옹호자들과 교육

입안자들에게 음악은 결코 뒤로 미룰 수 없는 교육이라는 점을 확신시킨다. 최근 발견한 사실에 따르면, 음악을 공부하고 악기를 연주하는 것은 여러 측면에서 두뇌활동을 자극하게 되는데 이러한 경험을 통해 아이들은 수학, 언어, 신체적인 협응능력, 기억력, 그리고 인지 등 다각적으로 자신의 능력과 성취도를 향상시킨다. 여러 연구조사 결과들은, 음악이 아이들의 삶과 교육에 없어서는 안 될 존재라는 사실을 다시금 재확인시켜준다.

하지만 이런 연구들은 다른 분야의 과학자나 연구자들이 이의를 제기 하지 않고 인정할 수 있도록 좀더 과학적으로 증명될 필요가 있다. 이와 관련해서 가장 잘 알려진 연구 중 하나는 모차르트 효과Mozart Effect이다. 이 용어는 1993년 캘리포니아 주 어빈에 위치한 캘리포니아 대학의 심리학자 프란시스 로셔 박사(현재는 위스콘신 대학에서 근무한다), 그리고 두뇌이론과 물리학 방면의 고든 쇼 박사와 다른 교수들이 함께 연구한 결과를 토대로 만들어진 신조어이다. 사실 이 연구자들은 그 결과에 대해서 방송매체에서 열광적이고 폭발적으로 다루면서 지금까지도 지속해서 판매중인 어린이용 CD나 카세트테이프에 비교할 때 훨씬 더 신중한 입장을 취했었다. 모차르트 피아노 소나타를 10분 동안 들은 36명의 대학생들이 단지 긴장 이완을 위해 다른 종류의 음악을 들은 학생이나 전혀 아무 음악도 듣지 않은 학생들에 비해 시공간 감각을 시험한 단순한 과제에서 더 높은 점수를 얻었다. 그 효과는 대략 10분 정도 지속되었다. 이 내용을 다른 연구에서도 반복했는데, 하지만 그 중 일부는 같은 결과를 얻지 못했다.

사실 모차르트 효과는 방송의 조작으로 학습방법을 왜곡시키는 결과를 낳았다(한 가지 예로, 이 실험에 참여한 대상은 대학생이지 유치원생이 아니었다). 그럼에도 불구하고 갑자기 모차르트 음악이나 클래식 음악을 듣는 것이 바로 아이의 미래를 좌우하는, 그리고 성공적인 삶을 보장하는 열쇠 — 즉, 높은 학업 성취도와 경력을 쌓는 지름길인 것처럼 인식되었다.

과장된 과학적인 연구결과가 처음부터 과대 포장되는 경우는 서의 없다. 누군가가 이에 기여했기 때문이다. 심지어 정치인들도 이러한 과대포장에 합세했다. 1999년 조지아 주 정부는 아이들이 총명하게 자라는 데 도움을 준다는 명목으로 신생아와 부모들에게 클래식음악 CD를 무료로 배포하였다.

하지만 긍정적인 측면도 있었다. 짧게나마 유행처럼 한때 클래식 음악을 듣고 음악에 대해 아는 것이 마치 사회의 주류인 것처럼 보였다. 모차르트 효과로 가정과 학교의 음악교육은 일시적으로 조명을 받으면서 많은 사람들의 관심의 중앙에 놓이기도 했다.

최근 다양한 분야에서 음악에 대한 연구가 포괄적으로 진행되고 있으며, 실제로 음악이 다른 학업에 도움이 된다는 사실이 가시적으로 드러나면서 점차 교육의 중심으로 부상하고 있다. 가장 활발하게 진행되는 연구는 주로 음악과 학습 성취도 간의 연관성에 초점을 둔다. 이들 연구 대부분은 악기를 연주하는 학생과 그렇지 않은 학생을 비교 측정하는데, IQ테스트, 초등과정 기초수학능력, SAT, 일반 학력평가, 그리고 학교생활에서 할 수 있는 전반적인 수행능력 등을 평가한다. 이러한 연구결과는 교육자, 교장, 학교위원회, 그리고 정치입안자들이 음악을 학교 교육에서 보다 중요한 위치에 놓는 것, 그리고 부족한 학교 예산 내에서 의미있는 방향으로 음악교육을 지원하는 것을 결정하는 중요한 지표가 되고 있다.

눈에 띄는 또 다른 연구 경향으로는 음악과 뇌의 기능에 관한 것이다. 1990년 중반, 보스턴의 '음악과 신경상에 관한 연구소'의 상임연구원인 슐라우그 박사는 전문 음악인과 그렇지 않은 사람의 뇌를 비교한 결과 놀랄만한 구조적인 차이를 발견하고 음악이 양 쪽 뇌 사이의 소통을 강화한다는 사실을 밝혔다. 슐라우그 박사는 몸의 움직임을 계획하고 실행하는 뇌의 부분과 소리를 듣는 기능을 담당하는 뇌의 영역을 조사한 결과, 음악을 하지 않는 사람보다 음악인들의 뇌 부분이 더 넓다는 사실을 발견했다. 최근에는 일곱 살에서 열여섯 살 사이의 아이들을 대상으로 연구 결과를 확대하고 있다. 박사와 동료 연구자들은 현재 뇌의 이러한 구조적 차이가 혹독한 훈련 결과인지 아니면 음악적으로 타고난 소인에 의한 불규칙한 뇌의 비정형에 의한 것인지 조사하고 있다. 또한 음악과 관련된 일반적이고 실용적인 의문들에 대한 해답도 찾고 있는 중이다. 예를 들면, 다음과 같은 질문들이다. 얼마나 음악에 노출되어야 음악 외의 다른 부분, 즉 수학이나 어학능력에서 효과를 볼 수 있나? 아이들은 꼭 악기를 매일 연습해야만 할까? 하루에 얼마나 연습하는 것이 가장 적절한가? 연습 중 어느 정도 휴식을 취하는 것이 가장 효과적인가? 또 다른 측면에서, 학교에서

받는 최소한의 음악교육이 오랜 기간 악기를 연습하는 것과 비교
할 때 똑같은 효과를 가져 올 수 있을까?

음악과 신경과학과의 연관성은 매우 관심 있는 화제 거리이
다. 하지만 이 외에도 관심을 끌만한 연구들이 많이 진행되고 있
으며 연구 결과를 질량화하는 데 어려움이 있지만 이 연구들은
여전히 가치 있고 반향을 일으키기에 충분하다. 예를 들면, 한 조
사연구에서 고등학교 밴드부와 오케스트라의 지휘자들은 학생들
이 음악을 통해 각자 자신의 영역에서 최고가 되려는 경험 그 자
체가 아이들에게는 가장 가치 있는 기회라고 언급했다. 신경학과
관련된 다른 연구조사에서는 모든 연령, 다양한 상태에 있는 사람
들, 즉 우울증으로 고생하는 사람들이나 노약자, 알츠하이머 환
자, 자폐나 학습장애 어린이, 학습에 문제가 있는 아이들 등에게
음악은 치료적인 효과가 있다고 밝혔다. 이에 더해서 음악의 기원
에 관한 새로운 연구들은 수천 년간 인류에게 의사소통의 통로가
되었으며 사회 적응에 유용한 도구가 되어왔던 음악에 대해 밝히
고 있다. 이 연구를 지지하는 학자와 과학자들은, 음악은 본래 고
유의 뇌 기능 중 일부이며 인간의 생리적인 유산이라는 사실에
동의한다.

이런 모든 연구결과들은 각각 타당한 이유를 제시하면서 아
이들은 누구나 꼭 음악을 해야 할 것 같은 분위기를 조성한다. 하
지만 음악이 결코 아이들을 더 똑똑하게 만들거나, 중독성 있는
것(약물, 컴퓨터 등)에 더 강하게 대처하게 만들거나, 혹은 더 차
분하고 친절한 성품을 갖게 하거나, 심지어 모든 방면에서 뛰어난

아이로 만드는 마술 같은 것이라고 착각해서는 안 된다. 아이들은 음악 외에도 다른 활동과 축구나 체스게임, 연극, 그림 그리기 등을 통해 피아노, 바이올린 연주나 밴드부의 단원이 된 것만으로는 경험하지 못하는 매우 다양한 세계를 즐기고 배울 수 있다.

한 발 더 나아가 음악과 다른 영역(특히 학습영역)에서 요구되는 능력들이 서로 교환되고 인지능력이 강화된다는 확실한 증거는 아직까지 없다. 여러분 자녀가 피아노를 연주한다고 해서 다른 방면에서도 꾸준히 노력하지 않는다면 수학을 잘할 거라는 보장은 없다는 의미이다. 역으로 수학에 뛰어난 아이가 특출한 바이올리니스트가 될 것이라는 보장도 없다. 많은 연구들이 아직 끝나지 않았으며 더 많은 연구가 필요하다는 데 동의한다. 예를 들어, 아이들을 대상으로 한 어떤 연구는 음악 외 다른 요소들 ─ 즉, 이전에 받은 음악 훈련이나 음악에 노출된 경험, 부모가 관심을 갖고 관여하는 정도, 사회적 경제적 문화적 배경 등 ─ 이 어떻게 연구결과에 영향을 미치는지 밝히지 않은 채 오직 그 해당 연구결과만 발표한 경우도 있다.

하지만 수준 높은 클래식 음악과 음악교육 그리고 예술적인 성취도로 이름 높은 헝가리, 네덜란드, 일본의 학생들이 국제 수학경시 대회에서 계속 가장 높은 점수를 받는 사실로 미루어볼 때, 이러한 연구들이 아주 가치 없는 것은 아닌 것 같다(1988년 국제 학업성취도 평가협회; 2004년 평가 결과는 미국이 여전히 뒤쳐져 있음을 보여주었다). 이 세 나라 모두 주요한 학과목 중 하나가 음악수업이며 초등학교에서부터 중학교, 고등학교에 걸쳐 악기와 노래수업을 진행하고 있다.

이에 비해 현재 미국의 교육흐름, 즉 음악을 가르치는 것이 학업에 어려움이 있는 아이들의 성취도를 높이고 따라서 학교생활을 즐겁게 할 수 있다는 증거들이 있음에도 불구하고 예술방면을 무시하면서 기초학력 시험에서 좋은 성적을 얻기 위해 교육하는 모습은 무언가 균형 잡히지 않은 듯 보인다.

음악 훈련은 단지 무대에 서 있는 것 이상의 다양한 가르침을 준다. 로셔 박사는 "공연 중에 아이들은 자신의 머릿속에 있는 것들을 끊임없이 행동으로 옮겨야 합니다. 지속해서 생각하면서 또 그것들을 상황에 맞추어 바꾸고 새롭게 해야 합니다. 계속 몸을 움직이고 끊임없이 경계를 늦추지 않으면서 신중하게 다음 단계를 고려하는 이러한 기술은 악기를 연주할 때에만 얻을 수 있는 굉장히 독특한 교육적인 효과이지요."라고 기술한 바 있다.

음악에 관한 연구결과들이 가져온 좋은 소식들은 아리스토텔레스가 이미 언급했던 것처럼, 음악을 제대로 훈련 받은 아이가 보다 교양을 갖춘 시민으로 성장할 수 있다는 예감을 다시 한 번 확인케 한다. 음악을 공부한 아이들은 해결능력이 남보다 뛰어나며 더 인내심이 있으며 자기훈련이 잘 되어 있고, 모든 종류의 음악에 호기심을 보이며 그 외의 방면에도 관심을 갖는다. 음악의 가치를 다시금 깨달아 활기를 되찾고, 우리 아이들에게 음악을 돌려줌으로써 우린 아이들의 현재, 그리고 미래를 풍요롭게 만들어 줄 수 있다. ▤

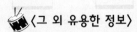
〈그 외 유용한 정보〉

*카탈로그/음악교육 관련 제품

The Children's Group, Inc | www.childrengroup.com

Music for Little People | www.mflp.com

Rounder Records Group | www.rounder.com

Smithsonian Folkways | www.folkway.si.edu

〈음악 소프트웨어〉

Hyperscore | www.amoxifen.media.mit.edu/hyperscore
MIT의 미디어 랩(Media Lab)에서 개발한 혁신적인 작곡 프로그램

Maestro Music Inc | www.wrldcon.com/ maestro
다양한 수준의 음악의 토대가 되는 잘 만들어진 프로그램으로 음악교사를
위한 지도용 소프트웨어이다.

Music Ace | www.harmonicvision.com
초급자를 위한 흥미로우면서도 포괄적인 내용을 담고 있는 음악의 토대를
다지는 길잡이. 기초적인 음감, 청음훈련 그 밖의 다양한 내용을 담고 있다.

Practice Musica | www.ars-nova.com
음악 이론과 청음훈련을 위한 개인레슨. 간단하면서도 재미있으며, 모든 수
준을 다 포괄한다. 수상한 프로그램.

〈음악 관련 웹 사이트〉

창의적이고 유용한 정보들을 풍부하게 소개하는 웹 사이트. 작곡가, 악기,
지휘자 등 그 밖에 다양한 정보를 싣고 있다.

www.bbc.co.uk/music/parent
www.childrenmusicworkshop.com

www.fromthetop.org: 매주 라디오 공개방송을 통해 미국 최상의 젊은 연주자들의 특색 있는 공연과 인터뷰를 보여준다.

www.jalc.org/edu/curriculum: 청소년을 위한 재즈 온라인 교과과정

www.media.mit.edu/hyperins/ToySymphony: MIT의 Media Lab에서 개발한 어린이와 그 부모를 위한 혁신적인 음악 관련 프로그램

www.musicedge.com: 특별히 십대를 위한 사이트

www.nickythejazzcat.com: 어린 아이들을 대상으로 재즈에 대해 소개하는 탁월한 내용을 담고 있다.

www.nyphilkids.org: 어린이를 위한 뉴욕 필하모니 사이트

www.pianoeduction.org/phokids.html

www.playmusic.org: American Symphony League(전미 심포니 리그)와 연결되어 있다.

www.scottjoplin.org: scott Joplin International Ragtime Foundation의 웹 사이트

www.sesamestreetworkshop.org

www.sfskids.org: 어린이를 위한 샌프란시스코 심포니 웹 사이트

www.smithsonian.org: 미국의 음악 역사와 재즈에 관한 훌륭한 정보를 담고 있다.

Calvino, Italo. *Why Read the Classics?* Translated ed. New York, Vintage Books: 1999.

Choksy, Lois. *The Kodály Context: Creating an Environment for Musical Literacy.* Englewood Cliffs, NJ: Prentice Hall, 1981.

_____, *The Kodály Method 1.* 3rd ed. Englewood Cliffs, NJ: Prentice Hall, 1999.

_____, *The Kodály Method 2.* 3rd ed. Englewood Cliffs, NJ: Prentice Hall, 1999.

_____, *The Kodály Method: Comprehensive Music Education fram infant to Adult.* 2nd ed. Englewood Cliffs, NJ: Prentice Hall, 1988.

Choksy, Lois, Robert M. Abramson, Avon Gillespie, and David Woods. *Teaching Music in the Twentith Century.* Englewood Cliffs, NJ: Prentice Hall, 1986.

Cutietta, Robert A. *Rasing Musical Kids: A Guide for Parents.* New York: Oxford University Press, 2001.

Dale, Monica. *Songs Without Yawns: Music for Teaching Children through Dalcroze Eurhthmics (or any method!).* Ellicott City, MD: MusiKinesis, 2003.

Deliege, I. and John Slobada (eds.). *Musical Beginnings: Origins and Development of Musical Competence.* New York: Oxford University Press, 1996.

Habermeyer, Sharlene. *Good Music, Brighter Children: Simple and Practical Ideas to Help Transform Your Child's Life Through the Power of Music.* Rocklin, CA: Prima Publishing,1999.

Haroutounian, Joanne. *Kindling the Spark: Recognizing and Developing and Fall.* New York: Oxford University Press, 2002.

Horowitz, Joseph. *Classical Music in America: A History of Its Rise and Fall.* New York: W.W. Norton, 2005.

Johnson, Julian. *Who Needs Classical Music?* London, New York: Oxford University Press, 2003.

Keene, James A. *A History of Music Education in the United States.* Lebanon, NH: University Press of New England, 1982.

Keller, Wilhelm. *Oeff-Schulwerk: Introduction to Music for Children (Methology, Playing the Instruments, Suggestions for Teachers).* New York: Schott, 1974.

Kendall, John. *The Suzuki Violin Method in Americal Music Education.* Princeton, NJ: Suzuki Method International, 1985.

Machover, Wilma and Marienne Uzler. *Sound Choices: Guiding Your Child's Musical Experience.* New York: Oxford University Press, 1996.

Marsalis, Wynton. *Maralis on Music.* New York: W.W. Norton&Co., 1995.

McDonald, D. and G. Simons. *Musical Growth and Development: Birth through Six.* New York: Schrmer Books, 1989.

McWhorter, John. *Doing Our Own Thing: The Degradation of Language and Music and Why We Should, Like, Care.* New York: Gotham Books, 2003.

Mead, Virginia Hoge. "More Than Mere Movement." *Music Educators Journal,* January 1996.

Music and Neuroimaging Laboratory at Beth Deaconess Hospital and Harvard medical School, The. www.musicianbrain.com.

Nathan, Amy. *The Young Musician's Survival Guide.* New York: Oxford University Press, 2000.

National Standards for Music Education. Program of National Associations for Music Education. www. menc.org/infarmation.

Perret, Peter and Janet Fox. *A Well-Tempered Mind: Using Music to Help Children Listen and Learn.* New York: Dana Press, 2004.

Richards, Cynthia. *How to Get Your Child to Practice... Without Resorting to Violence.* Orem, Utah: Advance Arts & Music, 1985.

참고문헌

Repacholi, Betty, with Sandra Pickering. "Modifying children's gender-typed musical instrument preferences: the effects of gender and age." *Sex Roles 45* (2001): 623~643.

Robison, Paula. *The Paula Robison flute Warmups Book.* New York: European American Music Publishers, 1989.

Slobada, John A. *The Musical Mind: The Cognitive Psychology of Music.* Oxford, UK: Oxford University Press, 1985.

_____, "Interview with..." *EGTA Guitar Journal,* no. 5, 1994.

Starr, William and Constance. *To Learn with Love: A Companion for Suzuki Parents.* Knoxville, TN: Kingston Ellis Press, 1983.

Suzuki, Shinichi. *Nurtured by Love: The Classic Approach to Talent Education.* 2nd ed. Miami, FL: Suzuki Metod Internaional, 1983.

Trehub, Sandra, E., David S. Hill, and Stuart B. Kamenetsky. "Parents'Sung Performances for Infants." *Canadian Journal of Experimental Psychology* 5a, No.4(December 1997).

U. S. Department of Education. "Arts Education in Public Elementary and Secondary Schools: 1999~2000." Compiled by the National Center for Education Statistics (NCES).

Van der Meer, Ron and Michael Berkeley. *The Music Pack.* New York: Knopf, 1994.

Wallin, N., B. Merker, and S. Brown (eds.). *The Origins of Music.* Cambridge, MA: The MIT Press, 2000.

Warner, Bregitte. *Orff-Schulwerk: Applications for the Classroom.* Englewood Cliffs, NJ: Prentice Hall, 1991.

Winner, Ellen. *Gifted Children: Myths and Realities.* New York: Basic Books, 1996.

딸 정언이 아들 한빈이와 함께 싱가포르에서 살고 있습니다. 한국에 있을 때 어린이 책을 번역하고 기획하는 일을 했습니다.

몇 년 전 큰 딸 정언이가 음악회에 다녀온 후 비올라를 배우고 싶다고 조르면서 악기에 관심을 갖게 되었고 우연히 이 책을 알게 되어 적절한 시기에 바른 악기를 아이에게 권할 수 있었습니다. 그 당시 정언이에게 비올라는 너무 큰 악기였고 그래서 1년 이상을 기다리게 했습니다. 악기와 음악레슨에 대해 몰랐다면 아마 다른 악기를, 예를 들면 가장 권하기 쉬운 피아노를 강요했을지 모릅니다. 지금 초등학교 6학년인 정언이는 학교 현악단Junior String에서 즐겁게 활동하고 있습니다. 누나와 다르게 한빈이는 첼로에 대한 꿈을 품고 1년 동안 피아노를 배우기로 했습니다.

아이마다 맞는 악기와 시기가 있다는 것을 이 책을 통해 알았고 그래서 '뮤직레슨'을 번역하게 되었습니다. 악기에 대해, 레슨에 대해 고민하는 엄마와 아이들에게 분명히 소중한 경험이 될 것입니다.

Music Lessons